国家卫生健康委员会"十四五"规划教材

全国高等中医药教育教材

供中药学类专业用

药品市场营销学

第 3 版

 中药

主　编　汤少梁　何　强

副主编　王　力　文占权　李家伟　赵绿明　夏新斌

编　委　(按姓氏笔画排序)

于丽凤（中国医科大学）　　　　　　宋艺君（陕西中医药大学）

王　力（江西中医药大学）　　　　　陈丹丹（南京中医药大学）

文占权（北京中医药大学）　　　　　岳　鑫（内蒙古医科大学）

刘大旭（黑龙江中医药大学佳木斯学院）　赵绿明（河南中医药大学）

刘玉璇（天津中医药大学）　　　　　夏新斌（湖南中医药大学）

汤少梁（南京中医药大学）　　　　　高伟芳（河北中医药大学）

许晓峰（广州中医药大学）　　　　　梁　瑜（山西中医药大学）

孙　婷（辽宁中医药大学）　　　　　蒲晓芳（山东中医药大学）

李家伟（成都中医药大学）　　　　　臧婧蕾（长沙卫生职业学院）

何　畅（黑龙江中医药大学）　　　　裴中阳（山西中医药大学）

何　强（天津中医药大学）

人民卫生出版社

·北京·

图书在版编目（CIP）数据

药品市场营销学/汤少梁，何强主编. —3 版. —北京：人民卫生出版社，2024.6（2025.9重印）

ISBN 978-7-117-36123-1

Ⅰ. ①药…　Ⅱ. ①汤…②何…　Ⅲ. ①药品-市场营销学-高等学校-教材　Ⅳ. ①F763

中国国家版本馆 CIP 数据核字（2024）第 059044 号

人卫智网	www.ipmph.com	医学教育、学术、考试、健康，购书智慧智能综合服务平台
人卫官网	www.pmph.com	人卫官方资讯发布平台

药品市场营销学
Yaopin Shichang Yingxiaoxue
第 3 版

主　　编：汤少梁　何　强
出版发行：人民卫生出版社（中继线 010-59780011）
地　　址：北京市朝阳区潘家园南里 19 号
邮　　编：100021
E - mail：pmph @ pmph.com
购书热线：010-59787592　010-59787584　010-65264830
印　　刷：北京虎彩文化传播有限公司
经　　销：新华书店
开　　本：850×1168　1/16　印张：14
字　　数：367 千字
版　　次：2012 年 6 月第 1 版　　2024 年 6 月第 3 版
印　　次：2025 年 9 月第 2 次印刷
标准书号：ISBN 978-7-117-36123-1
定　　价：62.00 元

打击盗版举报电话：010-59787491　E-mail：WQ @ pmph.com
质量问题联系电话：010-59787234　E-mail：zhiliang @ pmph.com
数字融合服务电话：4001118166　E-mail：zengzhi @ pmph.com

数字增值服务编委会

主　编　汤少梁　何　强

副主编　王　力　文占权　李家伟　赵绿明　夏新斌

编　委　（按姓氏笔画排序）

王　力　（江西中医药大学）

文占权　（北京中医药大学）

冯雨莉　（南京中医药大学）

朱　娴　（南京中医药大学）

汤少梁　（南京中医药大学）

许晓峰　（广州中医药大学）

李家伟　（成都中医药大学）

何　强　（天津中医药大学）

赵绿明　（河南中医药大学）

姜艺佼　（辽宁中医药大学）

夏新斌　（湖南中医药大学）

梁　瑜　（山西中医药大学）

董慧秋　（南京中医药大学）

修 订 说 明

为了更好地贯彻落实党的二十大精神和《"十四五"中医药发展规划》《中医药振兴发展重大工程实施方案》及《教育部 国家卫生健康委 国家中医药管理局关于深化医教协同进一步推动中医药教育改革与高质量发展的实施意见》的要求,做好第四轮全国高等中医药教育教材建设工作,人民卫生出版社在教育部、国家卫生健康委员会、国家中医药管理局的领导下,在上一轮教材建设的基础上,组织和规划了全国高等中医药教育本科国家卫生健康委员会"十四五"规划教材的编写和修订工作。

党的二十大报告指出:"加强教材建设和管理""加快建设高质量教育体系"。为做好新一轮教材的出版工作,人民卫生出版社在教育部高等学校中医学类专业教学指导委员会、中药学类专业教学指导委员会、中西医结合类专业教学指导委员会和第三届全国高等中医药教育教材建设指导委员会的大力支持下,先后成立了第四届全国高等中医药教育教材建设指导委员会和相应的教材评审委员会,以指导和组织教材的遴选、评审和修订工作,确保教材编写质量。

根据"十四五"期间高等中医药教育教学改革和高等中医药人才培养目标,在上述工作的基础上,人民卫生出版社规划、确定了中医学、针灸推拿学、中医骨伤科学、中药学、中西医临床医学、护理学、康复治疗学7个专业155种规划教材。教材主编、副主编和编委的遴选按照公开、公平、公正的原则进行。在全国60余所高等院校4 500余位专家和学者申报的基础上,3 000余位申报者经教材建设指导委员会、教材评审委员会审定批准,被聘任为主编、副主编、编委。

本套教材的主要特色如下:

1. **立德树人,思政教育** 教材以习近平新时代中国特色社会主义思想为引领,坚守"为党育人、为国育才"的初心和使命,坚持以文化人,以文载道,以德育人,以德为先。将立德树人深化到各学科、各领域,加强学生理想信念教育,厚植爱国主义情怀,把社会主义核心价值观融入教育教学全过程。根据不同专业人才培养特点和专业能力素质要求,科学合理地设计思政教育内容。教材中有机融入中医药文化元素和思想政治教育元素,形成专业课教学与思政理论教育、课程思政与专业思政紧密结合的教材建设格局。

2. **准确定位,联系实际** 教材的深度和广度符合各专业教学大纲的要求和特定学制、特定对象、特定层次的培养目标,紧扣教学活动和知识结构。以解决目前各院校教材使用中的突出问题为出发点和落脚点,对人才培养体系、课程体系、教材体系进行充分调研和论证,使之更加符合教改实际、适应中医药人才培养要求和社会需求。

3. **夯实基础,整体优化** 以科学严谨的治学态度,对教材体系进行科学设计、整体优化,体现中医药基本理论、基本知识、基本思维、基本技能;教材编写综合考虑学科的分化、交叉,既充分体现不同学科自身特点,又注意各学科之间有机衔接;确保理论体系完善,知识点结合完备,内容精练、完整,概念准确,切合教学实际。

4. **注重衔接,合理区分** 严格界定本科教材与职业教育教材、研究生教材、毕业后教育教材的知识范畴,认真总结、详细讨论现阶段中医药本科各课程的知识和理论框架,使其在教材中得以凸

显,既要相互联系,又要在编写思路、框架设计、内容取舍等方面有一定的区分度。

5. 体现传承,突出特色 本套教材是培养复合型、创新型中医药人才的重要工具,是中医药文明传承的重要载体。传统的中医药文化是国家软实力的重要体现。因此,教材必须遵循中医药传承发展规律,既要反映原汁原味的中医药知识,培养学生的中医思维,又要使学生中西医学融会贯通;既要传承经典,又要创新发挥,体现新版教材"传承精华、守正创新"的特点。

6. 与时俱进,纸数融合 本套教材新增中医抗疫知识,培养学生的探索精神、创新精神,强化中医药防疫人才培养。同时,教材编写充分体现与时代融合、与现代科技融合、与现代医学融合的特色和理念,将移动互联、网络增值、慕课、翻转课堂等新的教学理念和教学技术、学习方式融入教材建设之中。书中设有随文二维码,通过扫码,学生可对教材的数字增值服务内容进行自主学习。

7. 创新形式,提高效用 教材在形式上仍将传承上版模块化编写的设计思路,图文并茂、版式精美;内容方面注重提高效用,同时应用问题导入、案例教学、探究教学等教材编写理念,以提高学生的学习兴趣和学习效果。

8. 突出实用,注重技能 增设技能教材、实验实训内容及相关栏目,适当增加实践教学学时数,增强学生综合运用所学知识的能力和动手能力,体现医学生早临床、多临床、反复临床的特点,使学生好学、临床好用、教师好教。

9. 立足精品,树立标准 始终坚持具有中国特色的教材建设机制和模式,编委会精心编写,出版社精心审校,全程全员坚持质量控制体系,把打造精品教材作为崇高的历史使命,严把各个环节质量关,力保教材的精品属性,使精品和金课互相促进,通过教材建设推动和深化高等中医药教育教学改革,力争打造国内外高等中医药教育标准化教材。

10. 三点兼顾,有机结合 以基本知识点作为主体内容,适度增加新进展、新技术、新方法,并与相关部门制定的职业技能鉴定规范和国家执业医师(药师)资格考试有效衔接,使知识点、创新点、执业点三点结合;紧密联系临床和科研实际情况,避免理论与实践脱节、教学与临床脱节。

本轮教材的修订编写,教育部、国家卫生健康委员会、国家中医药管理局有关领导和教育部高等学校中医学类专业教学指导委员会、中药学类专业教学指导委员会、中西医结合类专业教学指导委员会等相关专家给予了大力支持和指导,得到了全国各医药卫生院校和部分医院、科研机构领导、专家和教师的积极支持和参与,在此,对有关单位和个人表示衷心的感谢! 为了保持教材内容的先进性,在本版教材使用过程中,我们力争做到教材纸质版内容不断勘误,数字内容与时俱进,实时更新。希望各院校在教学使用中,以及在探索课程体系、课程标准和教材建设与改革的进程中,及时提出宝贵意见或建议,以便不断修订和完善,为下一轮教材的修订工作奠定坚实的基础。

人民卫生出版社

2023 年 3 月

前 言

药品是全世界公认的管理最严格的商品之一，要求药品经营者必须依法经营，确保消费者用药的合理、安全。医药营销活动在很大程度上受到政策变动的制约，而不只是消费者需求的变化。非处方药的市场特性接近于其他零售市场的消费品；而对于处方药而言，其市场规律完全不同于其他任何产业。处方药的营销主要以医生为目标对象，医生在处方药的选择和决策中起重要作用，这正是药品市场营销的重要特征。

"十三五"时期，我国医药卫生体制改革深入推进，强化了"三医联动"改革，全面推动了公立医院综合改革，取消了药品和医用耗材加成，推进了药品和医用耗材集中采购与使用，稳固了基本医保覆盖面和支付比例；全面深化药品集中采购和使用改革，优化集中采购模式，有序扩大药品品种范围，构建全国药品公共采购市场和多方联动的采购格局；完善国家药品价格谈判机制，探索"双通道"的管理机制，逐步扩大谈判品种范围，提高了谈判药品的可及性，做好与医保等政策的衔接；推动构建全国统一开放的药品生产流通市场格局，促进市场有序竞争。有关医保支付方式改革的实践探索一直未停步，从最初单一的按项目付费逐渐发展成为多元复合式医保支付方式，医改"组合拳"使得药品市场营销环境更加复杂多变。

从医药行业的整体环境来看，伴随着国家药品降价方案的出台，使得医药企业的利润空间逐步缩小，招标采购制度促使药价继续下调，社会医疗保险制度的实行、国家基本药物制度的实施、医药流通领域的对外开放等情况的出现，使得医药企业呈现出精力、人力、物力都集中在市场与终端的情况，医药的营销竞争异常激烈、尖锐。中国医药营销的理论还处于探讨和建设的初级阶段，而对营销转型的研究处于一边探索、一边总结的状况。

中国的医药市场是一个特殊、广阔而又受政策影响的市场。随着与药品相关的医保政策不断推进，药品市场营销理论与实践也应该与时俱进、不断创新，在这样的市场环境下，外来的理论不可能照搬套用。正是在这样的背景之下，国家卫生健康委员会"十四五"规划教材《药品市场营销学》的编写，给我们提供了极好的契机，使得我们有机会把本土医药企业所创造的新颖的营销模式、营销方法，进行理论上的总结与提升，呈现给本书的读者。

本书理论联系实际，科学性、实用性强，编写中突出了医药行业营销模式发展的最新趋势，理论更新颖、案例更典型，每章附有引导案例，极具代表性，有一定的研究价值；效用更实际，避免过度学院派风格，贴近现实，讲究实用；形式更活泼，设立知识链接模块，结构体系由浅入深、一以贯之，文字更精练准确；立德树人，增加思政元素模块，有助于培养学生的职业素质、敬业精神和高尚情操。

参加本教材的编写人员有：汤少梁（第一章）；何强（第二章）；文占权、蒲晓芳（第三章）；李家伟、臧婧蕾（第四章）；许晓峰、岳鑫（第五章）；王力、刘大旭（第六章）；裴中阳、梁瑜（第七章）；孙婷（第八章）；赵绿明（第九章）；陈丹丹、刘玉璇、高伟芳（第十章）；何畅、于丽凤（第十一章）；宋艺君、

夏新斌(第十二章)。在分工完成初稿后,由汤少梁和何强进行统稿。

　　本书在编写过程中参考了许多学者的著作和媒体的公开报道,借鉴了他们的一些研究成果,在此向他们致以谢意。药品市场营销学在我国尚属年轻学科,许多研究还处于探索阶段,仍需通过实践不断完善,我们真挚地希望广大师生对本教材存在的不妥之处提出批评与建议,以便不断修订完善。

编者

2024 年 3 月

目 录

第一章

绪　论

第一章
PPT课件

学习目标

1. 掌握药品市场营销和药品市场营销学的概念;药品营销管理的主要内容;药品市场营销流程。
2. 熟悉药品市场营销学的方法;药品市场需求。
3. 了解医患需求;现代药品营销学的新趋势。

引导案例

拜耳携手阿里健康，试水全渠道新零售

2017年10月19日,全球500强企业拜耳宣布与阿里健康达成战略合作:双方将以消费者运营为核心,以数据为能源,实践全链路、全媒体、全数据、全渠道的新零售,让消费者触手可及拜耳的自我保健产品和解决方案。这是阿里健康平台上,首家就全域营销新零售签订战略合作备忘录的制药及健康消费品企业。

双方合作备忘录显示,拜耳将借助阿里平台的大数据技术了解消费者健康消费趋势,更好地满足消费者自我保健的诉求,从而建立营销策略。在全媒体方面,阿里健康将围绕重要场景和事件,如"618"、天猫"双11"全国狂欢节等各种时机,帮助拜耳做内容创新,加强消费者自我保健教育,结合拜耳强大的专家资源,提供消费者自我保健的顾问,提升消费者自我诊疗能力;同时,在投放中不断优化沉淀,实现全域推广。在全渠道方面,拜耳将尝试阿里健康的"新零售"商业模式,并发力拓展海外业务,打造全域运营,让消费者触手可及拜耳的自我保健产品和解决方案。

拜耳是一家拥有160多年历史的德国企业,其生命科学业务涉及处方药、健康消费品、作物科学和动物保健。秉承"科技创造美好生活"的公司使命,拜耳专注于提高人类、动物和植物的健康。阿里健康的愿景在于"让大数据助力医疗,用互联网改变健康,为十亿人提供公平、普惠、可触及的医疗健康服务"。阿里健康用互联网改变健康的愿景,与拜耳自我保健的理念不谋而合,并希望通过互联网来唤醒消费者,实现自我的健康管理意识。

分析:拜耳集团创新利用阿里平台的大数据技术,了解消费者健康消费趋势,与阿里健康达成全域营销合作,通过新零售实践建立新的营销策略,来更好地满足中国消费者对优秀健康产品的需求。

笔记栏

第一节 市场营销与药品市场营销

一、市场营销和市场营销学

市场营销来源于英文"marketing"一词,"marketing"有两种中文译法:一是理解为一种企业的市场买卖活动,译为"市场营销";二是理解为一种学科名称,译为"市场营销学"。

(一)市场营销

国内外学者基于对市场和营销行为范围的不同理解,对市场营销下过不同的定义,具有代表性的主要有以下几种。

1. 尤金·杰罗姆·麦卡锡(Eugene Jerome McCarthy)提出市场营销是一种社会经济活动过程,目的是引导商品和劳务从生产者流向目标消费者,以实现企业或组织的目标。

2. 美国市场营销协会(American Marketing Association,AMA)于1985年将市场营销定义为对思想、产品及劳务进行设计、定价、促销及分销的计划和执行过程,从而实现满足个人和组织目标的交换。

3. 本书采用美国著名营销学家菲利普·科特勒(Philip Kotler)所下的定义:市场营销是个人和组织通过创造并同他人交换产品与价值以满足需求和欲望的一种社会管理过程。而从企业这个狭义的角度来讲,市场营销是企业为了从顾客身上获得利益回报,创造顾客价值和建立牢固顾客关系的过程。

(二)市场营销学

市场营销学于20世纪初期产生于美国,随着社会经济的发展,市场营销学已经成为建立在现代管理理论之上,与经济学、行为科学、人类学、数学等学科相结合的应用科学。关于市场营销学的定义也是众说纷纭,具有代表性的主要有以下几种。

1. 过程论 市场营销学是研究生产者通过销售渠道与市场相联系,以促进消费者购买的过程。

2. 服务论 市场营销学是通过制造和供应商品为消费者服务的一系列活动。

3. 桥梁论 市场营销学是研究生产者和消费者之间关系的一种联系桥梁。

以上定义都强调生产与消费的联系,并以此作为市场营销学研究的出发点。但随着商品经济的发展,市场营销学的概念还在不断拓宽。从宏观层面上看,市场营销学着重阐述市场营销与满足社会需要、提高社会经济福利的关系,侧重于将其理解为社会过程。从微观层面上看,市场营销研究满足顾客需求,将产品或劳务从生产者转到消费者手中,侧重于将其理解为企业活动。

管理同其他职能相比,更多地涉及顾客,理解、创造、沟通、让渡顾客价值和使顾客满意是现代营销思想与实践的核心内容。因此,本书着重从企业角度来阐述市场营销学,属于微观经济学范畴。

二、药品市场营销学

(一)药品市场营销学的概念

药品市场营销学是市场营销学学科体系的一个重要分支,是市场营销学基本原理在药品营销领域中的理论延伸及具体应用,研究以消费者为中心的药品生产和经营企业的市场营销活动及其规律性。药品市场营销可以简单理解为医药企业的市场营销行为,即医药企业通过创造并同他人交换产品和价值以满足需求和欲望的一种社会管理过程。因而,可以从以下四方面理解药品市场营销的含义。

1. **药品市场营销的主体是个人和医药组织,客体是药品和价值**　现代市场营销的主体包括一切面向市场的个人和组织,既包括工商企业等营利性组织,又包括学校、医院、公共事业单位等面向市场的非营利性组织,还包括一些拟通过交换获取产品和价值的个人。药品市场营销的主体为个人和医药组织,本书中药品市场营销的主体是医药企业,即药品的生产商和中间商。药品市场营销不仅仅是药品的交换,更强调价值的交换。

2. **药品市场营销的核心是交换**　交换是药品市场营销学的核心概念,它是通过提供他人所需所欲之物来换取自己所需所欲之物的过程。交换过程是一个主动、积极寻找市场机会,满足需求和欲望的过程。只有通过交换,才能产生营销活动。而交换过程能否顺利进行,则取决于营销者创造的产品和价值满足顾客需求的程度与交换过程的管理水平。

3. **药品市场营销的最终目标是满足需求,使顾客满意**　药品市场营销不仅仅是卖出药品,更是发现和培育市场需求、创造市场机会的过程。满足顾客现实或潜在的需求、使顾客满意是药品市场营销活动的出发点和中心。药品经营企业要重视目标市场顾客的需求、欲望和行为特征,以各种有效营销手段创造和满足其需求,从而实现企业的营销目标。

4. **药品市场营销是一个社会管理过程**　药品市场营销由一系列活动构成,包括营销调研、产品开发、价格制定、渠道开发、促销、售后服务等活动。整个过程不仅是一个计划、组织、实施、控制的管理过程,而且是一个社会过程,医药企业在营销过程中必须承担自身的社会责任。

（二）药品市场营销学的研究对象

药品市场营销学是研究以消费者为中心的药品生产、经营企业市场营销活动及其规律性的学科。其研究对象已远远突破常规意义上的药品流通领域,向前可追溯到制药企业的产前活动,包括药品市场调研、药品设计、包装、商标等,向后可延伸到企业的售后服务,包括顾客(医生、患者等)的满意程度、重复购买的可能性、客户忠诚度和维系率等。

（三）药品市场营销学的研究内容

药品市场营销学作为市场营销学在医药领域的具体应用,理应紧密围绕药品和药品市场,总结、归纳并探索药品营销的技巧和方法。随着社会主义市场经济的不断完善和成熟,药品市场营销学研究的内容也不断丰富和发展。药品营销学研究的主要内容是以患者发病率与患者治疗和保健需要为中心的市场营销关系及其规律,影响药品市场营销的因素和根据这些因素制订的各种营销计划等。在药品市场营销学初创阶段,仅仅局限于对医药商品流通领域中的广告和推销术的研究。随着社会的进步、经济的发展,药品市场营销学的研究无论从深度上还是广度上都有了创新和突破。其范围不仅局限于药品的流通领域,还向上延伸到药品的生产领域,向下延伸到药品的售后服务;不仅局限于药品生产者、消费者(患者)和经营者,而且涉及公共关系和权力等因素;既要研究药品流通领域的流通规律、营销原理、策略和方法,又要研究药品市场调查、药品市场预测、新药的设计及产品和劳务的售后服务,还要研究消费者(患者)对医药商品和服务的要求、愿望及权力等内容。具体表述如下。

1. **以药品市场为研究内容**　研究国内外药品市场的类型、特征及影响药品市场营销活动的各种可控因素与不可控因素,以及医药企业如何适应药品市场的宏观与微观营销环境,进入和开拓药品市场。

2. **以消费者(患者)为研究内容**　研究国内外消费者(患者)的购买心理、购买动机、购买行为及影响购买药品的因素,研究药品消费需求的发展趋势及其规律性。

3. **以医药商品为研究内容**　研究医药商品的结构、商标、品牌、仓储,医药商品的市场生命周期以及新产品的开发。

4. 以药品销售渠道为研究内容 研究药品从生产环节到消费环节的渠道,如何选择最经济的运输路线、运输方式,怎样确定药品最佳储存量。

5. 以药品价格为研究内容 研究如何按照药品价值规律、药品供求规律和药品营销实践,确定药品定价的方法、技巧、策略以及影响药品定价的可控因素和不可控因素。

6. 以促销为研究内容 研究如何有效地运用各种促销方式和促销策略等,实现企业的营销目标。还要研究药品市场的调查、预测和营销策划方法等。

知识链接

当前药品市场营销面临的政策环境

菲利普·科特勒:"市场营销环境确实是阻碍企业的市场和营销活动的不可操纵的参与者和阻碍力。"

随着我国推行医疗改革进程的日益深入,新医改政策的最终确定,我国的医药营销环境面临巨大变化。如国家基本医疗保险、工伤保险和生育保险药品目录(简称国家医保药品目录)的调整以及医保支付方式的改革,旨在提高医保基金使用效能,努力实现药品结构更加优化,管理更加规范,有效缓解参保人员用药难、用药贵的问题;在"两票制①"作用下,药品流通行业的变革、药品降价趋势以及"营改增②"的税务风险,必然会促使医药行业产业链重新调整利润分布;加强医疗机构用药目录管理和规范,推动医疗机构优化用药结构、优先配备使用国家基本药物、及时调整优化医疗机构用药目录、规范辅助用药的使用,杜绝辅助用药的滥用;药品集中招标采购政策、"4+7"城市药品集中采购等政策可能会造成企业成本加剧,药品价格降低使企业利润总额受到一定波及。

受集采常态化影响,未来医药市场环境将更加多变。因此,对于药企而言,要专注于创新药、首仿药等方面的研发,不断完善产品管线、储备优势产品,来不断提高企业的竞争力和市场地位。

近年来,我国本土药企的创新研发投入一直在持续上升。其中,大规模以上企业研发投入年均增长约 8%,2020 年上市公司研发费用占销售收入的比重就已超过 6%。除了在研发上不断加大投入,众多药企还都明确将创新药作为自身发展的主要方向。尽可能去实现产品差异化临床价值,努力在国际市场兑现创新药价值的能力,提升企业管理能力,制订科学的销售模式,选择和商业化推广策略,才能寻找到更多创新药发展的新出路。

三、药品市场营销流程与其特殊性

现代市场营销不再局限于营销部门的工作,还涉及影响顾客体验的所有接触点,包括包装设计、产品性能、售后服务以及运输和物流方式。任何药品企业要想在市场上求得生存和发展,都必须使其生产经营活动适应顾客的需要,因此药品市场消费者是现代药品生产企

---

① "两票制":指药品从药厂卖到一级经销商开一次发票,经销商卖到医院再开一次发票,以"两票"替代目前常见的七票、八票,减少流通环节的层层盘剥,并且每个品种的一级经销商不得超过 2 个。

② "营改增":以前缴纳营业税的应税项目改成缴纳增值税。"营改增"的最大特点是增值税只对产品或者服务的增值部分纳税,减少了重复纳税的环节。

业、经营企业营销活动的中心。基于此,药品市场营销活动必须经历如图1-1所示的5个步骤,才能达到了解顾客、创造顾客价值和建立牢固顾客关系的目的。

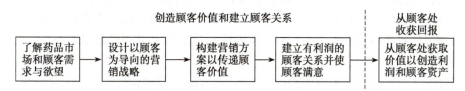

图1-1 药品营销流程的简单模型

药品市场营销为的是满足买方和卖方的需求,前提就是理解市场和消费者,充分了解药品市场和顾客需求与欲望,从而设计以顾客为导向的营销战略,并通过构建具体的多样化的营销方案传递顾客价值,建立有利润的顾客关系。前四步致力于了解顾客、创造顾客价值并建立强有力的顾客关系,达到顾客满意和培育忠诚顾客;直至达到最后一步,公司开始收获通过创造客户价值带来的回报,表现为销售量、利润和长期顾客资产的形式,这就构成了完整的药品市场营销流程。

药品市场营销除了遵循一般市场营销规律之外,还受到药品市场特殊性的制约。因此,要想把握药品营销流程,必须对药品市场的特殊性有充分的了解。

(一)药事法规

药品是一种特殊商品,直接关系到大众的生命安全。《中华人民共和国药品管理法》《中药品种保护条例》《药品生产质量管理规范》等法律法规是医药行业经营销售的依据和保证。

(二)药品政策

药品不仅是防治疾病的物质手段,也是国家调控医药卫生事业发展的重要政策工具。国家药物政策是一个综合框架,主要由基本药物、价格合理、财政支持、供应系统、质量保证、合理用药研究、人力资源开发、监测与评估等内容组成,各构成因素在实现政策总目标上都发挥着重要的作用。各构成内容不仅对应一个特定的目标发挥作用,也可为实现多个目标而共同服务。

药品政策不同于一般的产业政策,它必须充分考虑医药产业的特殊性,这种特殊性就是医药产业在追求经济效益的同时,还必须考虑社会效益,满足人民不断增长的健康需求。在发展中,要力求经济效益和社会效益取得平衡。

(三)药品市场和医药科技市场的发展变化规律

医药市场和环境是药品市场营销存在与发展的客观社会基础。医药行业具有高技术、高投入、高风险、高回报的特点,市场竞争异常激烈,适逢医疗改革和基本药物制度深入推进之际,调查和研究药品市场的现状与变化趋势,了解医药行业最新科技动态,制订正确的营销战略是医药企业得以生存和发展的前提与基础。

2020年受新型冠状病毒感染(简称新冠)疫情影响,中国药品终端市场规模略有缩减,为1.8万亿元,但随着疫情好转、居民医药消费升级、人口老龄化和慢性病患病率上升等因素,我国药品市场需求持续增加。

药品销售终端是药品从各类医药服务机构流向患者的关键环节,基于特殊的医疗体制和各自不同的市场特征表现,我国医药市场的药品销售终端可分为三大终端六大市场,即公立医院终端(城市公立医院和县级公立医院)、零售药店终端(实体药店和网上药店)和公立基层医疗终端(城市社区卫生中心和乡镇卫生院)。

随着药品集采、医保控费等政策的持续推进,未来公立医院更多利润的来源从药品销售转变为医疗服务,处方外流逐渐形成一种趋势,药品零售终端将迎来更大的发展机遇。国家医保谈判药品"双通道①"管理政策的推行,使得药店享有与医疗机构同等的医保支付标准。慢性病长期处方政策也为药店承接慢性病用药逐步扫清了障碍。可以说,在政策、市场、产品、技术等多个维度,药店零售终端具备了长足发展的基础与优势,是一条难得的优质赛道。

未来,随着"处方外流"和"医药分开"等政策的落地,药品销售预计逐步流向院外市场,三大销售终端占比将面临调整,零售药店终端占比预计将进一步提升,医药零售行业市场发展空间较大。

(四)企业及产品特点

各药品企业由于生产经营产品、规模、拥有资源等各不相同,营销战略和侧重点各有差异,因此营销战略应根据本企业及产品的实际情况来制订。

第二节 药品市场需求与医患需求

一、需求及其相关概念

药品市场营销不仅包括满足顾客的需求,还涉及以何种产品来满足相应顾客的需求,以及如何才能满足顾客需求。可见,药品市场营销的相关概念应该包括以下几种概念。

(一)需要、欲望与需求

需要(need)是指人们为满足生存和发展而产生的对某种目标的渴求与欲望,包括对食物、衣服、保暖和安全的基本物质需要,对情感和归属感的社会需要,对自我实现的个人需要。这些需要存在于自身的生理和心理结构之中,例如某人感冒了,就会有治病吃药的需要,并且这种需要存在于营销活动之前,药品营销者不能改变它,只能提供感冒药满足患者的需要。

欲望(want)是指人们对于满足需要的某种事物的期望。当需要与可以满足这一需要的特定物品相联系时,需要就变成了欲望。一种需要可以用不同的具体物品来满足。如为了满足减轻头痛的需要,希望疗效快的患者可能会选择西药,希望副作用小的患者倾向于选择中药来缓解疼痛。医药企业正是通过促销等活动影响人们的欲望。

当考虑到支付能力时,欲望就转换为需求(demand)。需求是指对有能力购买并且愿意购买的某种具体产品的欲望。营销者不仅要了解有多少人对其产品有欲望,更要了解他们是否有支付能力。药品市场营销正是通过影响人们的欲望,指出何种特定的医药产品可以满足其特定需要,进而通过使医药产品富有吸引力、适应消费者的支付能力且使之容易获得,来影响需求。因此,一种产品的市场需求是在特定的时期、特定的地理区域、特定的营销环境和营销方案下,由特定的顾客群体购买的总数量。

(二)需求的价格弹性

需求的价格弹性简称需求弹性,是衡量在影响需求的其他因素不变的条件下,产品或劳务需求量对其价格变动反应程度的指标。需求弹性计算公式见式(1-1):

---

① "双通道":指患者在定点医疗机构和国家医保谈判药品药店享受同样的报销政策。

$$E_d = \frac{\dfrac{(Q_2 - Q_1)}{Q_1}}{\dfrac{(P_2 - P_1)}{P_1}} \qquad\qquad 式(1\text{-}1)$$

式中，E_d 代表需求价格弹性，Q_1 和 P_1 分别代表原来的需求量和价格，Q_2 和 P_2 分别代表新的需求量和价格。当需求量变化和价格变化方向相反时，E_d 为负数，反之 E_d 为正数。

需求价格弹性一般分为 3 类：①需求弹性不足，$0 < E_d < 1$，需求量变动率小于价格变动率；②需求弹性为 1，$E_d = 1$，需求量变动率等于价格变动率；③需求弹性充足，$E_d > 1$，需求量变动率大于价格变动率。此外，还有两种特殊类型：①需求完全无弹性，$E_d = 0$，价格变动对需求量没有影响；②需求弹性无限大，$E_d = \infty$，价格变动会引起需求量无穷大的变动。

影响需求价格弹性的因素主要有：①产品的替代品数目和相似程度；②产品在购买者支出中所占比例；③产品用途；④产品性质。

二、药品市场需求

药品市场营销的第一步就是了解顾客的需求和欲望，以及他们所面对的市场。分析药品市场需求的特征和类型，对于设计以顾客为导向的营销战略具有重要的参考意义。

（一）药品市场的定义

传统意义上，市场是买方和卖方聚集在一起进行交换的物理场所。经济学家将市场描述为对特定产品或产品种类进行交易的买方和卖方的集合。营销人员用"市场"一词来形容不同的顾客群体，并将卖方视为行业。在市场经济高度发展的现代社会，产品需求、产品供给、购买力等因素共同影响商品交换。因此，市场是指对某种产品有需求并有购买能力的消费者，药品市场就可以定义为对药品有现实和潜在的购买需求并有购买能力的消费者。

药品市场具有 3 个要素：人口、购买力和购买欲望。这 3 个要素相互制约、缺一不可，只有三者结合起来才能构成市场，才能决定药品市场的规模和容量。市场容量计算公式见式（1-2）：

$$市场 = 人口 \times 购买力 \times 购买欲望 \qquad\qquad 式(1\text{-}2)$$

（二）药品市场的分类

对药品市场进行分类，有助于企业针对不同市场制订不同的营销策略。关于药品市场的分类主要有以下几种。

1. 按药品市场规模分为宏观药品市场和微观药品市场　宏观药品市场指一定时期内一个国家或地区的全部药品市场需求总量，它既影响国家医药产业政策的制定，也决定着药品的销售潜力。微观药品市场是指某类、某种具体医药产品在一定时期和一定范围内的市场规模，如感冒药市场、降压药市场等。

2. 按药品市场主体组成分为消费者市场、生产者市场、中间商市场和政府市场　药品消费者市场是指某类、某种药品的最终使用者组成的市场，医药企业应密切关注消费者市场并开展相应的营销活动。生产者市场是指为了进一步生产其他药品而从事生产经营活动的药品原料商、中间体。中间商市场则是指由医药商业公司和各级各类医院组成的市场。政府市场是一个庞大的市场，每年采购一定药品用于国防、司法和公共福利事业等，公开招标和签订供货协议是其主要形式。

3. 按药品分类管理要求分为处方药市场和非处方药市场　处方药是指必须凭执业医师或执业助理医师处方才能调配、购买和使用的药品；非处方药（OTC）是指不需要执业医

笔记栏

或执业助理医师处方即可自行判断、购买和使用的药品。国家有关部门对于非处方药在药效、标识、流通过程等方面都做了有别于处方药的要求和规定。

4. 按药品市场地域结构分为城市药品市场、农村药品市场与国内市场、世界市场 不同区域文化水平、消费者收入水平、消费观念与习惯等方面的差异,使消费者对药品需求量、品种、档次存在较大差别。

(三)药品市场需求的特征

1. 药品市场需求的时代性 随着健康的内涵不断丰富,医学模式由传统的生物医学模式转变为"生物-心理-社会"模式。药品需求是由病种决定的,人类先后经历了瘟疫、消化系统、呼吸系统疾病,到今天的心脑血管疾病、癌症的时代发展过程,而药品市场需求变动基本上是与疾病的发展规律相符合的。

2. 药品市场需求的刚性 由于医药产品的特殊性,医药市场需求缺乏弹性,药品市场需求受市场价格变动的影响比较小。当面临多种需求无法同时满足时,消费者往往会通过压缩其他方面的需求来满足药品需求,虽然由于突发性、季节性和流行性疾病等原因,相关医药产品在一定时期的需求量会有所波动,但相对于其他商品的需求而言,药品需求具有更强的刚性。

3. 药品市场需求的可诱导性 医生掌握着专业的医疗知识,而患者对相关知识却知之甚少,药品消费者和供给者之间存在着严重的信息不对称,消费者习惯于听从医生的意见,由医生决定用药的品种、数量和方式。面对医生和厂商,消费者的用药需求始终处于被诱导的地位。

(四)药品市场需求变化

市场需求有多种状态,药品营销管理者的任务不仅包括刺激和扩大需求,同时还包括调整、减缩和抵制需求等。下面介绍8种不同的需求状况及其相应的药品营销管理任务(表1-1)。

表1-1 药品市场需求的任务及营销任务

药品需求类型	药品营销任务	药品营销管理类型	药品需求类型	药品营销任务	药品营销管理类型
负需求	扭转需求	扭转性营销	不规则需求	调节需求	协调性营销
无需求	刺激需求	刺激性营销	饱和需求	维持需求	维持性营销
潜在需求	实现需求	开发性营销	过度需求	限制需求	限制性营销
下降需求	恢复需求	恢复性营销	无益需求	消除需求	抵制性营销

1. 负需求 又称否定需求,指目标市场对医药企业提供的药品具有某种否定情绪甚至感到厌恶,愿意付出一定的代价回避它们。需求者的否定很大可能是由于其对药品特性缺乏了解,或是具有某种偏见。因此,医药企业的营销任务是分析市场不喜欢产品的原因,进而通过改变产品的式样、降低价格、进行大规模促销等方法来改变目标市场的看法,以转换他们的需求,使其成为企业的现实顾客。

2. 无需求 指目标市场对医药企业的产品漠不关心或不感兴趣的需求状况。其主要原因在于消费者不能正确地认识医药产品的功效与需求之间的关系。比如"排毒养颜"概念的提出,一般保健品注重"补",排毒养颜胶囊提出了从"补"到"排"的反向思维,"排毒"和"养颜"的功能组合给消费者带来强烈的刺激并引起消费的迫切性,随着其概念的普及,排毒养颜市场规模也日渐扩大。由此可见,对于无需求的市场,医药企业的营销任务在于刺激需求,通过有效的促销手段营造出适宜的小环境,使无需求的消费者产生需求。

3. 潜在需求 指多数消费者对现有产品的某种特性或尚未上市的某种产品或服务的

强烈需求。如人们对于能彻底治愈艾滋病的药品有着强烈的潜在需求,而此类产品目前尚未问世。潜在需求随处可见,这是医药企业挖掘不尽的大市场,为医药企业的发展提供了广阔的空间。面对潜在需求,医药企业的营销任务是实现需求,发掘老产品的新功效,开发新产品,以满足这些需求。

4. 下降需求　指市场对某种药品的需求呈下降趋势的情况。很多下降需求不是产品落后造成的,大多数是由于新产品的替代、时尚的变化引起的。例如,由于西药品种增加降低了对中药的需求,由于中成药品种增加降低了对中药饮片的需求,事实上中药饮片具有西药、中成药无法替代的优越性。针对下降需求,医药企业营销的任务是恢复需求,通过了解导致顾客需求下降的原因,改变产品的特色或寻求新的目标市场,以扭转需求下降的格局。

5. 不规则需求　指市场对某些产品的需求在不同时间或空间范围内呈现出很大波动性。如严重急性呼吸综合征(SARS)期间,市场对防疫、抗疫药品产生了很大需求。医药企业的营销任务是通过灵活的定价、促销及其他激励因素,将需求与供给之间的矛盾降至最低程度,从而获取效益。

6. 饱和需求　指某种医药产品的需求水平和时间与企业期望相一致的需求状况。这是企业最满意、最理想的一种需求形态。在饱和需求的情况下应实行维持性营销,努力维持现有的需求水平。其主要策略是改进产品质量,保持合理售价,稳定推销人员,严格控制质量和成本等。

7. 过度需求　指顾客对某医药产品的需求超过了企业的供应能力,产品供不应求。这可能是由于原材料的不足导致的缺货,也可能是由于产品或服务长期过分受欢迎所致。对于这类需求,应实行限制性营销,即通过减少促销及宣传、提高价格等方式使需求减少,从而暂时降低需求水平。

8. 无益需求　指消费者对于有害于个人或社会的医药产品的需求。就医药产品而言,人们对于治疗目的之外的麻醉药、兴奋剂等需求都属于无益需求。对于无益需求,医药企业的营销任务是通过抵制性营销措施来限制这类需求,以保障人民健康为己任,把社会效益放在首位。

知识链接

国内外抗帕金森病药物的市场需求

帕金森病患病率与年龄因素的关联程度比较高,目前来看发病年龄一般在 60 岁左右居多,近 20 年以来全球帕金森病患病率实现了翻倍式增长,并且主要集中于中老年群体。根据《中国帕金森病疾病负担变化趋势分析及预测》,2019 年全世界的帕金森病患者已达到 850 万人左右,其中我国占据约 284 万人,占比 33.37%,居世界首位。并且随着人口老龄化进程的加快,预计到 2030 年,我国帕金森病患者人数将达 490 万,占全球帕金森病患者总数的一半左右。

基于上述因素,预计抗帕金森病药物的需求量将会不断上升,市场规模也将会随着需求量的增长而增加。

(一) 国外市场:Xadago 和 Nuplazid 为主流

根据汤森路透医药数据库,目前全球在研且已经进入临床研究的抗帕金森病药物超过 200 种。全球科学家经过几十年的努力探索,抗帕金森病药物取得突破性进展的并不多,研发难度之大,不言而喻。

根据公开资料显示,国外抗帕金森病药物在近2年获批的主要有 Xadago 和 Nuplazid。Xadago(safinamide methanesulfonate,沙芬酰胺),由 Newron 公司和 Zambon 公司联合开发,于2015年2月22日首次获得欧洲药品管理局(EMA)上市批准,由 Zambon 公司上市销售。Xadago 的作用机制很新颖,通过可逆性抑制单胺氧化酶B(MAO-B)与多巴胺的再摄取来提高多巴胺功能,抑制谷氨酸的过量释放,用于治疗帕金森病。该药上市后备受追捧,目前已在11个国家上市,也已被美国 FDA 批准进入美国市场。

Nuplazid(pimavanserin,匹莫范色林)原研公司为 Acadia,于2016年4月29日获 FDA 批准上市,适应证为帕金森病并发的精神疾病(幻觉和妄想症)。

Nuplazid 为帕金森领域全球首个非多巴胺神经递质类似物,其最大的成功在于:在抗帕金森病精神病的同时,无增加运动障碍的副作用。

(二)国内市场:多巴胺能类药为主导

中国抗帕金森病药物市场规模从2015年的16亿元增长至2020年的30亿元,其间年平均增长率约为17.5%;到2021年这一数值达到了33亿元,较2020年新增约3亿元,同比增长10%;2022年,国内抗帕金森病药物市场规模进一步上升至35亿元,比上年同期新增约2亿元,同比增长6.1%。

抗帕金森病药物主要在城市等级医院销售,城市等级医院销售额占整体市场的50%以上;其次是零售药店,占整体市场的30%以上;县域等级医院销售占比在10%左右。

抗帕金森病药物市场主要是外资企业的天下,TOP10企业中外资企业占了七席,TOP10企业中,外资企业份额合计超过98%。值得一提的是,虽然外资企业在抗帕金森病药物市场独占鳌头,但是本土药企也未放弃对抗帕金森病药物的研发,其中绿叶集团在积极开发全球领先的抗帕金森病药物的同时,还计划以此为突破点,积极打造开放的平台,引入外部资源,从预防、诊断、治疗和检测管理4方面形成一个帕金森疾病治疗的整体解决方案。

目前,市场上使用率最高的抗帕金森病药品为罗氏集团的多巴丝肼片以及勃林格殷格翰的盐酸普拉克索片,多巴丝肼片的适应证为帕金森病、症状性帕金森综合征(脑炎后、动脉硬化性或中毒性),但不包括药物引起的帕金森综合征;盐酸普拉克索片则主要用于治疗特发性帕金森病的体征和症状,单独使用或与左旋多巴联用。

作为治疗帕金森病的两大主流药物,多巴丝肼和普拉克索一直你追我赶。2017—2021年,普拉克索的销售额远远超过了多巴丝肼。2021年,普拉克索进入集采后销售额开始大幅下降;最终多巴丝肼在2022年超越普拉克索,成为抗帕金森病医院用药首位。

随着帕金森病患者的增多,抗帕金森病药物需求也在增加,各相关医药企业只有理性地进行市场需求分析、制订适宜的市场开发策略,才能走向成功。

三、医患需求

我国医改政策要求建立公共卫生服务体系、医疗服务体系、医疗保障体系、药品供应保障体系。随着政府在医疗卫生领域的高额投入和医疗保障体系的不断完善,医药市场总需求将呈现持续增长的态势。

(一)患者的需求

根据美国社会心理学家马斯洛的需求层次理论,人的需求分为5个层次,从低到高依次为生理需求、安全需求、归属感和爱的需求、尊重的需求、自我实现的需求。患者来到医院就诊,一方面是来自生理上的需要,满足治病、防病和对医疗服务、医药产品的需要和欲望;另一方面,还有社会学的目的,即期望恢复生病前的生活与工作,期望缓解与释放紧张、焦虑、恐惧、痛苦的情绪。

新时期,人民群众对美好生活的向往对我国的医药卫生事业也提出了更高的要求。随着我国人口老龄化程度不断加深,人口结构的变化导致医疗卫生需求进一步扩大。新冠疫情发生后,人民群众的健康意识普遍增强,对个人健康管理和慢病管理更加重视。同时,随着互联网医疗的兴起,患者获取健康与疾病相关信息的需求也逐渐增加,提高了患者在医疗服务过程中的参与度。《中共中央 国务院关于深化医疗保障制度改革的意见》明确要求,到2030年,全面建成以基本医疗保险为主体,医疗救助为托底,补充医疗保险、商业健康保险等共同发展的医疗保障制度体系,更好地满足患者多元的医疗保障需求。

(二)医生的需求

马斯洛的需求层次理论认为,不同的需求在不同的时期表现出来的迫切程度是不同的。人的最迫切的需求才是激励人行动的主要原因和动力,医生群体在不同阶段的需求是不一样的。

医生的需求一方面体现在合理的待遇、提高物质生活水平、身心健康;另一方面,医生渴求有良好的发展空间,使个人的理想、抱负、才能、知识和经验得到充分发挥和利用。

当前群众越来越高的卫生健康需求和医疗服务的提供严重不足是一个很突出的矛盾,集中表现为"看病难、看病贵",出现医疗纠纷甚至医患冲突。我国医生尤其是医疗条件较好医院的医务人员工作量很大,受就诊时间限制,面对众多患者,医生很难做到有问必答、与患者进行耐心细致的沟通。超负荷的工作量也使一些医生精神压力增加,一定程度上表现出对诊疗活动的厌倦和对患者的冷漠。

调研数据显示,医生人群认为最为重要的需求是学术需求,其次是医患互动和同行学习交流的需求,再者是影响力塑造、晋升、对性价比高药品的需求和治病救人的精神需求。学术和科研是临床医生的基本功,同时学术成果是区分医院质量的标准,更是考评医生水平高低的关键指标,因此医生在学术上的需求尤为强烈,表现为对医学专业知识信息、医学文献、医学相关数据、医学专业工具、医学继续教育、业内沟通交流等方面长期具有强需求。随着移动互联网的快速发展,信息的传播途径和患者的知识层次发生了变化,医生的行为模式也已经发生了改变,医生获取信息的渠道发生了翻天覆地的变化。医生在互联网渠道上寻找医学信息的时间越来越长。医生需要的是更加便捷、可视化程度高、更新频率快的获取信息的渠道和平台。

第三节 药品市场营销学的研究方法

研究药品市场营销学的方法是随着我国医药市场由计划经济向市场经济转化而变化的,主要有:①传统的研究方法,包括产品研究法、机构研究法、职能研究法;②现代科学方法,包括管理研究法、系统研究法及社会研究法。药品市场营销学的研究新主题包括全球化营销、关系营销、绿色营销、数据库营销、知识营销等。

一、传统药品市场营销的研究方法

（一）产品研究法

产品研究法是以医药产品为中心的研究方法，主要研究医药产品的设计、包装、厂牌、商标、定价、分销、广告及各类医药产品的市场开拓。这种研究方法可详细地分析、研究各类医药产品在市场营销中遇到的具体问题，但需耗费大量人力、物力和财力，而且重复性很高。

（二）机构研究法

机构研究法是一种以人为中心的研究方法。这种方法以研究医药市场营销制度为出发点，即研究医药销售渠道制度中各环节及各种类型的药品市场营销机构，如药品代理商、药品批发商、药品零售商等市场营销问题。

（三）职能研究法

职能研究法是从药品市场营销的各种职能，如交换功能（购买与销售）、供给功能（运输与储存）、便利功能（资金融通、风险承担、市场信息等）以及医药企业执行各种功能中必定或可能遇到的问题，来研究和认识药品市场营销问题。

二、现代药品市场营销的研究方法

随着医药市场进一步开放，药品市场由计划经济向市场经济转变，在药品的供给大于需求、药品市场竞争日益激烈等情况下，研究药品市场营销学的方法也随之发生了变化，主要采取的是管理研究法、系统研究法和社会研究法。

（一）管理研究法

这是一种从管理决策的角度来分析、研究药品市场营销问题的方法，它综合了传统药品市场营销学的各种研究方法（如产品研究法、机构研究法和职能研究法）。从管理决策的观点看，医药企业营销受两大因素的影响：一是企业不可控因素，如人口、经济、政治、法律、物质、自然、社会文化等外部因素；二是医药企业可控因素，即产品、价格、分销及促销等内部因素。医药企业营销管理的任务在于全面分析外部和内部各项作用因素的前提下，针对目标药品市场需求特点，结合企业目标和资源，制订出最佳的营销组合策略，实现企业盈利目标。

（二）系统研究法

这是系统理论在药品市场营销中具体应用的一种研究方法，是从药品企业内部系统和外部系统，以及内部与外部系统如何协调来研究药品市场营销学。从医药企业内部系统主要是研究医药企业内部各职能部门，如生产部门、财务部门、人事部门、销售部门等如何协调。从医药企业外部系统主要研究医药企业同目标顾客外部环境的关系。内部与外部系统又是通过医药商品流程、货币流程、信息流程联结起来的。只有药品市场营销系统的各组成部分相互协调，才能产生高的营销效益。

（三）社会研究法

这是从医药企业营销活动对社会利益的影响方面来进行研究的一种方法。药品市场营销活动，一方面能加强消费者对防病治病和保健的需要，提高了社会的医疗水平；但另一方面也造成了某些不可避免的负面效应，如药品的毒副作用、污染自然环境、破坏社会生态平衡等各种危害人类社会的不利因素。因此，有必要通过社会研究法，寻求使药品市场营销的负面效应减少到最低限度的途径。

第四节　以顾客为导向的药品营销管理

对于营销,美国市场营销协会给出了如下正式定义:营销既是一种组织职能,也是为了组织自身及利益相关者的利益而创造、传播、传递顾客价值,管理顾客关系的一系列过程。可见,药品营销的目的是深入理解顾客,使企业产品和服务完全满足顾客的需要。企业必须清楚地知道:我们服务的是什么样的顾客(我们的目标市场是谁),我们怎样才能更好地服务这些顾客(我们的价值观是什么)。

一、营销管理观念

组织在进行市场营销活动时可能采用以下 5 种观念,即生产观念、产品观念、推销观念、营销观念和社会营销观念。

（一）生产观念（production concept）

这种观念产生于产业革命完成之时,基本观点是生产厂家能向顾客提供买得起、买得到的产品,就是销售;生产的关键在于能否降低成本、扩大产量、增加销售网点、提供廉价的产品。这出现在整个社会技术水平比较落后、生产满足不了消费需求、产品处于供不应求的时期,销售与消费只是被动地适应生产,企业生产什么,市场就销售什么,生产多少就销售多少。

（二）产品观念（product concept）

这种观念产生于 20 世纪 30 年代以前,基本假设是:顾客喜欢质量最好、操作性最强、创新功能最多的产品。质量好坏是影响消费者购买的决定性因素,所以奉行产品观念的企业集中力量提高产品技术和质量。但要注意的是,产品观念容易导致"营销近视症",即过分迷恋于追求产品的高质量,忽视消费者的实际需求,导致生产成本与产品价格过高而难以被消费者接受,从而在市场营销中导致失败。

（三）推销观念（selling concept）

这种观念盛行于 20 世纪三四十年代,基本假设是,如果组织不进行大规模的促销和推销,顾客就不会购买足够多的商品。大多数公司在生产能力过剩时,遵循推销观念,它们的目标是售出制造的产品而非市场需要的产品。由于推销观念强调交易而非与顾客建立长期的互惠关系,所以营销活动具有较大的风险。

（四）营销观念（marketing concept）

和以产品为中心的"生产和销售"观念不同,营销观念以顾客为中心,这种观念认为企业组织目标实现的关键在于比竞争者更有效地满足顾客的欲望和需要。营销工作不是为你的产品找到合适的顾客,而是为你的顾客生产合适的产品。与推销观念不同的是(图 1-2),推销观念起始于工厂,强调针对公司现有的产品进行大量的推销和促销以获利,追求短期利

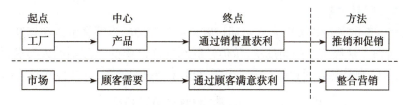

图 1-2　推销观念与营销观念的区别

益。与此相反,营销观念是由外向内进行的,起始于市场,强调顾客的需要,按照顾客的价值和满意程度建立与顾客长期的互惠关系并由此获利。

图1-3 社会营销观念展示图

(五)社会营销观念(societal marketing concept)

针对纯营销观念忽视消费者短期需要和长期福利之间的矛盾,社会营销观念认为营销战略在向顾客传递价值时,应保持或发展消费者与社会的双重利益,营销人员应平衡公司利润、顾客需求和社会利益三方面关系,履行相应的社会责任,如图1-3所示。

二、制订市场营销策略组合

营销者需要通过具体的营销方案准确地将计划好的价值传递给目标顾客,主要的营销组合工具分别为产品(product)、价格(price)、渠道(place)和促销(promotion),统称为市场营销4P理论。公司首先必须创造能够满足需求的营销供给物(即产品),在合理范围内确定提供这个产品需要多少钱(即价格),以及怎样使产品更方便地接近目标顾客(即渠道);最后,公司与目标顾客沟通并通过各种促销活动说服顾客购买。具体策略如下。

(一)医药产品策略

开发适合市场需求的药品,选择正确的药品品牌策略和包装策略,合理制订制药企业的产品组合策略,并根据医药产品的产品生命周期所处的不同阶段设计相应的营销策略。

(二)医药价格策略

在考虑影响医药产品定价的主要因素的基础上,采用正确的定价方法合理制定药品价格,并能够对竞争企业药品价格的变动及时做出反应。

(三)医药渠道策略

设计适合企业药品销售的分销渠道模式,选择合适的渠道成员,明确划分双方的权利和义务,从而对药品经销商进行规范管理。

(四)医药促销策略

合理选择、搭配和编排使用广告、人员推销、公共关系和营业推广等促销工具,力求在既定的促销费用预算水平内获得最好的促销效果。

随着市场营销活动的增加,市场营销策略组合得到不断丰富和发展,在传统4P理论的基础上,营销组合因素有增加的趋势。1986年,营销学家菲利普·科特勒提出了11P营销理念,增加了政府权力(power)、公共关系(public relations)、调研(probe)、区隔(partition)、优先(priority)、定位(position)和员工(people),并将产品、价格、渠道、促销统称为战术4P,调研、区隔、优先、定位统称为战略4P。顾客营销组合策略是企业参与市场竞争的有力手段,在很大程度上决定着企业营销活动的效果。

三、顾客价值管理

(一)建立顾客关系

建立顾客关系的关键构成要素就是通过客户关系管理实现顾客价值和满意。

1. 顾客价值 从经济学的角度讲,价值是凝结在商品中的无差别的人类劳动。从营销学的角度讲,价值则是顾客所得到(gets)与所付出(gives)的比率,计算公式见式(1-3):

$$价值=\frac{利益}{成本}=\frac{功能利益+情感利益}{货币成本+时间成本+精力成本+体力成本} \qquad 式(1-3)$$

顾客价值是从顾客出发的顾客让渡价值(customer delivered value,CDV)和从企业出发的顾客关系价值(customer relationship value,CRV)的集合。

顾客让渡价值(CDV)是指顾客对拥有或使用某种产品的总价值和总成本进行衡量后的差额价值。总顾客价值是顾客从某一特定产品或服务中获得的一系列利益;总顾客成本是在评估、获得和使用该产品或服务时引起的顾客预计费用。两者影响因素包括价值因素(产品价值、服务价值、人员价值和形象价值等)和成本因素(货币成本、时间成本、精力成本和体力成本等)。

顾客关系价值(CRV)是指顾客为企业带来的总价值。在完善的会计体系下它是可计量的,它强调的不是单次交易中顾客给企业带来的收入,而是通过维持与顾客的长期关系获得的最大顾客终身价值。顾客一般会根据药品提供的价值而做出购买决定,因此药品营销者应努力提高医药产品的价值,让顾客满意。

2. 顾客满意　顾客满意取决于产品的感知使用效果,这种效果与顾客的预期期望密切相关。当产品的感知使用效果低于顾客的期望时,他们就不满意;当产品的感知使用效果与顾客的期望一致时,他们就满意;当产品的感知使用效果高于顾客的期望时,他们会高度满意。

成功营销的公司总是通过降低价格或加强服务等手段来提高顾客满意度,以此获得顾客的重复购买或将满意的体会转告并影响他人,但这可能使利润降低。因此,营销的目的是产生合理的顾客价值。

3. 客户关系管理　客户关系管理(customer relationship management,CRM)是企业借助于信息技术和互联网技术实现对顾客的整合营销的过程。客户关系管理注重的是与顾客的交流,是一个不断加强与顾客交流、了解顾客需求、改进和提高产品及服务以满足顾客需求的连续过程。

通过客户关系管理系统,企业能够收集、跟踪和分析每一位客户的信息,做到一对一营销,最高程度满足顾客需求,帮助提高企业的顾客满意度和顾客忠诚度,优化企业经营流程,降低经营成本。

(二)顾客价值管理

企业通过创造和传递优质的顾客价值建立顾客关系,最终目的是培育出高度满意、持续购买和忠诚的顾客,从而最大限度地从顾客身上获利。一般来说,开发一位新客户所花费的成本比保持一位现有客户的成本高出5倍之多。如果企业能将客户流失率降低5%,利润将会有100%的增长。

1. 培养顾客忠诚度和维系率　顾客满意带来的结果是高的重复购买率和推荐意愿等忠诚行为的表现,但顾客满意与顾客忠诚之间并不存在线性关系,即使是满意的顾客也存在逐利行为,只有促使顾客从满意升华到忠诚,培养顾客忠诚度,企业才能获得稳定增长的利润。从交易过程来看,感知价值和顾客满意是顾客重购行为的重要基础;从关系过程来看,顾客信任和顾客承诺是顾客与企业维系长期稳定关系的关键。

只有将由规模优势所取得的成本、领先优势与差异化经营特色以及为顾客满意服务所形成的超附加值等有机结合起来,发挥综合作用,才能实现客户忠诚的战略目标。同时,即便忠诚的顾客也仍需企业加以不断维护,不断挖掘其潜在价值。寻找和维系优质顾客,已成为现代企业获得持久竞争优势的必由之路。

根据"二八"定律,企业80%的利润是由20%的客户创造的,保持那些对企业有益的顾客的忠诚,提高顾客维系率是企业获得长期利润的关键。但这并不意味着企业应该去争取100%的客户维系率,虽然企业利润会随着顾客维系率的提高而增长,但到达某一点后,维系率进一步增长只会增加成本、降低利润。以下列出了顾客维系效果的评价指标。

(1)顾客重复购买率:一定时期内,客户对某一商品重复购买的次数越多,表明顾客对此产品或服务的忠诚度越高,顾客维系效果越好;反之则越低。此项指标同样适用于同一品

笔记栏

端目标医生及消费者了解产品的功能以及临床适用范围。这种营销模式主要依据医生级别分别赞助或举办各类学术会议,使医生认识到该产品与其他产品的差异化,提高产品品牌辨识度,从而从长远角度促进药品的销售。在国外,学术营销是众多医药保健品新产品推广,尤其是建立品牌营销战略的主要方式。

传统的学术营销模式为学术会议,如会议性学术活动。其营销媒介比较单一,因此可以拓宽一些新的营销媒介,如将这种学术会议更加专业化,即临床学术推广,具体包括学术研究、产品论证、论证总结及论文发表、学术沙龙、学术教育、学术资讯、学术考查等,将学术传播的形式由知识灌输转变为亲身实践。还可以利用杂志、网络、内刊、资料、户外及其他平面媒体对自己公司的产品进行学术宣传。此外,还可以凭借新兴的媒体技术,在一些医学交流网站、手机应用软件等平台推广公共卫生信息,促进产品销售。借助新媒体传播学术信息的方式适合规模较小的医药企业。学术营销的 4 种形式指的是媒体学术、会议学术、人员学术、临床学术。

学术营销的目的主要是树立自己的品牌形象,宣传自己的医药产品的核心卖点。该种策略能够给医药企业带来销售额增长和品牌知名度提高的双重收益,为提高本企业在同行业中的核心竞争力、促进良性竞争打下坚实基础。学术营销的具体作用如下。

1. 学术营销有利于创造良好的医药企业品牌形象、增强医药企业的品牌影响力 在当今的医药市场上,品牌作为企业的无形资产,在目前经济活动中显现出日益重要的作用,品牌在产品销售中的营销力不可低估。那些具有良好品牌形象的公司,其产品在市场上的号召力非常强,销售情况也非常理想,所以说良好的品牌形象是企业健康可持续发展的基础、赢得市场竞争的法宝。医药公司可利用学术会议和社会公益活动的形式强化自身的品牌形象。

2. 学术营销能够提升医药企业产品销售额,奠定其在医药市场的稳固地位 当前在全球范围内单品种销售领先的处方药,如 Lipitor(立普妥,辉瑞公司)、Zocor(舒降之,默沙东公司)和 Loserc(洛赛克,阿斯利康公司)等无一不是通过学术营销方式来推广企业产品的。这些公司凭借严谨的科学论证进行学术宣传、开展学术活动、赞助学术会议。

3. 学术营销可以保障医药公司经营的可持续发展 药品的学术营销是通过对医生强化产品的功能性质、传递产品的核心价值等特征来实现产品的宣传,销量的实现是依靠公司产品品牌的影响力,而不是依靠某个业务人员的感情维系。因此,医药企业就不会因为哪一天某部分市场的某个医药代表离职带走原来的客户或者客户不再使用公司产品而导致公司业务量的萎缩或中断,从而实现产品销售的连续性。

二、关系营销理念

关系营销,是把营销活动看成是一个企业与消费者、供应商、分销商、竞争者、政府机构及其他公众发生互动作用的过程,其核心是建立和发展与这些公众的良好关系。

1. 关系营销的本质特征可以概括为以下几方面。

(1)双向沟通:在关系营销中,沟通应该是双向而非单向的。只有广泛的信息交流和信息共享,才可能使企业赢得各利益相关者的支持与合作。

(2)合作:一般而言,关系有两种基本状态,即对立和合作。只有通过合作才能实现协同,因此合作是"双赢"的基础。

(3)双赢:即关系营销旨在通过合作增加关系各方的利益,而不是通过损害其中一方或多方的利益来增加其他各方的利益。

(4)亲密:关系能否得到稳定和发展,情感因素也起着重要作用。因此,关系营销不只是要实现物质利益的互惠,还必须让参与各方能从关系中获得情感的需求满足。

(5)控制:关系营销要求建立专门的部门,用于跟踪顾客、分销商、供应商及营销系统中其他参与者的态度,由此了解关系的动态变化,及时采取措施消除关系中的不稳定因素和不利于关系各方利益共同增长的因素。

2. 关系营销的原则　关系营销的实质是在市场营销中与各关系方建立长期稳定的相互依存的营销关系,以求彼此协调发展,因而必须遵循以下原则。

（1）主动沟通原则:在关系营销中,各关系方都应主动与其他关系方接触和联系,相互沟通信息,了解情况,形成制度或以合同形式定期或不定期碰头,相互交流各关系方需求变化情况,主动为关系方服务或为关系方解决困难和问题,增强伙伴合作关系。

（2）承诺信任原则:在关系营销中,各关系方相互之间都应做出一系列书面或口头承诺,并以自己的行为履行诺言,才能赢得关系方的信任。承诺的实质是一种自信的表现,履行承诺就是将誓言变成行动,是维护和尊重关系方利益的体现,也是获得关系方信任的关键,是公司(企业)与关系方保持融洽伙伴关系的基础。

（3）互惠原则:在与关系方交往过程中必须做到相互满足关系方的经济利益,并通过在公平、公正、公开的条件下进行成熟、高质量的产品或价值交换,使关系方都能得到实惠。

🔍 知识链接

辉瑞公司的关系营销

学术推广是辉瑞公司典型的学术性会议的代表。公司邀请在医学界有一定权威及学术影响力较大的主任作为会议讲者,主讲医药产品的相关适用患者及产品优势。邀请小范围内的周边医院的主治及以上医师参与,通过病例讨论以及学术研讨会的形式,在很大程度上推进医生在临床用药过程中的规范性。学术推广会议的展开能为公司带来稳固的客户基础,提高客户的忠诚度,同时可以通过学术探讨促进医生了解企业药品的知识,为客户提供较高水平的学术展示共享平台,从而巩固公司与客户之间、公司营销人员与客户之间的关系,最终达到预期的产品推广效果。

辉瑞公司除了注重与客户关系营销的忠诚度培养,还注重患者(药品最终使用者)教育。因此,辉瑞公司实施患者教育策略,公司营销人员在自己所负责的医院中定期邀请科室中高年资主治及以上医生,以患者教育的形式在医院病房或社区服务站点开展患者教育会议,为患者及其家属进行疾病知识方面的教育,正确认识疾病并且科学合理用药。公司也通过电话会议的形式,由临床经验丰富的医生来为患者及其家属进行健康教育。

企业要实现盈利目标,必须依赖于客户。处方药是患者在医生指导下进行消费的特殊商品,辉瑞公司的药品以处方药居多,医院又是医药企业的必争之地。因此,面对竞争激烈的医院市场,公司实施重点客户策略是关系营销必不可少的一部分。企业与顾客建立一个稳定长期的关系,并在此基础上建立互惠互利,彼此充分了解和信任的合作关系。重点客户策略对公司营销人员要求较高,需要其具备较丰富的专业知识以及销售技巧,能够发掘重点客户的真实需求,传递公司的推广策略,培养重点客户忠诚度。

辉瑞公司的社区服务策略正是公司企业文化"社区精神"的体现。在社区服务站点,公司通过展览、咨询和讲座等形式为社区居民提供健康知识教育,定期展开义务血压血脂筛查服务,使得社区的老年人提早预防疾病,增强定期检查的意识。

从顾客市场角度分析辉瑞公司的关系营销,辉瑞公司采用学术推广会议、病房科室会议、患者教育、重点客户及社区服务等策略,建立和发展与公众的良好关系。

三、DTC 与 DFC 营销理念

对于药品市场而言,终端消费者可能是患者本人、患者的朋友或亲属,也可能是医疗服

务人员或大众。DTC（direct-to-consumer）是指直接面对消费者的营销模式，包括任何以终端消费者为目标而进行的传播活动。DFC（direct-from-consumer）是与 DTC 相对应的市场研究方式，是指企业直接向药品的最终用户收集信息的营销模式。

由于药品不能简单等同于一般商品，它关系国民生命安全，因此许多针对最终消费者的营销方式也就受到国家政策、法律更强有力的控制。但是随着医疗保健费用的持续攀升、互联网的广泛应用、消费者对医疗保健信息的需要、制药企业提高市场竞争能力以及各国政府态度的转变，DTC 与 DFC 营销模式的产生成为必然。

DTC 模式改变了以往患者购药主动性丧失、购买力受医生掌控的状态，为消费者提供了更多的信息选择和参与平台，带来的不仅是产品信息的传播，更重要的是满足了消费者个人用药的欲望，使患者在就医过程中占据了一定主动性，提升了患者的社会地位。此外，企业通过对消费者情况的认知，建立了完整详细的顾客档案，加深了对患者和药品市场需求的了解，有助于产品的定位和产品生命周期的延续。DTC 主要通过 3 种方式进行传播。

1. DTC 广告 在报纸、电视等媒体投放药品广告，传递药品的基本信息。

2. DTC 沟通 通过网站、电话、患者教育平台与消费者进行沟通交流，这是消费者诉说需求、了解产品、解除疑惑、产生认知的过程。

3. 购买过程 消费者在与企业进行双向沟通之后，他们对病情和药品具有一定的把握和认知，在医生的指导下选择用药，从而达到企业销售的目的。

DFC 模式可以对患者进行信息收集，了解患者偏好、需求、反应等心理和生理信息，及时得到患者的反馈和建议，弥补了传统医患关系下信息收集不足的缺陷，它可以同时满足患者、医生和企业的需求，从而实现医药市场"三方共赢"的局面，利于企业更好地进行市场定位，与患者建立更长久的关系。

知识链接

跨国制药企业的 DTC 营销

跨国制药企业在 DTC 新媒体营销方面已经开展了积极的尝试。药品营销已由电视广告、网络广告向消费者营销（DTC）模式转变，建立患者经验交流社区与疾病信息平台是一种极具市场潜力及商业价值的发展趋势。

随着博客、微博、资讯聚合（RSS）、社交网站（SNS）、维基（Wiki）等的迅猛发展，以互联网"可读""可写""及时互动"为特点的 WEB 3.0 时代已经到来，使得用户获得更多网络信息传播、分享、交流的全新体验。

跨国制药企业在 DTC 新媒体营销方面已经开展了积极的尝试，在 WEB 3.0 技术的推动下，全球患者社交网站（PaSNs）已获得飞速发展。如 MS-Gateway.com 是拜耳公司为其多发性硬化症一线治疗药物 Betaseron（倍泰龙，注射用重组人干扰素 β-1b）所建立的国际性多发性硬化症患者社区。拜耳公司采取了广泛而积极的措施，支持网站注册者通过在线论坛交流疾病与治疗信息。

这种模式近年来在中国也获得了一定的发展。例如，针对脊髓损伤、脑瘫、脑梗死等疾病干细胞治疗的北科生物"干细胞科学网"，针对乙肝患者的"肝胆相照"患者社区，针对糖尿病患者的"甜蜜家园"，针对器官移植患者的"中国器官移植网"等，均为针对特定患者人群的专业性互动、交流平台。

建立患者经验交流社区与疾病信息平台是一种极具市场潜力及商业价值的发展趋势，未来将为制药企业的患者 DTC 营销、品牌传播、产品推广提供新选择与新思路。

四、数字营销理念

（一）网络营销理念

随着网络通信技术的发展和网民数量的增加，互联网的普及促进了网络营销的发展。目前越来越多的企业已经充分认识到，在以计算机、通信、网络为代表的信息产业快速发展的时代，实现电子商务是企业能够在愈演愈烈的全球化市场竞争中得以生存与发展的必由之路。电子商务不仅对于传统企业的管理，如计划、组织和控制产生了影响，而且对于企业的研究开发、采购、生产、加工、制造、存储、销售以及客户服务也产生了巨大的影响。网络信息技术的快速发展也对公司创造顾客让渡价值的方式产生了巨大影响。

网络营销（internet marketing）是指借助于互联网络、计算机通信技术和数字交互式媒体来实现营销目标的一种营销方式，具有投入成本低、对象具有独立性、过程具有交互性等特点。企业在充分研究网络药品消费者需要的基础上，利用网络技术、计算机通信与数字交互式多媒体的方法来实现企业的营销目标。作为新型的营销方式，购买者足不出户就能在买到价格便宜、安全有效的药品同时享受专业的用药指导，减少药品流通环节，克服了时间和空间的限制，满足消费者个性化需求，提高了消费者的满意度。此外，由于网络营销能为企业节约巨额的促销和流通费用，使产品成本和价格的降低成为可能，可以实现以更低的价格购买产品。因而医药企业通过日趋成熟的网上售药系统获得了更可观的药品销售量的提升。

根据国外医药行业的数据，美国网上药店的销售规模已经占到整体销售规模的30%左右，日本是17%，欧洲是23%，而中国网上药店规模占比在2020年末已经达到了29.9%。原国家食品药品监督管理总局在发布《互联网食品药品经营监督管理办法》（征求意见稿）中提到，取得相应资格证书的互联网平台不仅可以卖处方药，还可以由第三方物流配送平台进行药品或医疗器械的配送。虽然国家对医药电子商务并未完全放开发展，药品监督管理部门的干预和监管比较多，但是医药行业信息化建设已为医药电子商务的发展奠定了一定基础，可以预见，在国家有关部门的支持和网络运营的共同努力下，我国医药电子商务必将呈现快速增长的势头。

有理由相信，未来药品网络营销在我国可以通过各种方式得以实现，"B2C"（business to customer）就是其中一种。将电子商务加连锁经营的模式应用于药品营销中，即通过搭建第三方平台（网络药店），与全国各零售和连锁药店合作，签订合作协议使之成为会员药店。消费者向网络药店网站发出购药需求，网站确认订单后向顾客附近的会员药店提供顾客需求信息，由会员药店提供物流服务，将药品安全、快捷地送到消费者手中。

（二）医药数字营销理念

从2017年开始，医保谈判、带量采购、"两票制"等处方药相关政策的施行，让国内处方药市场，尤其是仿制药市场，开始逐步脱离长期以来形成的高毛利业态。利润被逐步压缩之后，以人力为基础的药企营销模式开始显得高成本而低效。在这样的情况下，数字营销手段的切入让药企能以更低的成本获得更好的推广效果，从而在毛利被压缩的情况下继续保持自己的营销能力。

新冠疫情暴发后，物理隔离切断了医药代表与医生之间建立的线下联系，传统营销方式几乎完全无法运作。而基于线上平台的医药数字营销则几乎不受影响，药企与医生之间仍能通过线上平台进行持续的沟通。疫情发生之后，用户的健康消费和问诊习惯受到了深刻影响，为医药数字营销提供了快速发展的契机。另外，带量采购、"两票制"、医保谈判等政策的实施落地，也使得传统医药营销增长乏力，一定程度上为数字营销带来了

助力。

医药数字营销,主要指使用数字化手段或基于数字化的应用场景,对医药产品进行在线营销。如今,受人口老龄化趋势明显、带量采购政策的推进、医药科技领域的创新与发展、人们医疗保健意识的增强等因素影响,预计我国医药产品需求在未来几年将保持增长,预计到2025 年行业规模将超过 5.3 万亿元。强大的市场需求对产业创新提出了挑战。《"十四五"医药工业发展规划》中提出了医药行业发展的五项重点任务:加快产品创新和产业化技术突破、提升产业链稳定性和竞争力、增强供应保障能力、推动医药制造能力系统升级、创造国际竞争新优势。

药企进行数字营销的方式,主要包括医药营销 SaaS 云服务、医生平台和零售终端(包括医药电商和线下药房)三方面。

1. 医药营销 SaaS 云服务　SaaS 云服务即"Software-as-a-Service",意为软件即服务,即通过网络提供软件服务。医药营销 SaaS 云服务将药企传统营销模式中医药代表的线下工作搬到了线上进行。医药代表可以通过 SaaS 平台对医生进行远程拜访,并为医生提供从线上培训到远程学术会议的一系列功能。

2. 医生平台　医生平台通过医生端的服务,如病例夹、在线培训、学术论坛等功能积累了大量的医生资源。药企通过与医生平台之间的合作,拉近自己与医生之间的距离,并最终触达医生客户。基于医生平台已有的功能特点,药企还可以在医生平台上进行病例收集、患者管理等特殊场景下的营销需求。

3. 医药电商　随着线上处方合规工作的推进,医药电商线上销售+线下配送的处方药流通模式逐渐得到认可。这种销售模式也形成了医药电商在慢病管理方面的独特优势。药企与医药电商之间合作,通过线上诊疗的方式帮助慢病患者进行全病程管理。

4. 线下药房　线下药房在处方外流中承接了大量院内流出的处方药需求。与医药电商类似,药企与线下药房之间合作,帮助线下药房搭建数字化的慢病管理系统,提高药店对慢病患者的服务能力。

因此,目前数字营销服务主要应用在医药企业对于处方药的营销需求中。而随着后续医疗健康行业的发展,医药数字营销将出现以下趋势。

一是数字营销渗透到医疗器械等细分领域的营销工作中。在集采的大背景下,不仅处方药,医疗器械同样面临成本压力,而其营销方式与医药类似,因此数字营销未来还可延展到医疗器械领域。

二是随着医药企业控费需求的进一步提升,数字营销占药企营销支出的比例也将进一步提高。从中长期来看,我国医药行业的市场空间将持续稳定扩容,而这也带来了数字营销费用的增长,也会吸引越来越多的药企涌进该领域,从而为医药企业带来更多元的选择方案。

三是数字营销的对象也会逐步多元。从目前行业的演进来看,除了针对医生进行营销,后续也将逐步发展至囊括医生、零售终端,甚至患者的全方位解决方案。比如葛兰素史克、阿斯利康等顶级药企联手百度健康,就是从健康科普的角度占领用户心智。

四是由单一的营销方式逐步转为全渠道的营销方式。目前医药数字营销聚焦的因素仍旧很少,后续在数字营销中,学术营销将不只纳入线下传统渠道的医生,患者管理也不只瞄准线上患者,以及支付不单只考虑传统医保支付,医药数字营销势必迈向全渠道、整体的解决方案。

🔍 知识链接

葛兰素史克、阿斯利康携手百度健康，探索医药数字营销新模式

2021年11月6日，在第四届中国国际进口博览会上，葛兰素史克与阿斯利康均联手百度健康，在医药数字营销等方面展开了深入合作，携手开拓慢病预防和健康服务管理的数字化创新模式。具体来说，百度健康与葛兰素史克双方将运用互联网技术提供安全适宜的健康服务、积极探索人工智能等创新手段来开展疾病科普和提升预防理念，并以带状疱疹疾病预防为试点，共同普及中老年人对带状疱疹疾病认知的同时，加强其疾病预防的意识，从而提高中老年人自我健康管理能力和健康素养，以数字化赋能"健康老龄化"目标的推进。

凭借百度健康强大的平台运营能力以及阿斯利康在慢病领域领先的服务能力，双方将依托慢病服务中心为用户提供在线医疗咨询、健康商城、慢病筛查预约等全流程的慢病管理服务。同时，双方将持续开拓线下零售药店消费新场景，围绕"医＋药＋店＋险"探索线上线下服务新模式。另外，通过精细化触达和运营，加强针对慢病人群的医药科普，提升零售药店服务的线上传播力度以及零售药店的医疗服务深度，让更多用户获取便捷、专业的高质量服务。未来用户在百度APP上搜索慢病相关关键词，即可直接进入慢病中心获取专业的慢病预防知识和医疗健康服务。

以互联网为代表的数字技术正越来越成为医药数字营销必不可少的场景。互联网具有连接的特性，它能让药品和医疗服务跨时空，实现无差别可及，从而用更低的成本、更高的延展性，为患者提供药事服务、医疗健康服务等，也能让医生学术营销更加有效。

👤 学习小结

1. 学习内容

2. 学习方法　在本章的学习中，以市场营销和药品市场营销学的相关理论为基础，结合我国新一轮医疗改革以及具体案例深刻辨析药品市场中客户的需求特点，并识别顾客导向下的营销战略的关键因素，把握营销管理的方向，指导营销战略的方法，利用客户关系管理的具体方法，制订创造和获取顾客价值的具体战略。在此基础上，了解药品市场营销领域的新动态，分析新的营销理念和方式，加深对理论的理解。

（汤少梁）

复习思考题

　　1. 比较下列两种营销管理理念："推销观念"和"营销观念"。你能举出一个仍然把"推销观念"作为营销管理理念的市场或市场类型吗？

　　2. 本章讨论了顾客价值和满意的概念，是否能推论：如果增加顾客对产品的感受价值，则顾客满意度也会相应增加？什么情况下这可能不成立？

　　3. 药品市场营销流程的第五步是从顾客处获取价值以创造利润和顾客资产。列出药品市场营销过程中的四个客户价值创造步骤，并说明这个营销过程是否重复。

　　4. 案例分析题

医药分家或催生"滴滴药房"

　　中医看病，在医生开出处方后，患者需要经历缴费、排队等药师抓药、回家花数小时煲药的过程，才能喝到一口药汤。这种"慢郎中"的模式正被"互联网+"所颠覆。2017年6月18日，康美智慧药房2周年庆典发布数据显示，全国首个城市中央药房2年间已经累计处理处方达250万张，与170多家医疗机构签约。截至2021年11月，康美智慧中央药房已经在广州、深圳、北京、成都、昆明五城布局，同时正积极启动重庆、厦门等更多城市中央药房的搭建，逐步形成城市群中央药房。在医药分家的大背景下，互联网+中医药的创新模式能走多远？有业内人士提出，未来或许会出现多家智慧药房争抢市场的局面，医院将处方上传到平台，各家药房"抢单"，患者自主选择的"滴滴药房"模式也是可能的。

　　2015年6月，康美药业创新性推出国内首个城市中央药房——康美智慧药房。智慧药房通过利用互联网及物联网，改造传统诊疗流程，实现了对传统就医用药模式的创新，打造提供送药上门、中药代煎、药事咨询等服务的一站式药事服务平台。患者就诊后，医生的电子处方会通过智慧药房系统发送至所在城市的康美中央药房，由专业药师完成药品的审方、调剂、中药煎煮与配送，患者可像收快递一样，在家坐等药物配送上门。这一模式有效解决了候诊取药、煎药以及交叉感染等问题。

　　2017年4月8日，北京医改正式启动，3 600余家医疗机构取消了药品加成，备受诟病的"以药养医"成为历史。药品零加成带来的一个好处是，医药分家之后，医院不用担心"处方外流"的问题。目前医院反而出现"处方倒流"现象，很多患者拿着外面的处方到医院来拿药，一是因为医院药品零加成，成了价格洼地；二是因为用量大，医院在招标采购时可以拿到更低的价格。

　　医药分家大背景下，药品取消加成后，医院药房尤其是门诊药房推向社会是大势所趋，康美智慧药房领风气之先，应继续拓展相关应用场景。未来可能出现"滴滴药房"这种模式，颠覆目前的医药生态。类似康美智慧药房这种平台不止一家，有多家企业参与其中。医生处方上线后，多家企业抢单，患者根据价格和快捷度自主选择配送企业。至于患者担心的质量管控问题，就交由市场去优胜劣汰。目前已经有其他公司想介入这项服务，未来智慧药房模式应该不只在中医中药领域,也可以扩展到西药形成全链条服务。

思考问题:

(1) 药品市场的要素分别有哪些? 在本案例中起主要作用的要素是什么? 为什么?

(2) 联系案例讨论"滴滴药房"如何更好地满足患者的需求? 其盈利模式与发展前景如何?

第二章

药品市场营销战略规划

📐 学习目标

1. 掌握医药企业战略的关键概念以及战略规划的步骤,顾客导向的市场营销战略和其组合的构成要素。

2. 熟悉如何设计业务组合,如何制订可持续增长战略,如何管理市场营销计划。

🩺 引导案例

同仁堂的古训与自律

同仁堂品牌创始人乐显扬认为"可以养生、可以济人者,惟医药为最",并把"同仁"二字命名为堂名。"同修仁德,济世养生"是对同仁堂作为中医药企业的初心、使命和精神的新概括和新总结,表达的是同仁堂人立志以服务人类健康为己任的理想和追求。以下系列的古训与自律更是体现着同仁堂对经营理念的认知与坚守。

"修合无人见,存心有天知"是中医药行业普遍遵循的传统规则,更是历代同仁堂人的自律准则。其字面意思是在没有监管、他人不知情的情况下,在中成药炮制的过程中依然要凭良心,自觉做到药材地道、斤两足称、制作遵法。换句话说,虽他人不在场,但"上天"是知道的,讲的是不能违背良心、不能见利忘义、不能偷工减料,是对人们常说的"人在做,天在看"的有力解释。"修合无人见,存心有天知"体现的是一种道德自律和行为准则。

"炮制虽繁必不敢省人工,品味虽贵必不敢减物力"体现的是以诚信精神为基础的质量观。如今,"两个必不敢"早已家喻户晓,不但同仁堂人将其视为"传家宝"世代传承,许多企业也将其纳入经营理念。

"但愿世间人无病,何惜架上药生尘"是同治年间一位学者写给同仁堂十一世乐孟繁的一副对联,盛赞同仁堂济世养生的高尚医药道德与情怀。该对联是仁者爱人、大爱无疆的仁爱思想和"以义为上""重义轻利"的义利观的生动体现,是"仁""德""善"美德的有机结合,也是同仁堂创立者乐显扬提出的"可以养生、可以济人者,惟医药为最"创业宗旨的最好诠释,它成为同仁堂"同修仁德,济世养生"企业精神和企业使命的思想来源之一。

资料来源:https://www.tongrentang.com

第一节　医药企业的战略规划

随着我国市场竞争的日益激烈和市场经济体制的不断成熟,顾客导向成为企业生产经营活动的出发点。同时,药品是与人类生命密切相关的一种特殊商品,因此在药品营销管理链条上涉及的因素更为广泛,医药企业要想获得长期的可持续发展,更需要在营销战略的设计上投入更多的关注和努力。准确制订适合医药企业的市场营销战略,首先必须理解组织的整体战略规划过程。

公司范畴的战略规划(strategic planning)是指企业从长远利益出发,在分析外部环境和内部条件的基础上,确定企业目标,对企业营销活动进行总体、长远谋划的过程。它决定了企业能否与市场营销环境的发展变化相适应,是一种总体的、较长期的、适当超前的、高瞻远瞩的规划,用于指导市场营销战略和计划。而战略规划的核心实质上是一个环节,这个环节是指在组织目标、组织能力与不断变化的市场机会之间建立和维持战略适配的过程。医药企业所处环境与一般企业有着很大的差异,相比较而言,医药企业所受到的政策制约较多;同时,它所经营的商品具有特殊性,不可随意使用。因此,医药企业若想在特定的情境、目标、机会和有限的资源下谋求长期生存和发展,就必须制订企业发展战略。

制订战略规划首先要确定整体目标和使命(图 2-1),也就是确定企业的总目标和大方向,然后将大方向转变为指导整个企业的相应的具体目标,随后规划业务组合和选择适合公司发展的产品,以及给予每种业务或产品的支持;相应地,每一种业务和产品单位都要制订详细的市场营销计划以及其他部门计划,以支持企业层面的计划。最后,针对特定市场营销机会制订更加详细的计划,有力地支持公司整体的战略规划。

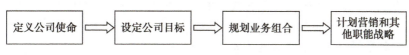

图 2-1　战略规划的步骤

一、确定市场导向的使命

"道、天、地、将、法"是《孙子兵法》开篇理念,意思是军队在战争开始前,要首先考虑"道",即明确出师的使命,才可以做到君民、将士上下同心,生死与共。当今的企业争夺市场,就如历史上的英雄争霸。市场如战场,能最终成就大事者,都是首先明确了自身的"道",从而顺应民心,最终赢得顾客和市场。

传统企业是以公司本身利益为中心,而现代企业则是以市场需求为中心来安排生产经营活动的,其核心是事事处处以得到顾客的满意为目标,从而扩大销售,获取最大利润。这一核心思想阐明了企业的根本性质与存在的目的或理由,也就是企业的使命——它能使企业产生合力,统一各部门的思想,为顾客创造价值;亦能够说明企业的经营领域、经营思想,明确企业在满足社会需求中所承担的责任,表明对未来较长时间内企业发展的愿望,为企业目标的确定和战略的制订提供依据;同时,对内部员工和外部顾客均能产生吸引和鼓舞的作用。优秀的市场导向使命要求我们回答以下问题:我们的企业是干什么的? 谁是我们的顾客? 顾客看重什么? 我们的事业应该是什么? 这些问题都需要慎重、完整、简洁地回答。

使命陈述(mission statement)的思想最早由管理大师德鲁克提出,他认为企业必须有本企业的宗旨和使命的明确界定,制订清晰的企业使命陈述犹如一只"看不见的手"引导着组织中的每一个人。研究表明,拥有良好使命陈述的企业往往能够取得更好的财务业绩,得到更好的发展。例如,广州医药股份有限公司,旨在成为"中国医药供应链最佳服务商",将本公司的企业使命陈述为"健康之桥,造福大众",即要像一座无形的桥梁,一端将优质的医药产品引入流通领域,另一端连接医疗机构、零售药店和广大消费者,以服务来实现多方共赢,使企业的发展成果真正做到惠泽大众、回馈社会。

　　有很多医药企业认为自己是在"卖药",显而易见他们是从自身的角度来看待企业的性质,而没有仔细深入地考虑过人们真正的需求。实际上,人们需要健康,同时还需要良好的服务体验。例如,默克制药企业的使命是"我们为社会提供卓越的产品与服务,以革新方案提高生活质量并满足客户需要,为员工提供有意义的工作与发展机遇,并使投资者得到巨大的经济回报率。作为一个全球性的公司,我们的职责是要维护并且改善人类的生活……"这些使命构成了默克制药企业的战略和策略基础,强调了一切活动都围绕着顾客进行,具有明确性和激励性。确定有这样的企业使命,也便理解了当年默克制药企业对中国乙肝疫苗领域的健康援助。当然,伴随着此类准公益行为的开展,默克制药的产业和企业声誉也渐渐被国人所接受。

🔍 知识链接

默克乙肝疫苗的技术转让与企业使命认知

　　20 世纪 90 年代期间,我国乙肝流行形势相当严峻,据全国血清流行病学调查结果显示,当时中国境内的乙肝病毒携带者近 1.2 亿人,且每年有近 1/10 的新生儿受到乙肝病毒感染。

　　1989 年,默克公司与中国政府达成技术转让许可协议,向中国提供当时世界上最先进的基因工程乙肝疫苗生产技术,同时帮助中国科学家、技术人员赴美接受培训,并帮助在北京和深圳组建乙肝疫苗生产车间。

　　重组乙肝疫苗的接种极大改善了中国人民的公共卫生健康。根据中国卫生部疾病控制局 2011 年 8 月发布的数据:1992 年到 2010 年,由于乙肝疫苗免疫接种,中国乙肝病毒感染者减少约 8 000 万人,儿童乙肝病毒表面抗原(HBsAg)携带者减少近 1 900万人。

　　另一则体现其使命认知行为的是关于非洲的河盲症寄生虫的预防治疗。非洲撒哈拉地区有数千万人因河盲症寄生虫致盲。默克公司生产的抗寄生虫药物,每年只需服用一片就能把人体内寄生虫全部杀死。但是贫穷导致很多非洲人民根本无法享受到人类科技进步带来的成果。因此每年默克公司都会免费赠送 6 000 万片以上抗寄生虫药给非洲地区。

　　在默克公司里有一则新入职员工的培训公告,每一位默克公司的员工进入公司都会被要求认真体会学习,其基本内容便是:"我们试着永远不要忘记,医药是为人服务的,不是为了盈利。当我们记住这一点时,盈利自己就来了。"

　　一个公司的使命不应该仅仅说成做出怎样的产品、增加多少销量、获取多高利润。产品和技术最终总会过时,始终不变的是基本的市场需求。企业使命若以产品为导向,将会导致市场营销"近视症"。因此,企业使命必须以市场为导向,才能永葆活力。

　　一个企业不必刻意追求一个伟大的理念,而是要切合自身实际,确立一套能激励和凝聚员工的理念并贯穿渗透下去,形成全体员工的共同目标,使它成为能在竞争中取胜的"利器"。美国学者弗雷德·R. 戴维提出企业使命陈述的基本要素,他认为应该从九方面来思考和阐述企业的使命。①用户:公司的顾客是谁? ②产品或服务:公司的主要产品或服务项目是什么? ③市场:公司在哪些地域参与竞争? ④技术:公司的基本技术和优势是什么?

笔记栏

⑤对生存、增长和盈利的关切:公司是否努力实现业务的增长和良好的财务状况?⑥经营哲学:公司的基本价值观、信念和道德倾向是什么?⑦自我认识:公司最独特的能力或最主要的竞争优势是什么?⑧对公众形象的关切:公司是否对社会、社区和环境负责?⑨职工:公司是否视员工为宝贵的资产?

一个优秀的使命陈述是能对企业内所有个体行业都有影响力,能反映组织独特的优势,并将其建立在组织强势和弱点客观认识的基础之上,它必须有足够的弹性并且现实可行。

二、设定公司营销目标

当企业使命确定后,公司需要将其转化为针对每一个管理层次的详细的支持性营销战略目标,将企业使命变得具体化、可操作化。营销战略目标是企业在一定时期内,根据企业外部环境变化和内部条件的可能,通过战略期内的营销行动来达到所预期的营销成果。如管理学大师德鲁克所说:"各项目标必须从'我们的企业是什么、它将会是什么、它应该是什么'引导出来。它们不是一种抽象,而是行动的承诺,借以实现企业的使命;它们也是一种用于衡量工作成绩的标准。换句话说,目标是企业的基本战略。"它是实现企业营销使命,衡量营销战略行为,能使企业的各类资源发挥最大效能的具有挑战性、激励性的一个体系。

营销战略目标是一套层层分解的目标层级体系,它包括业务目标和营销目标。业务目标是基于市场导向而制订的业务,而营销目标是基于使公司生存和发展提出的营销结果。以强生制药为例,它的使命是"促进人类健康事业发展",根据这一使命可派生出各级目标。首先,强生需要不断研制高疗效、低副作用的药品,才能体现出"促进人类健康事业发展"的使命;但是由于研究费用很高,除了加大投资外,还需要提高利润来支持,这又派生出另一个主要业务目标;利润可通过减少成本或增加销量来提高;销量又可通过改善企业在国内外市场的份额来增加。在强生的经营宗旨《我们的信条》中,强调"首先对我们的消费者和客户负责",强生公司的品牌策略根植于其经营宗旨。公司的产品策略、渠道策略、推广策略、定位策略、广告策略、价格策略、人才策略等都在经营理念的指导下展开——无论是在强盛还是危机时期,共同构成了强生的目标体系。明显地,这只是初步的市场营销战略,每一项初步的营销战略随后都必须更为详尽和具体地确定下来。

制订高绩效的公司营销目标,必须符合 SMART 原则。

S:明确性(specific),是指目标需要用清楚的语言来说明需要达成的效果,切忌模棱两可。目标需要确定一定的标准,例如目标为"增强客户服务"就没有"采用规范的服务流程,减少顾客的投诉"描述得明确。

M:衡量性(measurable),目标的制订应该是明确的,可以衡量战略的行为,这里要求是能用量化的形式来衡量,如"2016 年营业额要增长 20%"这比"2016 年提高营业额"更明确地判断企业管理的有效性和执行性。

A:可实现性(achievable),目标是企业根据实际情况,对内外部环境进行详细客观的调查研究分析确定的,是可以实现的。目标既不能好高骛远,也不能妄自菲薄。从实际出发制定的目标,要具有激励性,同时还应具有挑战性。

R:相关性(relevant),一个企业有许多目标,各种目标之间应该是相互关联。目标应当是以结果为导向的。如果实现了某一目标,对其他的目标却毫不相关或相关性较低,那么也没有实质性的意义。

T:时限性(time-based),目标是有时间限制的。根据各工作目标的重要程度、紧急程度、任务权重来制订出各项目标时间要求。为目标设置具体的时间限制,有助于定期检查任务的完成进度与变化情况。

三、规划营销业务组合

在公司使命和目标的指导下,企业管理部门应着手研究组成公司的业务和产品,对现有的业务和产品进行分析评价,确定资源在每个业务单元之间的合理分配,即规划业务组合(business portfolio)。业务组合是指组成企业的业务和产品的集合,这一概念是由美国一家咨询公司——波士顿咨询集团(Boston Consulting Group,BCG)首先应用于战略规划的。该公司开发了增长-份额矩阵。而最佳业务组合(optimal business portfolio)是指能使企业的强项和弱项最好地适应环境所提供的机会的业务组合。公司业务组合规划分两步走:第一步,公司必须分析当前业务组合,并决定哪些业务应该减少投入或者不再投入,哪些业务应该得到更多支持。第二步,公司必须制订成长和精简的营销战略,以构建未来的业务组合。

(一)分析当前的业务组合

组合分析(portfolio analysis)是战略规划中的主要任务,管理者借此对构成公司的各项业务和产品即业务组合进行评价。组合分析涉及两个步骤,第一,确定构成公司的战略业务单位(strategic business unit,SBU)。战略业务单位是公司中的关键业务,它是以企业所服务的独立的产品、市场或行业为基础,由企业若干事业部或事业部的某些部分组成的战略组织。一个战略业务单位的组成形式多样,可以是公司的一个产品或品牌、一个部门,或者是一个部门中的一条产品线。其特点是:①它是单独的业务或一组相关的业务;②可制订自身的业务发展计划并能独立实施;③可以单独考核业务活动与绩效;④它有自己的竞争对手;⑤它有专职的负责人制订战略规划并掌握一定资源,通过实施战略规划为企业创造利润。第二,评估各SBU的吸引力与经营效果,并且决定应该给予各项业务何种支持。当设计业务规划时,公司应增加和支持与公司的竞争能力和核心哲学紧密结合的产品与业务。

利用环境中最有吸引力的机会,寻求最佳途径使公司能够发挥自身优势是战略规划的目的。所以,大多数标准的业务组合分析都从市场或行业吸引力和地位这两个维度评价各SBU。其中处于领导地位的管理咨询公司波士顿咨询集团开发了一个较好的业务分析方法。

下面通过"波士顿公司法"(BCG增长-份额矩阵)来对企业的各业务单位加以分类和评估(图2-2)。

波士顿矩阵取市场增长率和相对市场份额两个指标分别作为矩阵的纵、横坐标,它对于企业产品所处的四个象限具有不同的定义和相应的战略对策。

1. 明星类(stars,指高增长、高市场份额) 这类产品当前经营状况较好、处于市场领先地位,其销售增长较快且本企业在该业务上的优势较为明显。若想维持领先地位,需要对其加大投资以支持其迅速发展,才有可能成为企业的现金牛产品。从短期来看,明星类产品并非现金创造者,而是资金消耗者,但它未来可能是企业的"财源"。其发展战略是:积极扩大经济规模和市场机会,以长期发展的眼光制订目标,加强竞争地位,提高市场占有率。

2. 现金牛类(cash cow,指低增长、高市场份额) 这类产品销售量大,产品利润率高,市场占有率高,可以为企业提供资金,表明其处于领导者地位,已进入成熟期,而且其增长率低,也无需增大投资。结合产品生命周期,现金牛类产品可采用收获战略:即所投入资源以达到短期收益最大化为限。一方面采用压榨式方法,争取在短时间内获取更多利润,为其他产品提供资金;另一方面,尽量压缩设备投资和其他投资。此外,通过进一步细分市场,维持现存市场增长率或延缓其下降速度。

3. 问题类(question marks,指高增长、低市场份额) 这类产品利润率较低,所需资金不

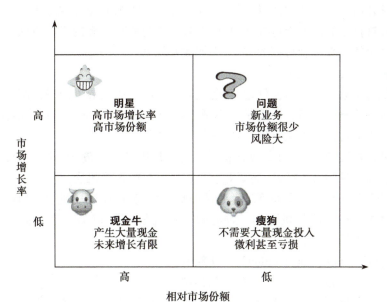

图 2-2 BCG 增长-份额矩阵

足,负债比率高。大多数业务都是从问题类开始,对问题产品应采取选择性投资战略。即判断这类产品是否具有发展潜力,重点投资那些经过改进可能会成为明星的产品,可选择发展战略,提高其市场占有率,使之转变成"明星产品";而对于没有持续成长性的产品,则应选择放弃战略。

4. 瘦狗类(dogs,指低增长、低市场份额) 这类产品利润率低、处于保本或亏损状态,负债比率高,不能给企业带来盈利,甚至可能出现亏损。这类产品往往会占用企业大量资金,但盈利甚少或有亏损,处在产品生命周期的衰退期,故对其应采用撤退战略:首先应减少瘦狗类产品的批量,逐渐撤退,对发展极差的产品应立即淘汰;其次是转移剩余资源;第三是整顿产品系列,最好将瘦狗类产品与其他事业部合并,统一管理。

利用这种工具,针对不同类型业务进行不同的分析,制订不同的竞争战略,合理安排产品系列组合,重点发展明星产品,维持现金牛产品,收获或放弃有问题的、没有发展前途的产品。可选择的战略有四种(表 2-1)。

表 2-1 战略业务单位(SBU)可选战略

战略类型	适用业务类型	目的
发展战略	有发展前途的问题类和明星类	提高相对市场占有率
维持战略	强大的现金牛类	保持现有市场占有率
收获战略	弱小的现金牛类,部分问题类与瘦狗类	增加短期现金流入
放弃战略	没有前途的问题类与瘦狗类	变卖某些业务,集中有限资源

BCG 矩阵方法的问题:波士顿咨询集团法为战略规划带来了变革。但是这些集中化的方法也存在局限性:其一,科尔尼咨询公司提出,BCG 矩阵方法对外部融资欠缺考虑,它仅假设公司业务发展依靠的是内部融资;其二,BCG 矩阵方法假设这些业务是独立的,但许多公司的业务是紧密联系在一起的,例如,放弃具有互补性的瘦狗业务,也许现金牛业务也会受到影响。此外,BCG 矩阵方法执行起来费时费力,而且成本很高。要确定战略业务单位并评

价其市场份额和增长速度非常困难。另外,这些方法对将来的业务规划未予考虑,而是侧重于对现有业务进行分类。鉴于这些问题,许多公司纷纷放弃正规的矩阵方法,转而选择更适合公司特殊情况的更具定制特征的方法,例如战略规划分权法。

(二)制订增长和精简战略

企业在规划了业务投资组合计划后,还应对未来的业务发展方向做出战略规划,寻找公司未来要考虑的业务和产品。环境是在不断变化当中的,只有发展创新才能使公司充满活力和激情。公司的目标必须是管理"有利可图的增长"。

由此可见,营销战略对公司实现有利可图的增长负有主要责任。因此公司管理层除了考虑已有的各项业务的发展以外,还要寻求公司进一步的发展机会,因而还必须制订成长战略——成长是企业的氧气。企业管理者必须识别、评价和选择市场机会,并且为捕捉这些市场机会制订战略。确定成长机会的一种有效工具就是产品-市场扩展方格(product/market expansion grid),如图2-3所示。

1. 市场渗透(market penetration)　以现有的产品面对现有的顾客,在不改变目前产品的情况下,使发展焦点转为提高销量,力求增大产品的市场占有率。企业具体可以采用以下3类措施。

	现有产品	新产品
现有市场	市场渗透	产品开发
新市场	市场开发	多元化

图2-3　通过产品-市场扩展方格识别市场机会

(1)鼓励现有顾客进行更多的购买行为:如制药企业在销售产品时,注重向消费者宣传用药安全常识,提醒消费者定期清理家庭药箱中的陈药、过期药和失效药,这样不仅可以让药品销售流转速度加快,而且能够得到消费者的好评和认可。

(2)争取竞争者的顾客:在药品的销售促进工作中,企业必须要做到更加具有针对性,抓住消费者的真正需求,并将其有效传递给目标消费者,才能达到市场渗透的目的。尤其是在OTC药品的促销中,准确把握本企业产品的特点并将其有效传递给目标消费者就显得尤为重要。

(3)设法吸引新顾客:将必要的相关信息有效传递出去,有利于为企业争取到首次使用者。因此,企业通过卫生知识讲座、义诊等促销手段,可以在提高国民健康意识的同时也达到吸引新顾客的目的。

2. 市场开发(market development)　提供现有产品开拓新市场,企业具体可以采用以下3类措施。

(1)寻找目标市场的潜在顾客:这些消费者尚未购买本企业产品的原因有很多,可能他们还不知道有这样一种产品,或者他们还没有意识到自己需要这种产品等。出现诸如此类的情况时,企业应该加大宣传力度或者调整宣传手段,使消费者知晓该产品。

(2)寻找新的销售渠道:药品在临床上使用一定时期之后,其性质可能由处方药转变成非处方药,也可能会由非处方药再转为处方药。因此,企业可以增加药店销售路线,提高销量。

(3)扩大销售区域范围:该方法在药品销售活动中运用比较普遍,目前制药企业一般将国内市场按地理进行划分,在各地区设立办事处,并在当地招聘医药销售代表开展业务。如果某产品在华东市场取得成功,取得经验之后,就可以考虑在其他有条件的地区设立销售机构,使产品的销售区域进一步扩大。

3. 产品开发(product development)　推出新产品给现有顾客,企业利用现有的顾客关系来借力使力,如改变规格档次、花色品种等,推出新一代或是相关的产品给现有的顾客,以扩大现有产品的深度和广度,提高该企业产品的市场占有率。目前,我国医药企业越来越重视新药的研究开发工作,也更加注重投入资金开发新产品,这也是提高医药企业实力的最根本途径。

4. 多元化(diversification) 提供新产品给新市场,采用这种策略需要企业能在销售、通路或产品技术等技能(know-how)上取得某种协同(synergy)。这种战略可以充分发挥企业的资源优势,使得企业整体抗击风险的能力增强,但同时也是一种比较冒险的战略。

(三)一体化扩展战略

除了以上通过对产品-市场的分析制订的战略外,还有一体化扩展战略(integrative growth strategy)。这种战略是指企业利用自己在产品、技术和市场上的优势,向企业外部扩展的战略。如果企业所在行业的吸引力和发展潜力大,而且企业在供、产、销等方面均有能力实行一体化,且能够带来规模效益,则应采取一体化扩展战略。这种战略分为3种形式(图2-4):水平一体化,前向一体化,后向一体化。

水平一体化是指实行各种形式的联合经营,或者争取同类企业的所有权或者控制权。这样可以取长补短,共同开发某些机会,更重要的是扩大规模和实力,发挥1+1>2的效应。前向一体化是指企业根据生产技术的可能条件和市场的需要,利用自己存在的优势,把成品进行深加工的战略,它是为获得原有成品

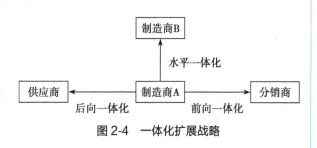

图2-4 一体化扩展战略

深加工的高附加价值。在生产过程中,它的物流是从顺方向移动。换言之,企业控制或拥有整个或部分供应系统。例如,作为制药企业的石药集团掌握了销售终端,目前通过合作、并购等方式,在中心城市和农村开办连锁药店、建立配送中心,成为医药连锁企业规模化发展的主要方式。后向一体化是指企业利用自己在产品上的优势,自行生产原来属于外购的原材料或零件的战略。在生产过程中,通过获得供应商的所有权或增强对其控制来求得发展,它的物流是从反方向移动。例如,恩威医药在四川省内建立了三大中药材种植基地,其中名贵中药材基地近万亩、公司原料药材种植基地近5万亩,有效地提高了原料药的数量和质量,保证了生产药品的品质。

通过识别市场机会,公司不仅要为其业务组合制订增长战略,还要制订精简战略(downsizing)。企业希望放弃某些产品或市场的原因很多,可能是市场环境的变化使得企业的产品或市场失去盈利性;也可能是公司增长或进入了自己缺乏经验的领域。企业应立足企业自身,考虑多种因素,以科学决策为指导进行管理。

战略规划确定了公司的整体使命和目标。图2-5展示了市场营销的作用和活动,总结了管理顾客导向的市场营销战略和市场营销组合所涉及的主要活动。

顾客永远居于中心地位,目的是为顾客创造价值和建立有利可图的客户关系,首先通过细分市场和目标市场选择来确定目标顾客;然后通过差异化和定位为他们服务。在市场营销战略的指导下,通过设计由4P(产品、价格、渠道和促销)构成整合的市场营销组合。公司致力于市场营销分析、计划、执行和控制,寻求最佳的市场营销战略和组合。

顾客、需求和购买力共同构成了市场,围绕着顾客需求的营销指导企业发展前进的方向。在今天的市场竞争中获胜,企业需要从竞争对手中获取顾客或者发展潜在顾客,然后通过递送更高的价值维护顾客关系。制订顾客导向的市场营销战略,首先要了解顾客的需要和欲望。如需要是营销的基石,它是一种固有的缺乏的状态,而欲望则是需要派生出来的,

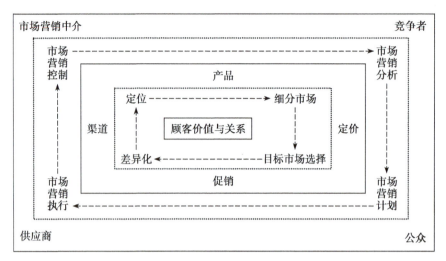

图 2-5　管理市场营销战略和市场营销组合

受社会文化和人们个性的限制。通过对需要和欲望的研究,把它们转化成顾客需求,则公司就可以获得更多的利润。

其中顾客有许多不同的类型,他们的需求各异,公司不可能通过为市场中所有的顾客服务来盈利,至少不可能以同样的方式服务。因此大多数企业寻找自己有优势的方面进行开发,通过细分市场、目标市场选择、差异化和定位来设计市场营销战略并盈利。

第二节　药品市场营销战略确定与选择

一、营销竞争战略确定

任何一个企业在其所在的行业目标市场中都将占据一定的竞争地位,我们可以根据企业在目标市场中所起的领导、挑战、追随或补缺等不同作用对其进行分类。企业必须认真研究竞争者的优势和劣势、竞争者的战略和战术,明确自己在竞争中的地位,有的放矢地制订竞争战略,才能在激烈竞争中求得生存和发展。

(一)市场领导者战略

多数行业都有一家企业作为公认的市场领导者,其不仅在相关产品市场上占有最大的市场份额,而且在价格调整、新品研发、分销渠道建设和促销推介策略等方面对本行业和其他企业起着领导作用。占据市场领导者地位的企业往往成为竞争者的众矢之的,竞争者可能会向其发动挑战、可能会模仿其经营行为、可能会避免与其冲突。总之,其他企业会不断地向居于支配地位的领导者发动攻击。因此,处于市场领导者地位的企业要想继续保持领先,必须随时保持警惕,并采取有效措施。

1. 扩大市场需求　处于市场领导者地位的企业通常在整个市场总需求扩大时获益最多。因此,领导者企业应当积极开发新用户、开拓产品的新用途、努力增加顾客使用产品的数量。

开发新用户有多种途径。如前文所述的市场渗透、市场开发、产品开发等。

开拓产品的新用途是指设法找出产品的新用法、新用途以增加产品销量。企业可以通过发现并推广产品的新用途来扩大市场。事实上,产品的每项新用途都会使产品开始一个新的生命周期。所以企业应围绕开发产品的新用途而持续进行研发活动。

增加产品使用量的方式主要包括：提高使用频率、增加每次使用量、增加使用场合和机会、有机会地废弃。

2. 扩大市场份额　如果单位产品价格不降低且经营成本不增加，企业利润会随着市场份额的扩大而提高。对许多企业而言，追求产品市场份额的扩大和保持领先地位成为其重要目标。但利润绝不会随着市场份额的增加而自动增加，其关键在于企业采用何种策略来获得市场份额的增加。在考虑投资收益率时，企业应衡量经营成本、营销组合、反垄断法律这三个因素来避免营销战略、营销策略的盲目性。

3. 保护市场份额　居于市场领导者地位的企业在努力扩大整个市场总需求和规模的同时，还必须时刻注意保护现有的业务，以防受到竞争对手的攻击和入侵。其中最关键的因素就是创新。市场领导者不能满足于现状，要努力在新产品研发、顾客服务、分销效率和降低成本等方面不断开拓创新，保持领先地位。从军事学理论的角度来讲，市场领导者的企业应运用"进攻原则"，掌握主动、控制节奏、利用对手的弱点，不断提高自身竞争能力，增加竞争效益、提高为顾客带来的价值。

（二）市场挑战者战略

在所有行业中都有位居第二、第三或者排名更靠后的企业，这些企业即为追赶企业，亦可称为亚企业。在制订营销战略时，它们有两种选择：一是小心谨慎、维持原状来保全现有的市场份额和竞争地位；二是向市场领导者和其他竞争对手发起进攻，以夺取更大的市场份额。前者是市场追随者，后者是市场挑战者。

市场挑战者往往存在于固定成本高、存储成本高、初级需求停滞的行业中。其制订营销战略的过程主要分为两步：确定竞争对手、选择进攻战略。

在确定竞争对手时，市场挑战者可以选择攻击市场领导者，也可以选择攻击与其自身规模相同但是经营不佳且财务困难的竞争对手，还可以选择攻击规模不大、资金缺乏的竞争对手。需要注意的是，选择攻击的竞争对手与确定攻击目标是相互影响的两个问题。如果市场挑战者进攻的目标是市场领导者，那么其最终目的通常是夺取更多市场份额。如果其攻击对象是小型的竞争对手，那么其目的往往是吃掉它、将其赶出市场。

选择进攻战略的基本出发点是遵循"密集原则"，也就是要把优势资源集中在关键的时机和位置，努力实现重点突破，来达到决定性的目标。常见的进攻战略有：正面进攻、侧翼进攻、包围进攻、迂回进攻、游击进攻等。这个方面的典型案例比如云南白药创可贴以"有药好得更快些"挑战邦迪创可贴。

知识链接

云南白药创可贴挑战邦迪

以前卖得最好的创可贴是邦迪，主打防水性能，但不含药物；云南白药通过分析抓住机会，做了一个产业定位广告：云南白药创可贴，有药好得更快些。

这样就为竞争对手邦迪重新做了一个市场切割：虽然你的市场地位很高，但你没有药，仅仅是防水挡灰而已。而在一般人的认知里，都会认为有药肯定效果更好。所以云南白药就突出了自己，重新塑造了顾客的认知。

以上富于创造性的挑战取得了非常好的顾客认同与市场效果，以致竞争对手一改常态地主动要求合作，市场竞争份额为之重整。

（三）市场追随者战略

市场追随者是跟随在市场领导者之后的企业。市场领导者往往是行业里创新、研发、服务都做得最强的企业,它们也承担了巨大的投资支出。市场追随者紧随着其步伐,对其进行模仿和跟随,在产品、技术、价格、渠道、促销等大多数营销战略和战术上均紧随其后。这并不意味着市场追随者无所作为、一味模仿。市场追随者为了保持现有的消费者和争取新的消费者,通常会更努力地给所选择的目标市场带来某些新的利益,比如在服务可及性、容易力度方面提供诸多优惠政策,形成特色优势。

在行业里,市场追随者往往是市场挑战者进攻的主要目标,所以市场追随者必须保持其生产成本、服务质量等多方面的优势。一旦开辟了新市场,市场追随者也应该很快进入并占据一席之地。市场追随者并非简单地等待被动挨打,或者单纯地模仿市场领导者,市场追随者应该制订出有利于自身发展而又不会引起竞争者进攻的战略。如在感冒药领域,除前期领导者康泰克外,其他的感冒药均是在追随这个巨大的常见病市场机会。

(四) 市场补缺者战略

如果企业不想在一个较大的市场上充当市场追随者,那么可以争取在一个较小的市场上或者是其他更合适的补缺市场上成为领导者。对小企业而言,其与大企业直接发生竞争的结果可能是以卵击石。为了避免这种矛盾和冲突,小企业可将目标定在大企业不屑一顾的小市场上。市场补缺者就是专门为规模较小或者是大企业不感兴趣的细分市场提供产品和服务的企业。

市场补缺者能够灵活巧妙地拾遗补缺、见缝插针。尽管在整个行业市场上占据的份额较少,但是由于它们比其他企业更了解、更能满足某一细分市场的需求,能够提供高附加值而得到快速增长,从而实现高额利润。成功的市场补缺者的共同特征是:提供高品质的产品和服务、收取附加费用、创造新的经验曲线、拥有良好的企业文化和企业形象。

市场补缺者所采取的营销战略能够为其带来巨大的收益,其根本原因是它能够比其他采取大众化营销的企业更好、更完善地满足消费者的需求。同时,市场补缺者可以根据其所提供的附加价值制定更高的价格,从而实现更多利润。可以说,大众化营销实现的是高销量收益,而市场补缺者实现的则是高边际收益。比如在儿童感冒药领域中一直有护彤这类的市场补缺者角色。

二、营销战略选择

(一) 营销战略选择的标准

企业应该注意到,顾客并非对企业和竞争者之间的所有差别都感兴趣。因此企业不需对每一项差异都做出详细的说明。而且,有些差别过于微小或者开发成本过高,也失去了值得重视的价值。因此企业必须谨慎地、按照一定的标准来选择差异化,使本企业与竞争者有实质的差别。企业应当按照重要性、优越性、独特性、可宣传性、可负担性和获利性这六个标准来选择战略。

面对市场细分后可供选择的不同子市场,面对细分市场上不同的竞争态势,面对可供市场定位的多种差异,企业应全面考虑自身实力、产品特点、市场性质、产品生命周期和市场竞争情况等多方面因素,来完成市场定位,以确保能够在营销活动中取得良好的营销效果。在进行通盘利弊权衡的基础上有计划地加以选择。

(二) 进入市场的方式

市场定位强调的是,为了满足市场需要,企业与竞争者相比较,应处于什么样的位置、使消费者产生何种印象和认知。其主要任务是通过集中企业若干竞争优势,将自己与其他竞争者区别开来。因此,企业需要在分析竞争形势的基础上,集中优势资源把握市场机会,明确自身竞争优势并选择和显示其独特竞争优势,进而有效地占领市场。

通过市场细分和选择目标市场,决定了企业将主要面对哪些顾客和哪些竞争者,而企业的产品决策则进一步限定了企业所面对的消费者和竞争者。掌握市场之间的联系,选择合适的进入方式,充分把握市场机会,这是成功开展市场营销的基本条件。

企业进入市场有3种方式:一是依靠企业自身的力量进入市场。采取这种方式进入细分市场的企业,必须自身实力强大,通过调研、设计、制造并销售符合该市场需要的产品,企业承担风险较大;优点是这样做有利于巩固该企业的市场地位。二是通过收购相关的企业进入市场。利用这种方式进入细分市场的企业,可能对这一市场的了解还不足,也可能依靠自身力量进入新市场有一些障碍。为了规避这些问题所带来的风险,企业会选择这种方式进入市场,但也会面临收购对象要价过高或其他收购障碍。三是与其他企业进行合作进入市场。合作的企业之间可以取长补短,发挥协同作用,形成大于单个企业经营能力总和的新能力,从而使单个企业无力开拓的市场成为可以利用的机会,并使风险因为合作分担而降低。由于有这些好处,这种方式已被企业广泛接受。

第三节　药品市场营销战略管理

一、营销战略管理的合作组织与部门

市场营销者无法单独为顾客创造卓越的价值,合作是世界市场经久不衰的主题。这要求企业管理层在实行客户关系管理的同时也要与公司其他部门中的伙伴紧密合作,形成有效的价值链,为顾客服务。此外,随着市场竞争日益加剧和技术发展,产品同质化倾向越来越明显,仅仅依靠好的产品已不足以差别化企业的竞争优势,而价值链上不同企业间的"协同"能够在同等价格上为顾客提供更高、更长期的价值,赢得顾客忠诚。在面临营销危机时,价值链的每个环节若能够很好地彼此配合,营销危机就能很快解决。

(一)与公司其他部门合作

公司是由很多个部门组成的,每个部门都可以被视为公司价值链的一个环节。每个部门都有自己需要履行的职责,共同完成设计、生产、递送和支持企业产品并创造价值的任务。因此,各部门必须互相配合,以满足消费者需求和实现公司营销目标为中心原则,从而承担各自的责任并发挥有效作用。这方面的案例如海王星辰。

📇 **知识链接**

海王星辰的部门总监制

海王星辰为了实现为现代都市人的健康保驾护航的使命,提出建立"1+7"的分部组织架构,即1个总部总经理+7个分部门总经理,通过业务单位的明确分工,来创造顾客价值和满意。诚然,市场营销本身也需要公司其他部门的帮助。为适应日渐膨胀的连锁体系需要,海王星辰总部推行了部门总监制,通过总监制来推动各分部的工作。总部设立了财务总监、投资管理部总监、商品总部总监、市场部总监、采购总部总监等。比如所有分部的营销、市场策划等由总部市场部总监统一规划、指挥;所有分部的商品线规划、存货结构的控制、付款风险的掌握由商品总部总监来推动,以实现公司的有效运营。

"木桶原理"告诉我们,每个企业都有它的薄弱环节。正是这些环节使企业许多资源闲置甚至浪费,发挥不了应有的作用。如常见的互相扯皮、决策低效、实施不力等薄弱环节,都严重地影响并制约着企业的发展。因此,企业要想做好、做强,必须每个环节都为一个目标

——做到位才行。成功的企业必须使所有部门都"为顾客着想",以满足顾客的需求为根本目的,并建立一条能够顺畅地完成各项职能的价值链。

（二）与营销系统内的其他企业合作

在营销系统内,企业需要将视野超越自己的价值链,扩展到供应商、经销商以及最终顾客的价值链。随着全球化经济的发展,市场的竞争已转变为供应链与供应链间的竞争。在药品零售行业,海王星辰采取厂家直供的模式,在供应链上减少了中间流通环节,取消了中间商的利润,使零售商在与厂家谈判中获得更低的采购价格和更多的费用支持等。此外,厂家通过对终端的掌控与投入,提升其产品的销量,从而增加零售商的利润。企业强调和品牌商合作的重要性:"面向顾客的新型工商关系,因为有了共同的利益基础,会更加友好和稳固。"

二、营销战略管理

好的战略规划还需要好的实施与管理。图 2-6 显示了市场营销战略管理过程需要的四种营销管理职能——分析、计划、执行和控制。

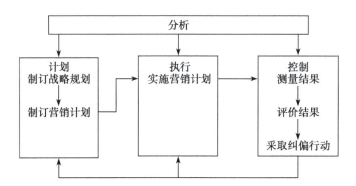

图 2-6　管理市场营销：分析、计划、执行和控制

通过以上对营销战略管理整体过程的分析可知,战略实施是建立在战略规划的基础上的。首先要求企业以制订的战略规划为基础,制订营销计划,然后将营销计划细化为每个部门、产品和品牌;其次,通过执行营销计划,将计划转化为行动;最后,要依据行动结果与计划的差异进行有效控制。

托马斯·彼得斯等认为,只有战略是不够的,战略只是企业成功的要素之一,他们还提出了企业成功的"7S"结构,指出其中的战略（strategy）、结构（structure）、制度（systems）等因素是保证成功的"硬件",作风（style）、人员（staff）、技能（skills）和共同的价值观（shared values）等是成功的软件因素。

托马斯·彼得斯等在研究了许多成功的公司后发现,"软件"因素甚至比"硬件"因素对企业的成功更为重要。作风,表现为企业员工具有其独特的、与战略相适应的文化素养,全体员工要有与战略目标一致的言行举止;人员,企业要有一批有业务能力的员工,并能做到知人善任,人尽其才;技能,员工具有实施战略的某些特长或技术;共同的价值观,企业自上而下都有认同并践行企业核心价值观。

战略实施过程中,企业要对战略实施的环境要素进行监测,并不断对战略实施的效果进行跟踪和评价。当发现战略规划存在与环境或企业能力不相适应的情况时,要及时对规划进行调整、修订或补充,甚至改变战略和目标。此外,为保障战略规划的有效实施,企业应注重分析托马斯·彼得斯提出的"7S"结构在企业战略实施过程中的状况,通过优化和加强结构要素,提升战略的执行力。

笔记栏

学习小结

1. 学习内容

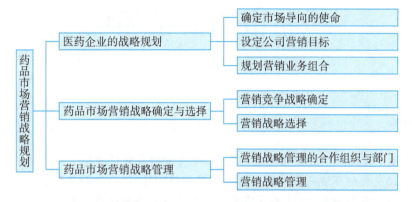

2. 关键名词　营销战略规划,市场导向,使命陈述,战略目标,业务组合,顾客导向,最佳业务组合,波士顿矩阵,战略业务单位,产品-市场扩展方格,市场渗透,市场开发,产品开发,多元化,一体化扩展战略,市场领导者,市场追随者,市场挑战者,市场补缺者。

（何　强）

复习思考题

1. 企业使命陈述中的关键是什么?

2. BCG 增长-份额矩阵定义了四种战略业务单位:明星、现金牛、问题、瘦狗。简要讨论为什么管理者可能会发现在处理问题业务时会很困难。

3. 营销战略管理分析计划执行控制四个环节中,分析环节贯穿所有阶段,请谈谈你对此的理解。

4. 根据当前我国 OTC 市场的实际情况,请选择某一行业细分市场进行思考,阐述该市场上各知名药企处在何种竞争位置? 其采用了何种营销战略?

第三章

药品市场营销环境

学习目标

1. 掌握分析药品市场营销环境的能力,学会分析营销环境给企业带来的机会和威胁,并能根据变化的环境因素灵活制订和调整营销决策,从而全面了解医药市场环境的新变化、新现象和新模式,提升决策能力并培育德法兼修的职业素养。

2. 熟悉宏观和微观环境如何具体地影响医药企业的营销决策。

3. 了解药品市场营销环境的含义、分类和特征。

引导案例

中医药助力全球抗击新冠疫情——步长制药宣肺败毒颗粒

2022 年 3 月 31 日,世界卫生组织发布了《世界卫生组织中医药救治新冠肺炎专家评估会报告》,来自全球 6 个区域的 21 名国际专家参与其中。报告指出,中医药能有效治疗新冠肺炎,缩短病毒清除时间,降低轻型、普通型病例转为重症的概率,改善临床预后,同时鼓励成员国考虑中国形成并应用的整合医学模式(中西医结合模式)治疗新冠肺炎,有效管理当前疫情并对未来可能发生的大流行做好准备。

2021 年 3 月 2 日,国家药品监督管理局通过特别审批程序应急批准中国中医科学院中医临床基础医学研究所的清肺排毒颗粒、广东一方制药有限公司的化湿败毒颗粒、山东步长制药股份有限公司的宣肺败毒颗粒上市,把好方子变成了人人可及的新药。其中,宣肺败毒颗粒药方是由中国工程院院士张伯礼与北京中医医院刘清泉教授于 2020 年武汉抗疫期间边治疗、边总结而成。2022 年 3 月,宣肺败毒颗粒被列入国家卫生健康委员会办公厅和国家中医药管理局办公室联合发布的《新型冠状病毒肺炎诊疗方案(试行第九版)》,成为临床治疗期(确诊病例)普通型推荐用药。

受到国内认可的同时,步长制药也致力于开拓国际市场,宣肺败毒颗粒正在积极走向世界。2022 年 5 月,乌兹别克斯坦共和国卫生部核准签发宣肺败毒颗粒的注册批准文件。此前,2022 年 1 月,加拿大卫生部已向宣肺败毒颗粒签发上市许可证书,允许其按天然健康产品标准销售。

2023 年 1 月 8 日,我国正式将新型冠状病毒感染调整为"乙类乙管",新冠疫情防控已成为常态化防疫。有专家表示,中医药的"三药三方"在过去 3 年的抗疫过程中得到充分应用,疗效确切,未来将成为中国抗新型冠状病毒感染的主要中药产品。

分析:从案例中可以看出,以宣肺败毒颗粒为代表的中医药守正创新,将传统中医药理论、临床中医药经验与现代科技"三结合",在这场新冠防控攻坚战中疗效确切,做出了巨大贡献。中医药在世界范围内获得了广泛认可,也迎来了快速发展的良好政策环境。

第一节 药品市场营销环境概述

一、药品市场营销环境的含义及分类

（一）含义

药品市场营销环境是指与药品市场营销活动相关的,影响药品市场供给与需求的各种外界条件和内部因素的综合。营销活动要以环境为依据,企业要主动地适应环境,而且要通过营销努力去影响环境,使环境有利于企业的生存和发展,有利于提高企业营销活动的有效性。由于药品市场的特殊性,决定了药品市场营销环境与普遍意义的营销环境有一定区别,主要在于:①药品生产经营企业营销活动的受限制性,如药品市场推广受到《中华人民共和国药品管理法》《药品注册管理办法(修订稿)》《中华人民共和国药品管理法实施条例》《中华人民共和国安全生产法》《中华人民共和国产品质量法》《中华人民共和国中医药法》等法律法规的限制。②药品市场消费二元性特征,决定了药品营销活动影响对象的一部分是非消费者(非患者)群体,即医生或医务工作者;而另一部分是消费者(患者)。这两个因素对药品市场划分更具营销意义,例如把药品终端市场分为医院终端、零售终端和第三终端等。从市场营销学角度理解药品市场营销环境,应把握药品的特殊性,国家有关部门对药品市场的监督管理,以及药品市场的特殊性等因素。

（二）分类

营销环境的内容比较广泛,可以从不同角度加以分类。依据市场环境对医药企业营销活动影响的程度和方式不同,可将其区分为宏观环境(间接环境)和微观环境(直接环境)(图 3-1)。

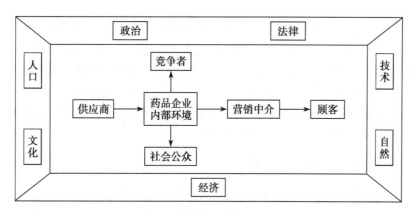

图 3-1 药品市场营销环境

1. 医药市场宏观环境 也称总体环境,是间接影响和制约医药企业市场营销活动的外在因素。它包括人口环境、经济环境、自然环境、技术环境、政治法律环境、社会文化环境等。

2. 医药市场微观环境 是指在营销过程中直接影响和制约医药企业市场营销活动的各种因素。它包括药品企业内部环境、供应商、营销中介、竞争者、顾客、社会公众等。

二、药品市场营销环境的特征

药品市场营销环境是一个多因素、多层次而且不断变化的综合体,具有如下特点。

（一）客观性

客观性是营销环境的首要特征。药品企业总是在特定的社会经济和其他外界环境条件下生存和发展的。因此，药品企业只要从事市场营销活动，就不可能脱离环境的影响。在一般情况下，药品企业的营销环境，尤其是宏观营销环境往往不是企业本身能控制的。例如，人口增加或减少、经济形势好转或恶化等，企业只能够适应外界环境，而不能够改变外界环境。因此，医药企业应科学分析、主动适应环境规律，及时准确地制订营销计划。

（二）动态性

动态性是营销环境的基本特征。市场营销环境的动态性，一方面是指药品企业市场营销环境不是一成不变的，而是不断变化的；另一方面是指这种变化是随时随地和永无止境的。例如，国家医药政策不断调整，新的药事管理法律法规不断出台，新药品研发和制造技术层出不穷，药品消费需求和疾病谱不断变化等。环境的变化对企业营销可能是一种威胁，也有可能是一种机会。因此，企业市场营销人员对于外界环境的关注和分析不能一劳永逸，而应当建立适当的系统和采取适当的措施，密切关注市场营销环境的变化，不断调整自身的营销战略和策略，使企业的营销活动主动适应环境变化。

（三）复杂性

药品市场营销环境是一个系统，在这个系统中，影响企业营销活动的外界环境因素不是单一的，而是多方面的；不是孤立的，而是相互联系的。首先，每一种因素对企业影响力的大小各不相同，并且影响方式也各有差别；其次，各种因素之间相互联系、相互影响，一种因素的变化会导致其他因素的变化，从而形成新的营销环境。例如，药品价格不仅受市场供求关系的影响，还受到当地经济水平、政府政策等环境因素的影响。因此，医药企业既要单独研究每一种环境因素对企业营销活动的影响，又要综合分析各种环境因素对营销产生的共同影响。

（四）可利用性

相对于药品企业内部管理功能，营销环境是企业无法控制的外部影响力量，例如，无论是消费者需求特点还是人口数量，都不可能由企业来决定。一个国家或地区的社会文化习俗、政治法律制度、经济规模和结构等都不受企业所控制。但是，强调企业对所处环境的适应，并不意味着企业对环境只是一味消极地、被动地改变自己适应环境。因此，一方面，企业应主动适应、科学分析环境带来的影响；另一方面，企业可以运用自身的资源去利用、影响甚至改变营销环境，为自身创造更有利的发展空间。

三、药品市场营销环境分析的意义

医药企业的外部环境是不可控的，企业是否能赢得市场竞争，取决于企业能否有效协调企业内部环境因素，使其适应外部环境发展变化的要求；以及能否对企业外部环境变化做出快速反应，从而比竞争对手更好地满足消费者需求。具体来说，药品市场营销环境分析的意义有以下几点。

（一）医药企业市场营销活动的起点

医药企业的生产经营活动离不开社会的、经济的、技术的环境，社会生产力水平，医药科学技术的变化趋势，社会经济管理体制如医疗保险制度的改变和药品分类管理办法的制定、修订等，都会直接或间接地影响医药企业的生产经营活动、左右医药企业的发展。任何一个医药企业都必须认真调查与分析营销环境，抓住一切有利机会并避开可能的障碍，动态地适应经济社会变化的要求，及时调整市场营销战略与策略，使企业的生产经营活动与国家医药事业发展的要求相互协调、相互适应、相互促进，实现企业生存与发展的目标。

（二）医药企业寻找市场机会的前提

医药企业市场营销环境的变化最终都会集中地反映在医药市场的需求与供给的关系上。因此，只有认真分析并掌握营销环境和医药市场供求、竞争状态的变化，才能发现和把握医药市场机会，选择正确的目标市场，生产经营适销对路的医药产品。

（三）医药企业制订各种战略和策略的客观依据

医药企业的生产经营活动由于其产品的特殊性而受到更多环境因素的制约，因此，医药企业营销战略与策略的制订，离不开对营销环境进行详细而科学的调研。

第二节　药品企业的微观环境

微观环境又称直接营销环境。它包括与企业经营紧密相连的、直接影响企业营销能力的各种参与者，包括药品企业内部环境、供应商、营销中介、顾客、竞争者和社会公众（图3-2）。"供应商-企业内部环境-营销中介-顾客"，这一渠道链条构成了企业的核心营销系统。此外，竞争者和社会公众这两个因素也对企业营销活动的成功与否产生直接的影响。

一、药品企业内部环境

图3-2　企业微观环境

企业市场营销部门在制订营销计划和开展市场营销活动时，会受到企业内部其他部门如企业的高层管理部门及财务、研究与开发、采购、生产等部门的影响，这些部门构成了企业内部的微观环境。同时，近年来企业文化和企业组织结构是企业内部环境中值得关注的两大因素。

市场营销部门的营销活动与财务、研究与开发、采购和生产等部门的业务活动密切相关。因此，市场营销部门在制订营销计划时，应该与企业的其他部门密切合作，征求这些部门的意见，取得这些部门的密切配合，才能收到预期的效果。正如市场学家克里斯丁·格朗鲁斯所说："市场营销部门与组织内的其他部门相隔绝，会给其他部门的人员带来灾难性的心理影响，对企业建立和发展市场导向十分不利。这种组织形式可能会导致其他部门的人失去对顾客的兴趣。"

二、供应商

供应商是指向药品企业及其竞争者提供生产产品和服务所需资源（如卫生材料、医疗器械、卫生人力等）的企业或个人。如果没有供应商提供的资源作为保障，组织就无法正常运转，也就无法提供市场所需要的商品。因此，供应商是影响企业营销微观环境的重要因素之一。供应商对企业营销活动的影响主要表现如下。

1. 供货的稳定性与及时性　原材料、设备等货源的保证，是药品企业营销活动顺利进行的前提。供应量不足或短缺，都可使企业无法按期交货，从而导致销售额损失及企业信誉损害。

2. 供货的价格变动　药品企业最重要的目的之一就是赢取利润，即以最小成本获得最大产出。供货的价格毫无疑问将直接影响企业的成本，进而影响到企业的销售量和利润。

3. 供货的质量水平　供货的质量包括两方面：一是供应商所提供的商品本身的质量，它是保证药品企业生产出合格产品的前提；二是各种售前和售后服务水平。

等。在信息时代,媒介公众的作用比以往要大得多。

3. 自发的民间组织　指有权指责企业经营活动破坏环境、生产的产品损害消费者利益、经营的产品不符合民族需求特点等行为的团体和组织,包括消费者协会、环境保护协会等。

4. 地方公众　指企业周围的居民和团体组织,他们对企业的态度会影响企业的营销活动。

5. 一般公众　指并不购买企业产品,但深刻地影响着其他消费者对企业及其产品看法的个人。

第三节　药品企业的宏观环境

宏观营销环境指对企业营销活动造成市场机会和环境威胁的主要社会力量,包括人口、经济、自然、技术、政治法律、社会文化等因素。企业及其微观环境的参与者,无不处于宏观环境之中。

一、人口因素

人口是构成市场的基本要素之一,而人口因素又是企业不能控制的。一般来说,企业应从以下四方面分析人口因素。

1. 人口总量　一个国家或地区的总人口数量多少,是衡量市场潜在容量的重要因素。目前,世界人口环境正发生明显的变化,主要趋势是:全球人口持续增长,人口增长首先意味着人民生活必需品的需求增加。根据国家统计局发布的数据,2021 年年末中国人口数量共计 14.13 亿人,占全球人口总数的 18.03%,全球排名第一。

2. 人口结构　人口自然构成包括人口的年龄结构、性别比例等。人口社会构成包括人口的受教育程度、职业状况、民族、城乡构成等。人口构成状况不仅影响着购买对象和购买力大小,还影响着消费档次和购买行为。根据国家统计局发布的数据,截至 2021 年底,我国 0~14 岁人口为 2.53 亿人,占全国人口的 17.95%;60 岁及以上人口 2.67 亿人,占全国人口的 18.9%,其中 65 岁及以上人口 2.01 亿人,占全国人口的 14.2%。如果按照联合国的划分标准,我国已经进入中度老龄化社会,老龄化将成为中国今后一段时期的基本国情。

老年市场对药品的需求主要集中在心脑血管系统疾病、"三高"(高血压、高血脂、高血糖)等慢性病领域,对保健食品的需求集中在抗衰老、延年益寿等方面。少年儿童市场对药品的需求,主要集中在上呼吸道感染(伤风感冒)、退热(清热解毒)以及消化不良、腹泻等,对保健食品的需求则集中在增加食欲、增强体质、促进生长发育以及改善智力等方面。

3. 地理分布　人口地理分布是指人口在居住地区上的疏密状况,它对企业营销活动的影响表现在两方面:一是直接影响着各地区市场需求量的大小;二是影响着购买对象和需求结构。人口流动性是指人口流动的多少以及流向等,伴随着人口的流动必然引起购买力的转移,从而引起各地区的市场需求量发生变化。因此,企业在拓展各地区市场时,不仅要分析当地登记人口的多少,还要分析流入和流出人口的多少,这样才能够制订出有针对性的营销对策。

4. 家庭规模　对大多数产品而言,家庭是基本的消费单位,家庭组成结构和家庭人员数量的变化会对家庭支出模式造成影响。家庭在社会化力量中承担着重要的角色,一个家庭通常具有一致的价值观和行为模式,对所选择品牌的忠诚度容易从一代影响到下一代。

二、经济环境

市场不仅需要人口,还需要购买力。经济环境是那些能够影响顾客购买力和消费方式的因素。它是医药企业营销活动所面临的外部社会条件,其运行状况及发展趋势会直接或间接地对企业营销活动产生影响。

1. 消费者收入水平　消费者收入是指消费者个人从各种来源中所得的全部收入,包括消费者个人的工资、退休金、红利、租金、赠予等各项收入。消费者的购买力来自消费者的收入,但消费者并不会把全部收入都用来购买商品或劳务,购买力只是收入的一部分。国家统计局公布了我国城乡居民人均可支配收入数据:2021年,我国城镇居民人均可支配收入47 412元,农村居民人均可支配收入18 931元,城乡居民人均收入扣除价格因素分别实际增长7.1%和9.7%。居民支付能力增强,人民群众日益提升的健康需求逐步得到释放,我国已成为全球药品消费增速最快的国家之一。

2. 消费者支出模式和消费结构　随着消费者收入的变化,消费者支出模式会发生相应变化,继而使一个国家或地区的消费结构发生变化。这种变化常用恩格尔系数来反映。恩格尔系数表明,在一定的条件下,当家庭个人收入增加时,收入中用于食物开支部分的增长速度要小于用于教育、医疗、享受等方面的开支增长速度。食物开支占总消费量的比重越大,恩格尔系数越高,生活水平越低;反之,食物开支所占比重越小,恩格尔系数越小,生活水平越高。

随着我国社会主义市场经济的发展,以及国家在住房、医疗等制度方面改革的深入,人们的消费模式和消费结构都发生了明显变化。企业应当重视这些变化,尤其应掌握拟进入的目标市场中支出模式和消费结构的情况,输送适销对路的产品和劳务,以满足消费者不断变化的需求。

3. 消费者储蓄和信贷情况　消费者个人收入不可能全部花掉,总有一部分以各种形式储蓄起来,这是一种推迟了的、潜在的购买力。企业营销人员应当全面了解消费者的储蓄情况,尤其是要了解消费者储蓄目的的差异。储蓄目的不同,往往影响到潜在需求量、消费模式、消费内容、消费发展方向的不同。这就要求企业营销人员在调查、了解储蓄动机与目的的基础上制订不同的营销策略,为消费者提供有效的产品和劳务。消费者信贷,就是消费者凭信用先取得商品使用权,然后按期归还贷款以购买商品,这实际上就是消费者提前支取未来的收入提前消费。

三、自然环境

自然环境是指影响企业营销的自然资源、地形地貌和气候条件及其变化等自然因素。自然环境是最基础的营销环境,其他一切环境都依赖自然环境而存在。目前,全球面临着自然资源日益短缺、环境污染日趋严重以及极端气候条件下自然灾害频发等诸多问题,迫切需要解决。

对医药企业营销管理者来说,应该注意自然环境发展变化的趋势,并从中发现企业的营销机会和威胁。

1. 自然资源日益短缺　一方面将使企业面临原材料价格上涨、生产成本上升的威胁;但另一方面又促使企业研究更合理地利用资源的技术和方法,开发新的资源或代用品,从而为企业提供了新的营销机会。

2. 环境污染日趋严重　一方面引导企业开发有利于环境保护和人体健康的新产品,做到既加速企业的发展,又优化生态环境;另一方面,也为那些治理环境污染的技术、设备提供了广阔的市场,使符合环保要求的新的生产技术和包装方法有了更广阔的市场需求。

3. 政府加强对环境保护的干预　我国通过各种政策法规加强环境保护工作,取得了明显成绩。在实现经济增长的同时,环境污染也得到一定控制。中国有关环境保护的全国性法律、法规、政策性文件已达近百个。企业必须注意有关法令的限制,严格守法,同时还要注意环境保护所提供的营销机会。

📇 **知识链接**

高温干旱天气致中药材减产,市场价格上涨

2022 年 4—9 月,我国长江流域周边省份均出现了罕见的高温情况,各地旱情日益严重,中药材原料生产受到较大影响。受减产影响,许多品种的中药材价格纷纷走高。超过 20 种中药材同比去年上涨逾 100%,瓜蒌、关黄柏、刺梨、延胡索等品种涨价超过 200%,其中瓜蒌涨价幅度最大。

截至 2022 年 8 月,在 9 个省市主产的 331 个中药材品种的季度涨跌排名中,上涨品种占比高的省份是江苏、江西、陕西、四川、浙江 5 个省份,其中江苏、江西、浙江由于处于长江流域灌区末端,受到高温和干旱的影响相比其他省份更为严峻,品种行情上涨态势突显。

专家建议应当建立中药材信息预警系统,开展订单农业精准产销对接,适时进行动态战略储备计划,平抑行情变化的反复无常,从而保障中药材原料长期、稳定、可持续供应。

四、技术环境

科学技术是第一生产力,科技的发展对经济发展有巨大的影响,不仅直接影响企业内部的生产和经营,还同时与其他环境因素互相依赖、互相作用,给企业营销活动带来有利与不利的影响。例如,一种新技术的应用,可以为企业创造一个明星产品,产生巨大的经济效益;也可以迫使企业之前的某种成功的传统产品退出市场。新技术的应用,会引起企业市场营销策略的变化,也会引起企业经营管理的变化,还会改变零售商业业态结构和消费者购物习惯。随着互联网技术的日益进步,药品网络营销也逐渐开展。药品网络营销是以现代营销理论为基础,借助网络、通信和数字媒体技术实现药品营销目标的商务活动,是科技进步、顾客价值变革、市场竞争等综合因素促成的。

五、政治法律环境

企业总是在一定的政治法律环境下运行,政治与法律环境对企业营销活动的约束具有强制性,对医药行业的影响也具有两面性,既存在机遇,也存在挑战。

(一)政治环境

政治环境主要是指国家的政体、政局、政策等方面,是由政党、政府的方针、政策以及政治局势等所构成的企业外部环境。

党的十九大明确提出实施健康中国战略。中共中央、国务院印发了《"健康中国 2030"规划纲要》,制订了一系列改革举措,持续推进"以治病为中心"向"以人民健康为中心"的转变,推动卫生健康事业取得新的发展成就。党的二十大报告提出,推进健康中国建设,把保障人民健康放在优先发展的战略位置。

中共中央、国务院高度重视中医药发展,将传承创新发展中医药定位为新时代中国特色社会主义事业的重要内容。国家中医药管理局编制了《"十四五"中医药发展规划》,着力推动中医药振兴发展,发挥中医药在治未病、重大疾病治疗、疾病康复中的重要作用,使传统中医药发扬光大。

政治环境对医药企业的影响还体现在以下几方面。

1. 药品集中采购制度 国家组织的药品集中采购是由国家医疗保障局牵头实施,专家从全国总用药量大、总金额较高的且已通过一致性评价的仿制药对应的通用名药品中遴选出试点品种在选定地区进行批量采购,已选定的地区中各公立医院须完成相应的国家采购药品用量需求。从 2018 年底第一批"4+7"带量采购开始,国家已先后成功举行了多批药品集中采购,国家组织的药品集中采购时间越来越密集,集采在纳入品种、采购金额方面不断扩容。2021 年 2 月,《国务院办公厅关于推动药品集中带量采购工作常态化制度化开展的意见》的发布,标志着今后药品集采制度将走向常态化、制度化,并将成为公立医疗机构的主导采购模式。

2. 国家医疗保险制度及国家医保药品目录 医疗保险制度是指一个国家或地区按照保险原则,为解决居民防病治病问题而筹集、分配和使用医疗保险基金的制度。国家严格控制国家医保药品目录中的药品数量和品规,并且不定时地更新该目录。凡是在该目录中的药品,患者在实际就诊时就能够按照一定的比例由医保支付药品费用。当前医保改革政策主要有以下几方面,一是国家医保谈判,国家医疗保障局在科学合理测算的基础上,和药品企业进行价格谈判,主要适用于独家研发生产的、专利期内的具有市场增长潜力的创新药;二是医保支付的单病种付费模式,医保机构将所有住院病例按疾病诊断的情况分类,形成疾病诊断相关分组,然后就每一诊断组根据事先商定好的单一支付标准,向提供住院服务的医疗机构支付费用。

3. 基本药物目录 《国家基本药物目录管理办法》规定,基本药物是适应基本医疗卫生需求,剂型适宜,价格合理,能够保障供应,公众可公平获得的药品。其主要特征是:安全、必需、有效、廉价。政府举办的基层医疗卫生机构全部配备和使用基本药物,其他各类医疗机构也都必须按规定使用基本药物。国家基本药物目录在保持数量相对稳定的基础上,实行动态管理。截至 2022 年底,我国的基本药物数量已经增加到 685 种。进入基本药物目录的药品会面临巨大的降价压力,但同时能进入更为广阔的基层医疗市场,是否进入目录还需要根据药品的具体特性和企业战略来确定。

4. 医药反腐政策 随着医药卫生体制改革的逐步推进,医药领域反腐工作不断深入,原来"高定价、高让利、高回扣"的非法营销模式得到遏制,"带金销售"、商业贿赂等违法违规行为得到严厉打击。2022 年 5 月,国家卫生健康委员会、公安部等九部委联合印发了《2022 年纠正医药购销领域和医疗服务中不正之风工作要点》,要求严厉打击医药购销领域非法利益链条,"产销用"各环节共同发力打击违法行为。随着医药反腐工作进入常态化,相信医药代表的销售行为会越来越规范,医药企业营销工作会日益合规化。

(二)法律环境

法律环境是指与市场营销有关的法律、条例、标准、惯例和法令。法律环境与政治环境有着密切的联系,法律通常是政治决策的产物,为政治服务。

目前,我国医药行业的法规主要有:2019 年修订版《中华人民共和国药品管理法》、2020 年修订版《中华人民共和国药典》(《中国药典》)、2016 年修订版《药品经营质量管理规范》、2019 年修订版《中华人民共和国药品管理法实施条例》、2021 年修订版《市场监督管理行政处罚程序规定》、2022 年版《药品网络销售监督管理办法》等(表 3-1)。

表 3-1　近几年我国医药行业的法律法规梳理

法律法规	主要内容
《中华人民共和国药品管理法》	在中华人民共和国境内从事药品研制、生产、经营、使用和监督管理活动,适用本法。涵盖了药品研制和注册、药品上市许可持有人、药品生产、药品经营、医疗机构药事管理、药品上市后管理、药品价格和广告、药品储备和供应、监督管理等方面的规定
《中国药典》	包括凡例、正文及附录,是药品研制、生产、经营、使用和监督管理等均应遵循的法定依据。所有国家药品标准应当符合《中国药典》凡例及附录的相关要求
《药品经营质量管理规范》	是药品经营管理和质量控制的基本准则。对药品批发的质量管理、药品零售的质量管理相关环节做了详细规定
《中华人民共和国药品管理法实施条例》	对《中华人民共和国药品管理法》内容做了进一步的细化说明。涵盖了药品生产企业管理、药品经营企业管理、医疗机构的药剂管理、药品管理、药品包装的管理、药品价格和广告的管理、药品监督等方面的法律规定
《市场监督管理行政处罚程序规定》	从总则,管辖,行政处罚的普通程序,行政处罚的简易程序,执行与结案,期间、送达等方面做出了详细规定
《药品网络销售监督管理办法》	从事药品网络销售、提供药品网络交易平台服务及其监督管理,应当遵守本办法。从总则、药品网络销售管理、平台管理、监督检查、法律责任等方面做出了详细规定

知识链接

药品网络销售禁止清单(第一版)

(国家药品监督管理局 2022 年 11 月制定)

一、政策法规明确禁止销售的药品

疫苗、血液制品、麻醉药品、精神药品、医疗用毒性药品、放射性药品、药品类易制毒化学品;医疗机构制剂、中药配方颗粒。

二、其他禁止通过网络零售的药品

(一)注射剂(降糖类药物除外)。

(二)含麻黄碱类复方制剂(不包括含麻黄的中成药)、含麻醉药品口服复方制剂、含曲马多口服复方制剂、右美沙芬口服单方制剂。

(三)《兴奋剂目录》所列的蛋白同化制剂和肽类激素(胰岛素除外)。

(四)用药风险较高的品种(略)。

六、社会文化环境

社会文化指一个国家、地区的民族特征、价值观念、生活方式、风俗习惯、宗教信仰、伦理道德、教育水平、语言文字等的总和。文化对所有营销参与者的影响是多层次、全方位、渗透性的。它不仅影响企业营销组合,而且还影响消费心理、消费习惯等,这些影响主要通过间接、潜移默化的方式来进行。

1. 教育水平　教育程度不仅影响劳动者收入水平,而且还影响消费者对商品的鉴别力,影响消费者心理、购买的理性程度和消费结构,从而影响着企业营销策略的制订和实施。

2. 宗教信仰　宗教对营销活动的影响可以从以下几方面分析:宗教分布状况、宗教要求与禁忌、宗教组织与宗教派别。

3. 价值观念　指人们对社会生活中各种事物的态度和看法。不同的文化背景下价值观念差异很大,影响着消费需求和购买行为。对于不同的价值观念,营销管理者应研究并采取不同的营销策略。

4. 消费习俗　指历代传递下来的一种消费方式,是风俗习惯的一项重要内容。消费习俗在饮食、服饰、居住、婚丧、节日、人情往来等方面都表现出独特的心理特征和行为方式。

5. 消费流行　由于社会文化多方面的影响,使消费者产生共同的审美观念、生活方式和情趣爱好,从而导致社会需求的一致性,这就是消费流行。消费流行在服饰、家电以及某些保健品方面表现最为突出。

6. 亚文化群　亚文化群可以按地域、宗教、种族、年龄、兴趣爱好等特征划分。企业在用亚文化群来分析需求时,可以把每一个亚文化群视为一个细分市场,分别制订不同的营销方案。

第四节　药品企业环境分析及营销对策

药品企业是在客观环境中生存和发展的,而这些不断变化的环境因素,有可能给企业带来无限的机遇,也可能给企业带来意想不到的威胁,所以企业必须及时进行调整,才能适应外部环境的变化。

一、药品环境威胁与药品环境机会分析

外部环境变化对任何一个企业产生的影响都可以从三方面进行分析。一是对企业市场营销有利的因素,即它对企业市场营销来说是环境机会;二是对企业市场营销不利的因素,它是对企业市场营销的环境威胁;三是对该企业市场营销无影响的因素,企业可以把它视为中性因素。对于机会和威胁,企业必须采取适当的应对措施,才能在环境变化中生存下来。

(一)药品企业环境威胁与环境机会

1. 环境威胁　指对药品企业营销活动不利或限制药品企业营销活动发展的因素。这种环境威胁一般表现为两方面:一方面,环境因素直接威胁着药品企业的营销活动,比如政府新颁布的有关药品生产、流通等方面的监管法规,会对药品生产、经营企业构成巨大的压力和威胁。另一方面,企业的目标、任务及资源同环境机会相矛盾,比如因为西药的成本增加、毒副作用越来越明显,人们对西药的需求转为对中药的需求,使西药企业的目标与资源同这一环境机会形成矛盾。因此西药企业要将"环境威胁"变成"企业机会",就需要对原来的产品、设备进行调整,只有这样才能立于不败之地。

2. 环境机会　实质是指市场上存在着"未满足的需求",它既可能来源于宏观环境,也可能来源于微观环境。随着消费者的需求不断变化和产品寿命周期的缩短,导致旧产品不断被淘汰,要求开发新产品来满足消费者的需求,从而市场上出现了许多新的机会。但是环境机会对不同企业是不相等的,同一个环境机会对一些企业可能是有利的机会,而对另一些企业则可能造成威胁。环境机会能否成为企业的机会,要看此环境机会是否与企业目标、资源及任务相一致,企业利用此环境机会能否比其竞争者获得更大的市场收益。

(二)药品企业环境威胁与环境机会分析

如前所述,药品市场环境是成为药品企业的威胁还是机会,主要看这种环境是否与企业目标、资源及任务等相一致。所以企业有必要对组织营销的环境威胁与机会进行分析,对环境的分析也可以有不同的角度。常见的分析方法就是威胁与机会分析矩阵,如图3-4至图3-6所示。

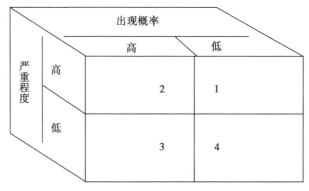

图 3-4 环境威胁分析图

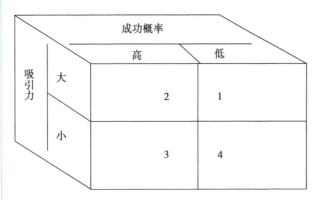

图 3-5 环境机会分析图

图 3-6 环境威胁与环境机会分析图

图 3-6 中出现的 4 种不同业务是：

（1）理想业务：即高环境机会和低环境威胁的业务。

（2）冒险业务：即高环境机会和高环境威胁的业务。

（3）成熟业务：即低环境机会和低环境威胁的业务。

（4）困难业务：即低环境机会和高环境威胁的业务。

二、药品企业市场营销对策

药品企业在经过环境威胁与环境机会分析,了解环境因素对药品企业的威胁与机会后,应当积极采取相应的对策。

1. 面对环境对药品企业可能带来的机会,药品企业常用的方法有 2 种。

（1）利用：即充分调动和运用企业的资源,利用环境机会开展营销活动,扩大企业产品的销售,提高企业的市场占有率,增加企业的经济效益。

（2）放弃：在环境机会的潜在吸引力很小、成功的可能性也小的情况下,企业可以放弃这一机会,将有限的资源用到能够给企业带来更大效益的方面。

在面对潜在吸引力很大的环境机会时,做出营销决策一定要特别慎重,要结合市场竞争的现状和发展趋势及企业能力等各方面,考虑成功的可能性。在很多情况下,许多企业只看到了市场的吸引力,而忽视了企业要取得成功的其他决定因素,贸然地做出了进入市场的决策,导致企业陷入经营困境甚至招致失败。许多产业的重复投资、重复建设,其原因之一也和对环境机会做出错误的评价而导致做出错误的决策有关。

2. 面对环境对药品企业可能造成的威胁,药品企业常用的方法有 3 种。

（1）对抗策略：也称抗争策略，即试图通过自己的努力限制或扭转环境中产生威胁的不利因素。如通过各种方式促使（或阻止）政府通过某种法令或有关权威组织达成某种协议，努力促使某项政策或协议的形成以抵消不利因素的影响。

（2）减轻策略：也称削弱策略，即企业在反抗不能实行或无效时，调整营销组合，加强对环境的适应，以减轻环境威胁的严重性和危害性。如国际营销企业针对东道国严格的产品检验标准，对产品进行适应性改进，以便顺利地进入目标市场。

（3）转移策略：也称转变或回避、放弃策略，指企业在无法反抗或减轻的情况下，通过放弃或转移、调整某项业务，避免环境变化对企业的威胁。通常包含以下不同的"转移"形式：第一，企业原有销售市场的转移；第二，对自身行业做出调整；第三，企业依据营销环境的变化，放弃自己原有的主营产品或服务，将主要力量转移到另一个新的行业中。

📖 学习小结

1. 学习内容

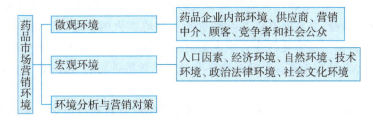

2. 学习方法　任何企业都不能脱离环境而生存，必须认识并适应其赖以生存的环境。通过本章的学习，应当学会分析药品企业实际的市场营销环境，即分析药品宏观市场营销环境和微观市场营销环境，建立一种从营销环境出发，系统全面地制订营销计划的逻辑思维。

（文占权　蒲晓芳）

复习思考题

1. 什么是宏观环境和微观环境？分析药品市场营销环境的意义是什么？

2. 市场的宏观环境和微观环境各包含哪些内容？

3. 环境分析的方法有哪些？如何运用？

4. 案例分析题

新医保目录中成药品种达1 381种！ 创新中药大品种能量密集释放

万众瞩目的2022年国家医保药品目录调整工作日前落下帷幕，新版国家医保药品目录正式发布。本次调整之后，国家医保药品目录的中成药品种数量达到1 381种。

值得注意的是，2021年获批的12个中药新药中，10个产品通过医保谈判顺利进入了国家医保药品目录协议期内谈判药品（含竞价药品），成功率令人振奋。从国家医保药品目录中成药的变化可以看出，千亿中成药板块正在围绕创新迎来新增长，以往中药"独家品种"正在赋予高价值创新崭新的内涵！

近年来医保谈判格外关注临床价值，随着中成药上市后再评价等相关工作深入推进，中成药品种的谈判数量持续大幅增长。2022年，新一轮医保药品目录调整后申报的490个药

笔记栏

品中有 344 个通过了初步形式审查,通过比例为 70%。其中,目录外西药和中成药 199 个,通过比例为 60%;目录内西药和中成药 145 个,通过比例为 91%。协议期内谈判西药 276 个,中成药 70 个。此外,中成药与西药的药品品种比例从 2021 年的 11% 提升到 2022 年的 15%,可见国家医疗保障局对中成药一直高度关注。

从新药准入端看,自 2019 年国务院办公厅发布《中共中央 国务院关于促进中医药传承创新发展的意见》,卫生健康委员会、医疗保障与药品监督管理部门等相关配套政策相继落地,包括《中药注册分类及申报资料要求》《关于医保支持中医药传承创新发展的指导意见》等。中药新药获批数量在 2021 年创新高,当年 12 个中药新药获批上市,10 个产品纳入本次国家医保药品目录,覆盖了呼吸系统、消化系统等多个疾病领域。

具体而言,清肺排毒颗粒(中国中医科学院中医临床基础医学研究所)来源于古代经典名方,在抗击新冠疫情中发挥了重要作用,本次被纳入国家医保药品目录。此外,以岭药业解郁除烦胶囊、天士力坤心宁颗粒、山东凤凰制药芪蛭益肾胶囊、方盛制药玄七健骨片、康缘药业银翘清热片 5 个中成药是在临床经验方基础上研制而成;健民药业七蕊胃舒胶囊是在医疗机构制剂基础上研制而成。这 6 个中成药作为国产 1 类新药成功纳入医保。

市场专家分析指出,创新是医药行业恒久的主题,随着传统中药企业持续转型,中药新药临床研究、申报注册、上市批准以及再评价等工作均在快速推进,未来将有越来越多中药新药问世并纳入医保。医保谈判作为中成药放量的重要催化剂,是衔接中药新药研发和商业化的重要一环,我国患者将最大程度地享受到中药新药研发动力大增、中药新药质量提升的红利。

思考问题:根据案例,宏观环境中的政策因素变化给中药创新药企业带来了哪些机遇和挑战? 中药创新药企业应当如何积极应对这些政策变化?

第四章

药品营销调研与预测

学习目标

1. 掌握营销调研的内容、步骤与方法。
2. 熟悉营销调研对药品企业营销决策的意义。
3. 了解药品市场预测作用、步骤和方法,药品营销信息的含义及其作用,药品营销信息系统构成。

引导案例

市场潜力巨大的"银发市场",中国医药企业的"新蓝海"

随着我国人口老龄化程度不断加深,越来越多的医药企业积极布局老人"银发市场"。2022 年 11 月,在第五届中国国际进口博览会上,众多企业发布了系列老年人健康产品,蓝牙助听器、无导线心脏起搏器、康复互联网医院等大量适老化产品和服务纷纷亮相。国家发展和改革委员会相关工作人员在博览会上表示,"2020 年中国银发经济的产业规模是 5.4 万亿元,占全世界银发经济的比重不到 6%,但是中国老年人人口占全世界老年人人口的 20%,这两个数据对比能看出来,银发经济在中国的市场规模和潜力是非常大的。"民政部数据显示,截至 2021 年底,我国 60 岁及以上老年人口达 2.67 亿人,占总人口的 18.9%,预计"十四五"时期,60 岁及以上老年人口总量将突破 3 亿人,占比将超过 20%,我国将进入中度老龄化。随着老年人消费需求从"生存型"向"发展型"转变,消费层次不断提升,医疗健康、智慧家居、旅游度假、文化娱乐等产业将提质扩容,有效拓展国内需求,孕育经济增长新动能。根据第四次中国城乡老年人生活状况抽样调查,老年人需求主要集中在医疗、生存、物质方面,比如疾病诊治、生活照料、康复等。调查显示,高血压、高血脂、高血糖和高尿酸等"四高"为首的慢性病,60 岁以上老年人患病率高达 53.2%。由于"四高"疾病老年患者人数基数大、患病比例高,并且慢性病的特征使此类疾病的患者需要长期服药,带来的医疗支出压力比较大,同时带来的医疗需求将持续增加,国内老年人慢性病市场的发展潜力巨大。另外,我国老龄化程度持续加深也将催生出更多健康养老需求。由于养老产业属于刚需,在政府大力支持下,健康养老市场空间巨大,增速快,虽然还处于发展初期,但已有不少健康企业积极布局,并取得良好发展业绩。同花顺数据显示,截至 2022 年 11 月 7 日,A 股市场有 93 家医药企业所属概念为养老产业,其中有 80 家公司 2021 年业绩与 2012 年业绩具有可比性,2012 年合计实现营收 2 261.75 亿元,2021 年合计实现营收 10 743.64 亿元,10 年间合计营业收入增长 375.01%。

分析：医药企业要想赢得老年人"银发市场"，必须加强对老年人身心健康状况、生活能力、生活方式以及消费观念、消费习惯、消费水平等方面的深入调研，分析老年人"银发市场"的需求和机会，结合企业优势特色，找准市场突破口，研发有广阔前景的医药健康产品和服务，抢占"新蓝海"市场。

资料来源：王丽新，靳卫星．医药企业瞄准银发经济掘金养老产业 慢病治疗和互联网医疗市场"钱景"可期［N］．证券日报，2022-11-08（B02）.

第一节　药品营销信息系统

一、药品营销信息的含义及作用

1. 药品营销信息的含义　信息是客观世界中各种事物运动状态及运动方式的表象，主要由数据、文本、声音和图像4种形态组成，而文本、声音和图像在信息化时代都可以转化成数据，数据是信息的基础。药品营销信息是信息中的一个门类，是社会经济信息的重要组成部分，它是关于药品市场活动及相关因素的各种消息、情报、数据、资料的统称，反映药品市场的动态，表现药品市场供求、消费、竞争及市场营销活动，可以帮助药品生产企业了解市场与消费者，掌握市场发展趋势，为企业科学决策提供信息支持。

2. 药品营销信息的作用　首先，药品营销信息是制药企业营销活动的基础。药品生产企业在制订生产、销售、竞争、价格策略时，必须依靠市场信息判定市场环境状况，才能制订出正确的营销策略，有效开拓市场，提高营销绩效。其次，药品营销信息是制药企业市场预测的依据。药品市场预测必须依赖于市场营销信息，通过调研收集行业过去的数据和资料，结合行业现状信息，以此预测市场未来。医药行业过去和现在的数据资料与情况都是市场信息，是市场预测的依据。最后，药品营销信息是营销管理和控制的前提。企业通过专人或专门机构收集药品行业市场信息，正确把握消费者的需求变化趋势和竞争对手营销策略的动态变化，适时调整市场营销策略，开发合适的产品和新的目标市场，通过市场信息的反馈对营销活动进行有效的控制。

二、药品营销信息的收集与处理

1. 药品营销信息的收集　是指根据市场调查的任务和要求，运用科学的方法，有计划、有组织地从市场收集资料的工作过程，主要收集宏观环境信息、消费者需求及市场需求容量信息、市场营销组合方面信息、竞争企业信息以及顾客方面信息等。

（1）信息的主要来源

1）医院终端：医院是传统医药终端市场的主力军，虽然受国家医改政策影响，公立医院市场份额整体呈下降趋势，但目前仍占据主导地位。根据《中国药品流通行业发展报告（2022年）》信息披露，2021年公立医院药品销售额占63.5%。

2）网络药店：随着电子商务的发展，网购已成为常态化消费方式，药品网络销售活动也日趋活跃。目前的网络药店具有零售类B2C模式、医药企业互相交易的批发类B2B模式以及第三方交易服务平台等模式。近年来，依托淘宝、京东、微信、美团等第三方平台的网络药店越来越多，网上药店数量呈现出不断增长的态势，2021年网上药店市场销售额约368亿元，同比增长51.5%。

3）零售药店:国家正在全面推进健康中国建设,在构建强大的公共卫生体系进程中,零售药店发挥着重要的作用。面向患者及消费者需求的个性化、渠道的多样化以及大健康服务的升级发展,零售药店业态创新提速,互联网、大数据、云平台等科技手段帮助企业不断拓宽业务范围,延伸服务内容,服务大健康多元化发展趋势明显。依托零售药店特药药房(direct to patient,DTP)、慢病药房药学服务标准,专业药房模式快速发展,为顾客提供智能化、精准化、标准化的专业服务。同时,利用智能化医疗设备创新集顾客购药体验与健康管理为一体的新零售模式不断涌现,药妆店、药诊店、健康小站、智慧药房等发展模式特色日益突出。2021年零售药店终端药品销售额约4774亿元,同比增长约10.3%,零售药店行业的种种转变正是乘势而为,利用互联网、区块链、大数据等技术革新,不断实现发展的步步攀高。截至2021年9月底,全国零售连锁门店33.53万家,单体药店25.12万家。连锁率达到57.17%。其中连锁门店与单体门店与2020年相比分别增加了1.61万家和1.02万家,连锁率较2020年末的56.50%提升0.67%。

4）第三终端:主要是指城市社区医疗服务机构及广大农村的乡镇医院、乡村私人诊所、小型药店等。第三终端集销售与服务于一体,特点是点多面广、需求量大,但是配送困难、利润低。目前,第三终端的信息化建设方面没有特定的模式。因而,对第三终端的信息化建设应更多地利用现有信息技术,从基础建设工作抓起,为以后的发展打下坚实基础。在提高业务员业务能力的同时,要着力培养收集信息的能力,全面收集信息,并及时记录整理汇总,以便决策者筛选有效信息,并根据信息实时对营销方案做出调整,以期达到对市场做出快速反应,及时满足客户需求的目的。

5）健康医疗大数据:这是医疗卫生领域中的宝贵资源,包括与维持机体健康相关的生活行为方式、遗传、社会环境因素和医疗过程中的相关数据信息等。健康大数据除了具有传统大数据的大量性、多样性、快速性之外,由于医疗行业的特殊性,使其还具有海量性、复杂性、精确性及安全性,同时由于医疗信息化建设的历史导致了异构性和封闭性。

（2）信息收集的要求

1）准确性:医药市场营销的信息需要准确、客观地反映市场情况。

2）全面性:药品市场信息由于在时间上具有纵向连续性、空间广泛性,因此收集的信息要能够反映药品市场各时期、各方面和各环节中的情况,只有信息全面和完整,才能客观反映市场情况。

3）灵敏性:药品市场营销过程中各种信息要反应灵敏、善于迅速捕捉信息,并对信息及时进行加工、整理与传递。药品信息的使用价值大小与信息的及时程度成正比。

4）经济适用性:药品信息的收集、加工、整理、传递要符合经济的原则,尽可能采取各种有效措施,降低费用。

2. 药品营销信息的处理 是对收集来的市场信息进行去伪求真、去粗取精、由表及里、由此及彼的加工过程。它是在原始信息的基础上,生产出价值含量高、方便用户利用的二次信息的活动过程。

（1）信息处理的基本原则

1）系统性:为了更好地使用信息,使其最大限度地发挥效能,在信息资源加工过程中应该使其具有系统性。只有系统化的信息,才能使人发现其中隐藏的某些共性规律。

2）标准性:为了方便国内外信息交流,所以在对信息加工时需要按照标准化要求进行操作,遵循国际国内相关标准。否则,该信息的利用价值就会大打折扣。

3）准确性:加工以后的信息只有具有准确性,才能为使用者提供一定的经济效益。反之,会使信息使用者误入歧途,导致重大损失。

4）可推广性：经加工后的信息一定要便于推广，其内容务必要通俗易懂，只有任何人看了以后都能明白其内容的信息，才能被人们充分利用。

（2）信息处理的基本内容

1）信息的筛选和判别：是指对原始信息有无作用的筛检和挑选，或是对原始信息真伪的判断和鉴别。

2）信息的分类和排序：是指根据选定的分类表，对杂乱无章的原始信息进行分门别类。信息的排序是指在信息分类的基础上，按照一定规律前后排列成序。

3）信息的计算和研究：是指对分类排序后的信息进行计算、分析、比较和研究，以便创造出更为系统、更为深刻、更具使用价值的新信息的活动。

4）信息的著录和标引：是指按照一定的标准和格式，对原始信息的外表特征（如名称、来源、加工者等）和物质特征（如载体形式等）进行描述并记载下来的活动。信息的标引是指对著录后的信息载体按照一定规律加注标识符号的活动。

5）信息的编目和组织：是指按照一定的规则将著录和标引的结果另外编制成简明的目录，提供给信息需求者作为查找信息工具的活动。

（3）信息处理过程中的注意事项

1）信息处理要善于运用创造性思维，对信息内容进行定性和定量分析，从中找出本质的规律性的东西，如果只局限于情况介绍、数据罗列，这种信息处理的作用很小。

2）在信息处理过程中，要实事求是地对信息进行加工整理，切忌主观臆断，把不同时间、不同空间、不同性质的信息硬性拼凑，造成信息失真；切忌人为地加以夸大、缩小或在加工过程中使客观事物变样。

（4）信息处理的方式：按处理功能的深浅可分为预处理、业务处理和决策处理。

1）预处理：是对信息简单整理，加工出的预信息。

2）业务处理：是对信息进行分析，综合出辅助决策的信息。

3）决策处理：是对信息进行统计推断，可以产生决策信息。

数据加工以后成为预信息或统计信息，统计信息再经加工才成为对决策有用的信息，这种转换均需要时间，因而不可避免地产生时间延迟，这也是信息处理的一个重要特征——滞后性。在使用中必须注意这一点，信息的滞后性与信息的时效性是有矛盾的，信息工作者要认识信息的滞后性，尽量减少以至消除滞后性对时效性的制约和影响。

按处理的响应时间可分为实时处理型和批次处理型。

1）实时处理型：是将送过来的数据立即进行处理，一般实时处理系统只允许处理已确定的工作，只限于面向常规的作业业务，这是为了保证响应的及时性。

2）批次处理型：是将送过来的数据存起来达到一定数量或时间后，再集中处理。

按系统与用户之间的距离，可分为远程处理方式和局域处理方式。

1）远程处理：是指用户不必去信息中心，而是通过通信线路使用远处的计算机进行处理的方式，实际上远程处理是一种远距离的联机处理方式，因为除了终端和通信控制器以外，它和批处理型处理方式完全一样。

2）局域处理：是指在放置计算机的地方使用计算机的方式，主要在区分远程处理和局域处理的场合，即在计算机网络中分布于各处的计算机各自进行处理的方式就称为局域处理。

按照企事业单位的管理和计算机配置，可分为集中式和分布式。

1）集中式：是将计算机放在企业指定地方，由中心计算机集中承担处理功能和处理量。

2）分布式：是以统一的规划为基础，将适当规模的计算机系统安装在企业或公司及其下属单位,分别承担处理功能和处理量。

三、药品营销信息系统构成

药品营销信息系统是由人、设备与程序所构成的持续和相互作用的结构,对药品市场信息进行收集、分类、分析、评估和分发,为决策者提供所需的、及时的和精确信息的系统。它可以为药品企业提供良好的营销环境分析,帮助企业寻找环境机会,同时也可以为企业执行与控制具体营销策略和计划提供服务。药品营销信息系统一般由内部报告系统、营销情报系统、营销调研系统和营销分析系统等 4 个子系统所构成,采用分工协作的方式,共同完成制药企业内外部环境信息的沟通,形成完整的药品营销信息流循环过程,如图 4-1 所示。

图 4-1 表明,在药品营销信息系统中,首先是由药品营销管理者确定所需信息的范围;其次根据需要建立药品营销信息系统内的各子系统,由相关子系统收集环境信息,再对所得信息进行处理;然后由药品营销信息系统在适当时间将整理好的信息送至决策者;最后由营销管理者做出决策,影响市场环境。制药企业的营销决策者通过该系统了解营销环境中的各种动态变化,收集和处理行业相关信息,并在此基础上进行营销决策分析,制订营销计划和方案,实现制药企业市场目标。

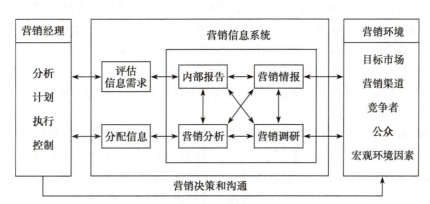

图 4-1　药品营销信息系统

1. 内部报告系统　内部报告系统以企业内部会计信息系统为主,辅之以销售信息系统组成,是药品营销信息系统中最基本的子系统。其主要任务是向管理人员提供有关订货、销售、成本、库存、现金流量、应收账款以及应付账款等各种反映制药企业经营现状的信息。

内部报告系统的核心是"订单-发货-账单"循环。销售人员把订单送至企业,负责管理订单的机构把有关订单信息送至企业内的有关部门,有存货的立即备货,无存货的则要马上组织生产,然后把货物和账单送至购买者手中。这是企业的常规操作程序,然而是否有能力保证这一循环中的各步骤快速而准确地完成,则反映着企业的营销能力和营销绩效。

2. 营销情报系统　营销情报系统是企业用来了解外部环境变化的各种信息来源与程序,主要通过企业各级营销人员、中间商以及专职营销信息收集者完成。营销环境的变化与企业的营销活动密切相关,其中既可能有企业危机的预警信号,也可能有企业发展的各种环境机会。企业应该通过广泛的途径获取相关信息,形成规范的情报循环网,提高营销情报系统收集的信息质量,帮助企业在营销活动中及时采取措施,防患于未然,或者抢占市场先机。一般而言,内部报告系统向营销决策者提供的是实际数据信息,而营销情报系统提供的则是偶发事件的信息。

营销情报系统可以向营销管理者提供有价值的环境变化情报,因此制药企业应采取规范的步骤来提高情报收集的质量和数量:①鼓励中间商及其他合作者向企业提供重要信息;

②训练和鼓励销售人员收集情报;③向调研公司购买有关的特定的市场情报;④建立内部营销信息中心以收集和传递营销情报。

3. 营销调研系统　营销调研系统或称专题调研系统,其任务是对企业所面临的特定营销问题进行系统的设计、收集、分析和报告,帮助营销管理者制订有效的营销决策。在营销环境变化多端的情况下,该系统能及时在企业根据某个特定需要做出快速决策时提供支持服务。企业在营销活动中,除需要内部报告系统、营销情报系统的支持外,还需要营销调研系统对一些特定的问题和机会进行重点专题研究,如进行某产品的市场现状调查、产品偏好测试、区域销售预测、广告效果研究等。为完成营销调研工作,企业可以聘请相关咨询公司、科研院所或者营销调研公司,也可以自建企业营销调研队伍。

营销调研系统需要有计划、有步骤地完成信息收集和分析工作,应克服调研活动的盲目性。一般按照以下几个步骤开展工作:①确定问题和研究目标;②制订调研计划;③收集信息;④分析信息;⑤提出研究报告。

4. 营销分析系统　营销分析系统主要是对营销情报系统和营销调研系统收集来的资料用数学方法、统计程序和模型进行分析归纳,从资料中发掘出更精确的调研结果,得到有价值的结论。完善的营销分析系统通常由资料库、统计库和模型库3部分组成。

(1) 资料库:有计划地收集企业内外部资料,帮助企业营销管理人员及时取得所需资料进行研究分析。内部资料包括销售、订货、存货、推销访问和财务信用资料等,外部资料则包括政府资料、竞争对手资料、顾客资料以及市场动态变化资料等。

(2) 统计库:指一组随时可用于汇总分析的特定资料统计程序。一个规模庞大的营销研究方案,不仅需要大量原始资料,而且还需要统计库提供各类成型的研究方法,以便更快捷地得出研究结果和结论。

(3) 模型库:模型库是由营销管理者运用科学方法,针对特定营销决策问题建立的一组数学模型,包括描述性模型和决策模型等。描述性模型主要用于解决行业现状分析、市场竞争状况、顾客消费等营销问题;决策模型主要用于解决产品研发、产品定价、广告预算以及营销组合决策等问题。上述统计方法和决策模型都被编成程序,在计算机上运行,提高了营销管理者做出决策的能力。

第二节　药品营销调研

药品营销调研,是指运用科学的方法,有目的、有计划地系统收集、整理和分析有关药品市场营销方面的信息,用于解决医药企业某一营销问题的活动。现代市场竞争环境下,各企业的营销调研部门都在扩充其研究活动和内容,提升调研能力和研究技术。

一、药品营销调研的类型和内容

(一) 药品营销调研的类型

药品营销调研可根据不同的标准划分为不同的类型。以市场调研的目的和要求来划分,主要分为以下3种调研。

1. 探测性调研　企业在情况不明时,为找出问题的症结,明确进一步调研的内容和重点,需进行非正式的初步调研,收集一些有关资料进行分析。另外在对问题涉及的范围进行界定,或要了解有关市场或营销问题时,也可使用探索性调研。但是,探索性调研只是一种初步的市场营销研究活动,是进行更深入营销研究的基础性工作。探测性调研的资料来源,可以从第二手资料中取得,也可向有行业知识和经验的销售人员、销售经理、中间商或专家咨询,了解所要调研问题的重点内容。

2. 描述性调研　描述性调研是指企业针对需要调研的问题,采用一定的方法对市场客观情况进行如实的描述和反映。一般是在明确要研究的问题与重点后拟定调研计划,对所需资料进行收集整理,了解问题的历史和现状,从中找出解决问题的办法和措施。比如要回答消费者买什么、什么时候买、怎么买等方面的问题就属于描述性调研,它比探测性调研更加深入细致,所以需要细致地制订调研计划。

3. 因果性调研　因果性调研通过收集有关市场变量的数据资料,用统计分析方法弄清楚市场变量之间的因果关系及其变动规律。因果性调研是在描述性调研的基础上,运用逻辑推理和数理统计分析方法,找出它们之间的因果关系,从而预见市场的发展变化趋势。如目前某药品销售量的下降,可能是因为需求接近饱和、竞争产品有了改进或其他原因造成的。因果性调研可分为定性调研和定量调研,其中定性调研就是在各种因素之间找出影响结果变量的因素,或根据这些变量对结果变量的影响程度进行排序;而定量因果调研则主要研究变量之间在数量上的因果关系。

（二）药品营销调研的内容

药品营销活动涉及面广,因此药品市场调研的内容也非常广泛,一般包括药品市场环境调研、市场需求调研和药品营销组合调研等。

1. 药品市场环境调研　市场环境调研就是对影响制药企业的各种社会力量和市场环境因素进行调研,主要有:①政治环境调研,即对一定时期内政治形势和政府的有关方针政策、法令条例及规章制度进行调研;②经济环境调研,主要包括对经济发展趋势和各种重要经济指标进行调研;③社会文化环境调研,主要是对社会、文化和科技环境等方面内容进行调研;④自然地理环境调研,即对地理位置、气候条件、地形地貌、交通运输等重要的自然地理环境进行调研;⑤竞争环境调研,包括对行业内竞争者数目、竞争者经营规模、竞争对手营销活动及广告预算等进行调研。

2. 市场需求调研　市场需求调研是指企业通过调查研究,估计市场需求情况,把企业产品的市场需求情况用数量反映出来,主要包括市场需求容量调研和市场消费需求调研。

（1）市场需求容量调研:主要了解和分析国内外市场的需求动向,现有的和潜在的需求量以及行业同类产品在市场上的销售量和市场占有率等。

（2）市场消费需求调研:主要是指对消费者及其购买行为的调研,主要包括:现有顾客需求情况的调研;现有顾客对本企业产品满意程度的调研;现有顾客对本企业产品信赖程度的调研;影响顾客需求的各种因素的调研;顾客的购买心理和购买行为的调研;潜在顾客需求情况的调研等。

3. 药品营销组合调研　药品营销组合调研是企业可控因素的调研,主要包括产品调研、价格调研、分销调研以及促销活动调研,可分别进行调研,也可以根据需要联合调研。通过对市场营销组合的调研,可以掌握有关产品销售的各种信息,调整和制订有效的市场营销策略,实现医药企业市场营销目标。

二、药品营销调研的步骤

药品营销调研是对制药企业关心的某个特殊问题或现象进行正式市场研究,其步骤包括从调研准备到调研结束的全部过程。市场调研活动涉及面广,因此需要有计划、有步骤地进行。典型的市场营销调研一般可分为调查准备、正式调查和结果处理等3个阶段,这3个阶段又可进一步分为5个步骤,如图4-2所示。

图 4-2　营销调研步骤

（一）确定问题与调研目标

只有将每次调研所要解决问题的范围圈定到一个确切范围内，才便于有效地制订计划和实施调研。而且，问题提得越明确，越能避免时间和经费在调研过程中的不必要浪费，将信息采集量和处理量减至最小。调研的第一步要求营销经理和营销研究人员认真地确定问题和调研目标。

（二）拟定调研计划

营销调研的第二阶段是制订一个能收集所需信息的最有效的计划。营销经理在批准计划以前需要评估该调研计划的成本。调研方案须包含以下内容：确定所需要的信息、信息来源、调研方法、抽样计划、调研工具等。

（三）收集数据

计划报相关部门批准后，就要按计划规定的时间、方法、内容进行信息的收集工作。需要根据调研任务和规模要求建立调查组织或聘请专业调研公司，培训调查人员，准备调查工具，展开实地调查。

（四）分析信息

收集来的信息必须经过分析和处理才能使用。主要工作包括：检查资料是否齐全；对资料进行编辑加工，剔除不全或可信度低的资料；对资料进行分类、列表，以便于归档、查找、使用；运用统计模型和其他数学模型对数据进行处理，以充分发掘从现有数据中可推出的结果。

（五）提交报告

调研的目的是对决策者关心的问题提出结论性建议和正式报告。报告主要包括以下四部分。

1. 引言　说明调研的目的、对象、范围、方法、时间、地点等。

2. 摘要　简洁概括整个研究的结论和建议。

3. 正文　详细说明调查目标、调查过程、结论和建议。

4. 附件　包括样本分配、数据图表、问卷副本、访问记录、参考资料等。

三、药品营销调研方法

（一）确定调查对象

1. 普查　普查，即对研究对象总体的全部调查，指对与市场调查内容有关的应调查对象无一例外、普遍地进行调查。全面调查主要用于收集那些不能或不宜通过其他调查取得的比较全面、精确的统计资料。普查方式有两种：一种是组织专门的调查机构和人员，对调查对象进行直接调查；另一种是利用行业组织或企业等内部的统计报表进行汇总。全面调查工作量很大，需要大量的人力、物力、财力，而且还必须统一领导、统一要求、统一行动，同时要确定统一的调查时点，以保证取得的调查资料的时效性。因此，这种调查方式虽然取得的资料比较准确，但在市场调查中采用较少。

2. 典型调查　典型调查是以某些典型组织或典型消费者为对象进行的调查，其主要特点在于，它是由调查者在现象总体中有意地选择若干具有代表性的典型进行调查。典型调查深入实际，对研究对象进行具体细致的研究，具体了解研究内容发生的原因，掌握现象之间的联系。因此,运用典型调查的关键在于正确选择调查对象。典型调查适用于调查总体庞大,调查人员对总体情况非常了解,能准确地选择有代表性的组织或个体作为调查对象的情况,否则无法取得较准确的调查资料。

3. 抽样调查　抽样调查是指在调查总体中抽选一定数量的单位作为样本,对样本进行调查以推断总体情况的非全面调查。抽样调查所需的调查人员较少,可以对他们进行专门训练,从而提高调查结果的准确性,而且省钱、省时、省力;其调查数据资料可以用统计学方法加以分析,得到与全面调查甚为相近的结果,具有较高的科学性和准确性,因此在市场调查中被广泛应用。

抽样调查一般分为随机抽样调查和非随机抽样调查。随机抽样调查(概率抽样)是按随机原则在总体中抽取一定数目的单位进行调查观察,用于推断总体的一种专门调查。总体中的每个个体被选中的机会完全相等,完全排除人们主观的和有意的选择。随机抽样调查包括简单随机抽样、分类随机抽样、分群随机抽样和系统随机抽样4种方法。非随机抽样调查(非概率抽样)是根据调查人员的分析、判断和需要来进行抽样,有意地选取有一定代表性的对象作为样本,用于估计总体性质。正确地运用非随机抽样调查可使市场调查达到费用少、时间短、效果好的目的,其包括方便抽样、判断抽样、配额抽样和雪球抽样4种方法。

(1) 简单随机抽样:又称单纯随机抽样,是在总体单位中完全按随机原则直接抽选调查单位。抽样的具体方法有重复抽样与不重复抽样两种。重复抽样是指把抽中的单位放回去,以后还可以再重复抽出;不重复抽样是指抽选出来的单位不再放回重复抽取,每个单位只能抽中一次。在市场调查中大多数采用不重复抽样。调查单位的确定,通常采用抽签法或随机数字表法抽选。

(2) 分类随机抽样:又叫类型随机抽样,是将调查总体中所有单位按其属性、特征分为若干类,然后在各类中再用简单随机抽样法抽选样本单位,而不是从总体中直接抽取样本单位。这种方法可以增强样本的代表性,避免简单随机抽样可能集中于某一个类别的缺点,减小抽样误差。

(3) 分群随机抽样:又称整群随机抽样,是将市场调查总体区分为若干群体,然后抽取其中某几个群体为样本单位。每次抽取的单位是一群而不是一个,对群内的所有单位全部调查。分群随机抽样要求各群体之间具有同质性,每一群体内部的单位具有差异性。

(4) 系统随机抽样:又称等距随机抽样,是将总体各单位按一定标志顺序排列,然后按照固定顺序和间隔抽取调查单位。排列顺序可以与调查项目无关的标志为依据,称为按无关标志排列;也可以与调查项目直接或间接有关的标志为依据,称为按有关标志排列。在市场调查中,抽样间隔(或称抽样距离)可以根据总体单位总数和样本单位数计算确定。

(5) 方便抽样:又称偶遇抽样,是根据调查者的方便与否,随意抽选调查单位。这种抽样方法简便易行,可以及时取得所需信息资料,但抽样误差较大,一般用于非正式的探测性调查。

(6) 判断抽样:是根据调查人员对调查对象的分析和判断,选取一些具有代表性的样本作为调查对象。由于这种方法是根据调查者的需要选定样本,所以它对特殊需要的调查效果较好。但是它要求调查人员必须对调查总体熟悉,否则会产生很大误差。

(7) 配额抽样:是先将总体分为若干个层次,并根据各层次占总体的比例分配各层的抽样数额,然后由调查人员在规定的数额范围内,主观判断选定调查单位。配额抽样方法的优点是调查费用少、抽样手续简单、调查时间短,可以快速取得调查结果。但是有时总体样本的情况和分层不清楚,分配额度就有困难。如果不注意样本是否符合条件而只关注量的分配,就会使调查结果产生较大的偏差。

笔记栏

（8）雪球抽样：是指先随机选择一些调查对象并对其进行访问，然后再请他们提供另外一些属于所研究目标总体的调查对象，根据此线索选择进一步的调查对象，以此类推，样本量如同雪球般越滚越大。雪球抽样多用于总体单位的信息不足或观察性研究的情况，适用于寻找一些在总体中很少的群体或调查对象不易寻找的情况，主要适用于特定群体的调查，如对吸毒人员、艾滋病患者等群体的调查。但雪球抽样容易产生偏误，不能保证其代表性。

（二）第二手资料收集方法

由于收集第一手资料花费较大，因此调研一般都是从第二手资料收集开始，在第二手资料不能解决或回答调研初期确定的问题时再采用其他调研方法收集第一手资料。第二手资料收集法，也称文案调研法，是调研人员从现有各种文献、档案中收集信息资料的一种调查方法。收集的资料包括医药企业内部资料、外部资料和互联网资料。内部资料主要来源于企业内部的各种业务、统计、财务及其他有关资料；外部资料主要指企业外部单位所持有的资料，主要来源有国家统计资料、行业协会资料、信息咨询机构所提供资料、图书馆资料、调查报告资料、各种会议资料等；互联网资料主要包括各类医药网站、政府网站等公布的信息，各数据库下载的专家或学者论文，专业调查机构发布的调查报告等。常采用文献资料筛选法、报刊剪辑分析法、情报联络网法。

（三）第一手资料收集方法

1. 询问法 询问法是用询问的方式收集市场信息资料的一种方法，是调查和分析消费者购买行为和意向的最常用方法。根据调查人员和被调查人员的接触方式不同，询问法可分为以下几种。

（1）面对面调查：是调查者与被调查者面对面交谈，通过有目的的谈话取得所需资料的一种方法。面谈调查可以采用个别访问或集体座谈等方法。谈话的方式有两种：一种是开放型问题、自由交谈，即调查者通过与被调查者的自由交谈收集所需资料；另一种是对应式问题询问，即调查者按事先拟好的调查项目，有顺序地依次发问，让被调查者顺序作答，予以记录。当面交谈比较灵活，不受问卷约束；可以在直接交谈中互相启发，互相探讨；问题回答率较高；能直接观察调查对象回答问题时的态度，以判断资料的可信程度。但面对面调查的调查费用较高，对调查人员的要求也较高。

（2）网络调查：又称在线调查，是指通过互联网及其调查系统把传统的调查、分析方法在线化、智能化。其构成包括三部分：客户、调查系统、参与人群。利用互联网进行市场调查有两种方式，一种是利用互联网直接进行问卷调查等方式收集一手资料，这种方式称为网上直接调查；目前比较主流的调查网站包括问卷星、第一调查网、横智网络调查、易调网、集思网、我要调查网等。另一种方式是利用互联网的媒体功能，从互联网收集二手资料。由于越来越多的传统报纸、杂志、电台等媒体，还有政府机构、企业等也纷纷上网，他们通过网站主页、微博账号、微信公众号等各种渠道向社会公布消息，因此网上成为信息海洋，信息蕴藏量极其丰富，关键是如何发现和挖掘有价值的信息，而不再是过去苦于找不到信息，对于第二种方式一般称为网上间接调查。

（3）留置调查：是一种介于面谈与邮件调查之间的折中调查法，调查者将调查表当面交给被调查者，并说明调查目的和要求，由被调查者事后填写回答，然后在约定日期收回。留置调查回收率高，被调查者可以当面了解填写要求以减小误差，且填写时间较充裕，便于思考回忆；但调查地域范围小，调查成本仍然较高。

2. 观察法 观察法是指调查者利用自身的感官或借助仪器设备观察被调查者的购物行为或使用产品的方式，从而获取市场信息资料的调查方法。被调查者是处在自然状态下

笔记栏

接受调查的,并未感觉到自己正在被调查,调查者凭直观感觉或利用仪器设备记录考察被调查者的行为活动。但观察法也存在一定局限,只能看到表面现象,不能了解被调查者出现某种行为的原因和动机。根据观察的工具和形式还可分为:①人工观察和仪器观察;②参与式观察和非参与式观察;③现场观察和痕迹观察;④结构观察和非结构观察。

3. 实验法 实验法是一种通过实验对比,对某些市场变量之间的因果关系及发展变化规律加以观察和分析的调查方法。它根据市场调查的目的,把调查对象设定在一定的条件下,选择相匹配的目标实验小组,给予不同的处理进行对比,控制外来变量和核查所观察到的差异是否具有统计学意义,以此来收集市场信息。实验法是从自然科学中的实验方法移植过来的,可以有控制地分析、观察某些市场变量之间是否存在因果关系,以及自变量的变动对因变量的影响程度;实验取得的数据比较客观、可靠性较强、可信度较高,排除了主观推论的偏差,可获得比较正确的第一手信息资料,作为预测和决策的可靠基础。但市场环境中相同的实验条件不易选择,变动的因素不可能像自然科学中的实验因素一样准确,不易掌握,实验结果也不易比较;实验费时长、费用较高,取得资料的速度慢。实验法主要包括实验前后对比实验法、控制组与实验组对比实验法、控制组与实验组事前事后对比实验法等。

第三节 药品市场需求测量与预测

医药企业不仅要对药品市场进行调查研究,而且还要基于药品、区域、消费者等分类进行定量估计,即进行需求测量与预测,这是制订营销决策的重要依据,对于正确地进行环境机会分析、优化营销组合和资源配置具有特殊的重要意义。

一、药品市场需求测量

(一)市场需求

某一药品的市场总需求,是指在一定营销努力水平下,一定时期内在特定地区、特定营销环境中,特定顾客群体可能购买该种药品的总量,是评价营销机会的重要步骤。分析药品市场需求,需要考虑药品行业营销努力(marketing efforts)因素以及市场反应函数(market response function)特征。

1. 药品行业营销努力因素 市场需求对药品价格、药品改良、促销和分销等一般都表现出某种程度的弹性,因此分析市场需求必须掌握药品价格、药品特征以及营销预算等的假设,可用营销努力程度来描述企业刺激市场需求的相关活动。药品行业营销努力因素主要包括:①营销支出水平,即所有花费在营销上的支出;②营销组合,即在特定期间内企业所用营销工具的类型与数量;③营销配置,即企业营销努力因素在不同顾客群体及销售区域的配置;④营销效率,即企业运用营销资金的效率。

2. 市场反应函数特征 分析市场需求的关键在于明确市场需求不是一个固定的数值,而是一个函数,即市场需求受上述诸因素的影响。因此,市场反应函数(或市场需求函数)就是一定时间内的行业营销费用与受营销费用影响的市场需求之间的对应关系。在市场销售中,即使不开展任何营销活动,市场对某种药品的需求仍会存在,这种情形下的销售额称为基本销售量(也称市场最低量)。随着行业营销费用的增加,市场需求一般也随之增加,且先以逐渐增加的比率,然后以逐渐降低的比率增加。在营销费用超过一定数量后,即使营销费用进一步增加,但市场需求却不再随之增加,一般把市场需求的最高界限称为市场潜量。市

65

笔记栏

场最低量与市场潜量之间的距离表示需求的营销灵敏度,即表示行业营销对市场需求的影响力。不同行业及产品的需求变化受行业营销费用投入大小变化的影响存在差异,有的市场需求规模受营销费用水平的影响很大,而有的几乎不受营销水平的影响。

（二）企业需求

企业需求就是在市场总需求中企业所占的需求份额,表示成数学公式为:

$$Q_i = S_i \cdot Q \qquad\qquad 式(4-1)$$

式中,Q_i 为企业 i 的需求;S_i 为企业 i 的市场占有率(即企业在特定时间内,在特定市场上某产品销售额占总销售额的比例);Q 为市场总需求。

同市场需求一样,企业需求也是一个函数,称为企业需求函数或销售反应函数,它不仅受市场需求决定因素的影响,还要受任何影响企业市场占有率因素的影响。企业需求表示不同水平的企业营销努力刺激产生的企业的估计销售额,也就是说,营销努力的高低决定了销售额的大小。企业销售预测就是根据企业确定的营销计划和假定的营销环境确定的企业销售额的估计水平。

企业潜量是当企业的营销努力相对于竞争者不断增加时,企业需求所达到的极限。很明显,企业需求的绝对极限是市场潜量。市场潜量是指在一定的营销环境条件下,当行业营销费用逐渐增高时,市场需求所能达到的极限值。营销环境变化影响着市场需求的规模、结构以及时间等,也影响着市场潜量。对于某种产品来说,市场潜量在经济繁荣时期就比在萧条时期要高。企业一般无法改变市场需求曲线的位置,因为这是由营销环境决定的,企业只能根据行业营销费用水平,确定市场预测在函数曲线上的位置。在大多数情况下,企业销售量小于市场潜量,这是因为每个企业都有自己的忠诚购买者,他们一般不会转而购买其他企业的产品。

二、药品市场预测的作用

（一）从宏观经济角度分析

1. 预测药品市场发展趋势,为研究编制医药健康发展规划提供支撑,同时为制定药品生产、流通、分配和消费的政策法规提供依据。

2. 预测市场药品的供需总量及构成,预见药品供需发展变化趋势,以便实现调整生产与消费关系,调整生产与投资,扭转可能出现的失衡现象。

（二）从药企生产经营角度分析

1. 市场预测是企业制订经营计划的前提条件与重要依据。通过预测,预见市场的未来发展趋势,为企业确定生产经营方向,制订企业生产经营的发展计划提供依据。

2. 市场预测是企业做好经营决策的前提。企业从事市场营销活动之前,对市场的未来发展以及市场营销行为所能引起的社会和经济后果,做出较为准确的估计和判断,有利于合理制订经营决策,减少决策中的不确定性,使经营结果符合预期目标。

3. 市场预测有利于企业更好地满足市场需要。市场的购买力、偏好、需求结构是经常变化的,企业必须对市场做出正确的预测,通过预测来掌握市场的变化规律,以更好地适应和满足市场需要。

4. 市场预测有利于企业提高竞争能力与应变能力。现代企业生存在一个开放式的复杂多变的市场经济系统中,合理的市场预测有利于企业掌握市场先机,获取竞争优势,从而提高竞争能力。应变能力是现代企业在动态市场环境中必须具备的基本素质之一,合理的市场预测也有助于企业在环境变化中能够迅速做出正确的决策。

三、药品市场预测步骤

（一）确定预测目标

确定预测目标，是进行市场预测首先要解决的问题。要完成一项市场预测，首先要明确预测的目的和对象，只有预测目标明确了，才能根据预测目标有意识地收集各种资料，采用预测方法进行预测。预测目标应尽量具体、详尽，不能含糊抽象，它既关系到整个预测活动的成败，又关系到预测中其他步骤的进展。

（二）资料收集分析

科学的市场预测，必须建立在掌握充分的市场资料的基础上。预测目标确定后，就要围绕预测目标，广泛收集各种历史和现实资料。市场资料众多，在预测中应收集什么样的资料，完全由预测目标来决定。市场预测所需资料有两类：一类是关于预测对象本身的历史和现实资料，另一类是影响预测对象发展过程的各种因素的历史和现实资料。围绕市场预测目标收集市场资料，要力求收集的完整性、可靠性、准确性和适用性。收集历史和现实资料，在内容和方法上有所不同。历史资料包括企业已经建档和各级政府统计机构发布或经报刊、会议文件等其他途径发布的各种经济与社会发展资料，包括宏观、中观与微观的各种历史统计资料。从历史资料的分析中，可以认识与揭示预测对象的发展变化规律，进而推测未来。

（三）分析判断

分析判断是指对收集的历史和现实资料进行综合分析，对市场未来的发展变化趋势做出判断，为选择预测方法，建立预测模型提供依据。分析判断的内容是多方面的。

1. 分析各种市场影响因素对市场未来需求的影响，主要分析国家方针、政策和经济形势对市场未来需求的影响，还要分析消费者收入水平对市场未来需求的影响。

2. 分析预测期内产品供需关系及其变化，即社会产品供应是否能满足市场需求，供需关系将发生何种变化。

3. 分析消费心理、消费倾向等对市场未来需求的影响，主要分析消费者的消费心理、消费倾向、消费行为等变化对市场未来需求的影响。

（四）选择预测方法

市场预测要依赖预测方法。根据预测目标，在对有关资料进行分析判断后，就要选择预测方法。预测方法选择是否适当，将直接影响预测结果的可靠性。预测方法很多，每一种方法对不同预测对象、目标的有效性是不同的。选择预测方法，一般应从以下几方面考虑。

1. 要根据预测目标和要求来选择预测方法 预测方法要服从预测目标和预测要求。例如，若预测项目是短期和近期的，一般选用销售人员意见法等；若预测项目是中长期的，一般采用时间序列分析法、回归分析法、德尔菲法等。若预测目标用于企业战略性决策，一般采用适合中、长期预测的方法；若预测目标用于企业战术性决策，可采用适合近、短期预测的方法。

2. 要根据预测产品本身的特点来选择预测方法 不同的预测产品具有不同的属性和内在的变化特点，预测方法的选择必须建立在切实可行的基础上。各种新的预测方法层出不穷，在实际应用中还会受到数据资料、经费、人力、设备等条件的制约，因此选择预测方法要考虑相应条件。

（五）得出预测结论

得出预测结论是市场预测的最后阶段，包括两方面工作。

1. 利用预测模型计算预测值 根据具体的数学模型，输入有关数据资料，经过运算求出预测值。

2. 评价预测值的合理性,最后确定预测结论 由于种种原因,预测值和实际情况总是存在一定偏差,因此在确定最后预测结论时,一般需要对预测的误差做出估计,预测值误差实质上是对预测模型精确度的直接评价,决定着对模型是否接受,是否需要做出修正。

四、药品市场预测方法

1. 定性预测法 定性预测法也叫判断分析预测法,是指预测者通过市场调查掌握有关资料,依靠个人实践经验、知识和分析能力,对市场未来变化的趋势、性质做出判断。定性预测法不需要高深的数学知识,在缺乏必要的历史资料,掌握信息数据不多、不够准确、对主要影响因素难以定量和建立数学模型时,定性市场预测就是一种行之有效的市场预测法。但是定性预测法也有一定局限性:数量估计粗略,预测结果的准确性与预测者业务理论水平、实践经验和分析判断能力有关,易受预测者心理情绪的影响。主要有以下几种方法。

(1)销售人员意见法:即征求本企业销售人员和相关部门业务人员的意见,然后汇总成整个企业的预测数。具体做法是:先由各销售人员提出各自的预测期望值,再用加权平均数的方法来确定预测值。例如某企业3个销售人员对产品销售量的估计,如表4-1所示。

表4-1 销售人员意见综合法分析表

销售人员	预测状况	销量①	实现概率②	预测的期望①×②
甲销售员	最高销售量	600	0.3	180
	最可能销售量	400	0.5	200
	最低销售量	250	0.2	50
	期望值合计			430
乙销售员	最高销售量	600	0.2	120
	最可能销售量	500	0.6	300
	最低销售量	350	0.2	70
	期望值合计			490
丙销售员	最高销售量	450	0.2	90
	最可能销售量	300	0.5	150
	最低销售量	200	0.3	60
	期望值合计			300

设甲、乙、丙三位销售员在预测中的重要性相等,计算三个期望值的平均数,即可确定预测值,即(430+490+300)÷3 = 406.7。

如三位销售员在预测中的重要性不等,则可分别赋予不同的权重值再求加权值。用此法算出的预测数比较实际,因企业的销售人员通常分管一个地区,对当地经济发展情况和需求情况比较熟悉;但销售人员只知局部,对整个企业的发展趋势可能了解不够,或者由于预测者自己有完成销售目标的义务,难免采取保守估计,从而出现较大的估计误差或估计数字偏低。

(2)消费者购买意向法:即通过一定的调查方式(如抽样调查、典型调查等)选择一部分或全部的潜在购买者,直接听取他们的意见,了解顾客购买意向,然后确定预测数。在缺乏历史统计数据的情况下,运用这种方法可以取得数据资料做出市场预测。消费者购买意向法用于用户数量不太多,或用户与本企业有固定协作关系的企业。该方法能否取得成功主要取决于顾客合作程度,如顾客保密原因、双方关系不好或不重视调查,则难以取得可靠资料。方法如表4-2所示。

表 4-2 消费者购买意向概率调查表

请问你们医院计划在未来 6 个月内购买磁共振成像仪（MRI）吗？					
购买可能性	不买	不太可能	有点可能	有可能	非常可能	肯定要买
概率	0.00	0.20	0.40	0.60	0.80	1.00

（3）专家会议法：指邀请相关方面的专家，通过会议的形式对市场未来需求或企业某个产品的发展趋势做出预测的方法。专家会议法预测能否取得成功，很大程度上取决于对专家的选择和专家配合程度。为了使专家会议法取得成效，会前除了做一些组织准备工作外，还需要进行一定预测性调查研究，提供一定的资料。讨论期间要让与会专家自由发表意见、畅所欲言，不能让个别权威专家左右整个会议。

专家会议法的实施步骤如下：首先，邀请专家参加会议。邀请出席会议的专家人数不宜太多，也不能太少，一般以 8～12 人为好，要包括各方面的有关专家，专家能够独立思考，不受权威左右。其次，会议主持人提出预测题目，要求大家充分发表意见，提出各种方案。主持人不要谈自己的设想、看法或方案，以免影响与会专家的思路。对专家所提出的各种方案和意见均表示欢迎。然后，强调会议上不要批评别人的方案，大家畅谈自己的方案，方案多多益善。会议气氛应民主、活跃。最后，在会议结束之后，主持人再对各种方案进行比较、评价、归类，最后确定预测方案。

（4）德尔菲法：德尔菲法（Delphi method）由美国兰德公司于 20 世纪 40 年代创立，它首先是将征询的问题分别发给选定的若干专家，专家之间互不往来，彼此都不知道对方是谁，采用"背靠背"方式对需要预测的问题提出意见，请他们分别填写后收回。然后主持人将这些意见分别归纳并形成文字，再一次发给各位专家，请他们再填写并返回。经过多次反复，意见逐步趋向集中，直至得出比较一致的结论为止。德尔菲法克服了在专家会议法中权威人物的个人意见可能影响其他人意见的局限，能保证各位专家充分发表自己的意见，还可以参考其他专家的看法，避免主观片面性，提高预测质量；但是德尔菲法需要反复多次，要花费较长时间，需要专家积极配合；另外，预测主要依据专家主观判断，缺乏一定的客观标准。

（5）市场试法：市场试验法是将新投放市场的产品在小范围内进行销售试验，直接调查消费者对试销产品的反应和态度，并以此调查信息为依据进行市场预测的方法。试销的产品一般是尚未在当前市场上销售，或还未正式进入市场的新产品，或改进的老产品。这种方法应用范围广泛，凡是试制的新产品或老产品改变了性能、款式、包装、价格等，预测其市场销售前景均可采用此法，能够得到比较可靠的预测结果。

2. 定量预测法

（1）时间序列分析法：是以事物发展变化的时间序列数据为基础，运用一定的数学方法建立数学模型描述其变化规律，以其向外延伸来预测市场未来的发展变化趋势及可能水平。这类方法的应用以假设事物过去和现在的发展变化会以同样规律延续到未来为前提，它放弃了对事物发展变化过程因果关系的具体分析，直接从时间序列统计数据中寻找事物发展的演变规律，建立模型，据此预测未来。将某种经济统计指标的数值按时间先后顺序排成序列，再将此序列数值的变化加以延伸，进行推算，预测未来发展趋势。如某产品销售的时间序列（Y），其变化趋势主要有 3 种基本模型：

$$乘法模型：Y = T \times C \times S \times E \qquad 式（4-2）$$

$$加法模型：Y = T + C + S + E \qquad 式（4-3）$$

笔记栏

混合模型:$Y=T\times(C+S+E)$　　　　　　　　　　　　式(4-4)

产品销售的时间序列,主要有 4 个组成部分。①趋势(T):它是人口、资本积累、技术发展等方面共同作用的结果,利用过去有关的销售资料描绘出销售曲线就可以看出某种趋势。②周期(C):产品往往会呈现出某种波状运动,因为产品销售一般都受到宏观政策或经济活动的影响,而宏观经济活动总呈现出某种周期性波动的特点。③季节(S)指一年内销售量变动的形式。"季节"一词在这里可以指任何按小时、月份或季度周期发生的销售量变动形式。这个组成部分一般同气候条件、假日、商业习惯等有关。季节形式为预测短期销售提供了基础。④不确定事件(E):包括自然灾害、战争恐慌和其他一些干扰因素。这些因素属不正常因素,一般难以预测。

(2) 因果分析预测法:是从事物变化的因果关系出发,寻找市场发展变化的原因,分析原因与结果之间的联系,建立数学模型以预测市场未来的发展变化趋势的方法。这是一种实用价值很高的市场预测方法,常用的方法是回归分析法。回归分析法有多种类型,依据自变量个数不同,可分为一元回归分析预测法和多重回归分析预测法。在一元回归分析预测法中只有 1 个自变量;而在多重回归分析预测法中有 2 个及以上自变量。依据自变量和因变量之间的相关关系不同,还可分为线性回归预测和非线性回归预测。

常用回归模型基本形式如下:

1) 一元线性模型:$Y=a+bX$　　　　　　　　　　　　　　式(4-5)

其中 Y 为预测趋势值;a 为截距;b 为斜率;X 为自变量。

2) 多重线性模型:$Y=a+b_1X_1+b_2X_2+\cdots+b_mX_m$　　　　　　式(4-6)

其中 Y 为预测值;a 为截距;$b_1,b_2,\cdots,b_m$ 为斜率;$X_1,X_2,\cdots,X_m$ 为自变量。

限于篇幅,其余模型在此不再介绍,读者可参阅有关书籍进一步了解。总的来说,市场预测是一项比较复杂的工作,只有在特殊情况下的预测才较为简单,比如未来需求趋势相当稳定,或竞争者很少,或竞争条件比较稳定等。大多数情形下,企业经营的市场环境是在不断变化的,由于这种变化,总市场需求和企业需求都是变化、不稳定的,营销人员应熟悉主要的预测方法以及每种方法的主要长处和不足,综合运用预测方法,扬长避短,才能更好地提高预测结果的准确性。

学习小结

1. 学习内容

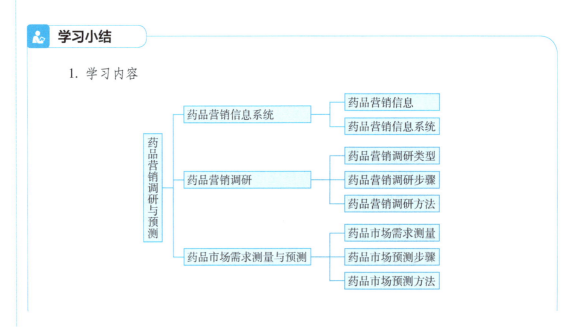

2. 学习方法　本章需要重点学习掌握药品营销调研的方法与步骤,能针对不同的调查对象和调查目的选择恰当的调查方法,提高市场调研效果,注意调研方法应当易操作、低投入、高效率;掌握药品市场需求预测的方法与步骤。在掌握基本理论知识的基础上应积极参与医药企业调研实践活动,提高药品调研与预测知识的实际应用能力。

(李家伟　臧婧蕾)

复习思考题

1. 简述药品营销信息系统的构成。
2. 简述药品营销调研的步骤。
3. 简述第一手资料的收集方法。
4. 药品市场预测主要有哪些方法?
5. 案例分析题

国内药企如何发力抢占罕见病药物市场?

罕见病是指那些发病率极低的疾病,根据世界卫生组织的定义,罕见病为患病人数占总人口 0.65‰~1‰的疾病。近几年我国相关支持性政策陆续出台和落地,鼓励药企开展罕见病药物研发,众多药企纷纷加入研发行列,罕见病药物市场迎来快速发展时期,该市场已成为医药行业较为盈利的板块之一。目前我国罕见病药品主要依赖进口,未来市场空间巨大。有机构预测,全球罕见病药物市场规模将从 2020 年的 1 351 亿美元增至 2030 年的 3 833 亿美元,年均复合增长率为 11.0%;而我国罕见病药物市场将由 2020 年的 13 亿美元增至 2030 年的 259 亿美元,年均复合增长率 34.5%,远高于全球增长水平。

截至 2021 年 12 月,我国共有 60 余种罕见病用药获批上市,40 余种被纳入国家医保药品目录,这对罕见病药物研发是极大的鼓励。预计未来在满足合理的支付金额下,医保将纳入更多的罕见病药物,有望持续激发该领域药企的研发热情。我国药企已经意识到罕见病用药的市场价值,也开始积极布局罕见病用药市场,相关公司也受到资本市场的青睐。目前北海康成已在港股挂牌上市,康蒂尼药业、德益阳光、曙方医药、琅钰集团、信念医药等药企正积极融资;此外,亚盛医药、君实生物等逾 10 家创新医药上市公司也已开始布局罕见病用药领域。

改编自:傅苏颖. 市场空间大 药企发力抢占罕见病用药赛道[N]. 中国证券报,2021-12-23(A05).

思考问题:罕见病用药可及性是全球性难题,药物目标群体较为特殊。某药企若计划进入罕见病用药市场,你认为应该如何制订调研方案?如何分析市场需求和潜力?如何预测市场容量?

第五章

医生处方行为与药品市场购买行为分析

学习目标

1. 掌握影响医生处方行为及药品消费者行为的因素和行为类型,学会医生处方行为与药品消费者购买决策过程。

2. 熟悉医生处方行为与药品消费者行为以及药品组织市场的概念。

3. 了解我国药品生产者市场与购买行为、药品中间商市场与购买行为、医疗机构市场与购买行为。

引导案例

中标必须履约、违约必受惩戒

2018 年 12 月,国家组织"4+7"11 个城市试点开展药品集中带量采购,截至 2022 年 5 月,已组织开展 6 批药品集中带量采购。药品集采的核心之一就是"以量换价",即在招标时就承诺药品的采购量,企业按照不低于成本的价格报价竞标,用低价换取更大市场。在前 5 批药品集中采购中,共采购成功 218 种药品,平均降幅均超过了 50%,累计节约药费已超过 1 500 亿元。A 股某上市公司因没有按照协议供应集采约定采购量,被纳入"违规名单",这意味着,该公司不仅失去布洛芬缓释胶囊中标资格,还被暂停参与国家组织药品集中采购活动的申报资格。国家组织药品联合采购办公室提出,诚实守信和契约精神是市场经济的基础,将切实加强违规名单、失信评级在药品集中采购领域的应用,执行备选机制,提高市场供应的稳定性。

据国家组织药品联合采购办公室公告,该公司在第三批国家组织药品集采中选的布洛芬缓释胶囊未能在山东省按协议供应约定采购量,经多次约谈协商,供应情况仍未改善,企业于 2021 年 8 月 11 日提出放弃中选资格。值得注意的是,这是全国集采以来第一起中选企业无法完成约定采购量而放弃中选资格的事件。

针对该公司的断供行为,国家组织药品联合采购办公室决定将其纳入"违规名单",并取消该企业自 2021 年 8 月 11 日至 2022 年 5 月 10 日参与国家组织药品集中采购活动的申报资格。国家组织药品联合采购办公室称,对该公司依法依规做出严肃处罚,是在向社会释放"中标必须履约、违约必受惩戒"的强烈信号。也提醒其他参与药品集采的企业,一定要按照国家集采协议价格和协议量履约,满足中选药品的正常供应。国家已经给了企业一个明确的信号,今后会加强对集采断供等违约失信行为的监管,强化对集采中选企业药品供应能力的预警监测,会通过信用评价手段和行政裁量权,对那些不履行供货协议的企业进行严厉的处罚。

分析：药品集采的目的是有效减轻患者药费负担，降低企业交易成本，引导医疗机构规范用药，并探索完善的药品集中采购机制和以市场为主导的药品价格形成机制。其规则是国家医疗保障局设立最高限价，企业在限价之下合理报价，价低者得市场。企业要依据国家集采政策导向分析与识别相关市场机会和风险，规范市场行为，完善自身条件，将影响有效产能供应等评估因素放在重要位置，而不应通过非理性降价的行为以图占领市场，最后真正实现谁的药质量好，谁的价格低，谁的药就卖得出去，卖得多，以实现企业的利润增长。

第一节　医生处方行为与药品消费者行为分析

药品是用于预防、诊断和治疗人的疾病，有目的地调节人的生理功能并规定有适应证和用法用量的物质，是一种关系人民生命健康的特殊商品。药品消费者购买行为是一种以实现治疗疾病、维护健康为目的，获得、使用和处置医疗卫生服务、药品和相关产品的消费活动。

著名的"消费者决策模型"是霍金斯（Hawkins）、贝斯特（Best）和科尼（Coney）在其著作《消费者行为学》（*Consumer Behavior*）中创立的。该模型描述了消费者生活方式对其消费决策的影响，其中主要因素是外部因素和内部因素，这两种因素通过对消费者购买决策过程的影响，最后影响消费结果的选择。由于药品产品的特殊性，药品消费者的消费行为与他们在普通商品和服务中的消费行为有着极为显著的区别，一般消费者行为理论不能很好地解释人们消费药品卫生服务产品的行为。

一、医生处方行为与药品消费者购买行为概述

（一）药品消费行为的主要内容

药品消费者的年龄、性别、职业、收入、居住条件、家庭、社会阶层、参照群体等客观因素影响着最终的消费决策，同时来自消费者的内部生理和心理因素，诸如生理和心理需要、动机、个性、态度、观念、习惯等也会影响最终的消费者决策。药品消费者在种种刺激因素的作用下，经由复杂的心理活动过程，产生购买动机，在动机的驱使下做出购买决策，采取购买行动，消费使用后并进行购买评价，由此完成一次完整的购买行为。

药品消费者行为分析与一般消费者行为分析一样，也围绕着"5W1H"的内容展开。

1. 为什么购买（why）　研究"为什么购买"即是为了了解和把握消费者的购买目的。药品消费者自己购买药品的原因主要包括：治疗轻微的疾病、缓解小伤痛、方便、节约时间、节约费用等。对药品消费者的研究显示：消费者自己去药店最主要的原因是身体不适，自身能够察觉症状并且判断通过用药可以缓解或治愈病症。患者对自身一些常见、轻微的小病症进行自我用药治疗，大大克服了去医院看病手续烦琐、等待治疗时间长等缺点。

2. 何时购买（when）　普通的消费购买时间，受商品性质、季节、假日和消费者闲忙情况影响，有一定的习惯和规律。一般说来，药品服务产品只有产生客观需要时，才有可能形成需求。医疗卫生服务是针对患者提供的，健康者不需要这些服务；药品及医疗卫生服务是在异常的情况下使用。一些疾病具有季节性特点，例如春季易发生流行性感冒等疾病，而冬季则易发生呼吸道感染性疾病。研究和掌握患者利用药品服务及产品的时间习惯和规律，适时提供服务，集中销售服务的力量，既可满足患者需求，又可以提高社会效益和经济效益。

3. 何处购买（where）　由于药品是特殊商品,在我国药品消费中基本的购买地点有两个:一是医院(医疗单位),二是药店(网上药店)。因为药品销售场所的不同,导致药品企业营销策略也各异。药品企业要做好对广大消费者的推广宣传工作,从而促进药品的销售。

4. 购买什么（what）　由于药品消费者的差异,同一类药品的不同消费者在购买药品时所关心和考虑的内容不可能一样,如有人完全听从医生的建议,有人关注疗效,有人关心价格,有人关心品牌,也有人注重广告宣传。掌握了这些情况,就可使药品企业在市场营销中很好地把药品与消费者的需要结合起来,解决其根本问题,使需要得到充分满足。

5. 由谁购买（who）　药品产品的使用似乎是一个人的行动,但实际上,其中有倡议者、影响者、决策者、购买者和使用者之分。①倡议者:首先想到并提出要购买某种药品的人;②影响者:对最终的购买决定有直接或间接影响的人;③决策者:最后决定整个购买行为的人,如买不买、买什么、买多少、怎么买、什么时候买或到哪里买;④购买者:购买行动的实际执行人;⑤使用者:所购药品的最终使用者。到医院就诊的基本上是最后的药品服务与产品的使用者;但是到药店的购买者,可能本身是决策者,也可能只是一个执行者而不是决定购买的主体。

6. 如何买（how）　研究“如何买”就是要确定药品消费者的购买方式。购买方式是指消费者购买药品时的货币支付方式和获得产品所有权的方式与途径。如决定是零售终端购买还是网购,支付现金还是在线支付等。由于受到购买者的经济收入、受教育程度、专业知识、个性、地点、时间等因素的影响,药品消费者在购买药品时的行为并不完全一致。

（二）医生处方行为与药品消费者购买行为

1. 行为　人的行为动机既有生物性动机,也有社会性动机,不仅具有基本的生理需求,还包括复杂的社会需求。因此,可以把行为分为本能行为和社会行为两大类型。由于遗传因素决定的行为是本能行为,是与生俱来的,如摄食、睡眠等行为。人的本能行为同时也受到个人主体意识的支配,存在是否正常表达的问题。如果这种表达失控或者超出正常范围,就会带来危害,例如药物滥用、暴饮暴食等。

2. 医生处方行为与态度类型　医生处方行为是医生根据医疗、预防、保健需要,按照诊疗规范、药品说明书中的药品适应证、药理作用、用法、用量、禁忌、不良反应和注意事项等开具处方的行为。由此可以看出,医生开具一个处方就是一次根据患者的疾病类型、程度、缓急以及患者经济条件和心理因素等方面进行权衡后的选择。在这个选择行为过程中很大程度会受到医生对处方药品的态度影响,医生态度大体分为以下几种类型。

（1）支持型:与赞同型的态度相比,更为突出的是医生除了认可药品的优点和坚持开具处方外,鉴于该药品的特殊疗效等原因,还会在各种场合帮助宣传和推荐该药品,自愿成为该药品的宣传员。

（2）赞同型:医生对某药品持积极的态度。在长期的处方实践中,医生不仅认同该药品的疗效、安全性或者服务等优点,对该药品的特性等方面还产生了相当的兴趣,而且对此药品的使用积累了好的经验,所以会在同类病症中只开具该药品的处方。

（3）中立型:医生知道某药品,甚至对此药品有过一两次的处方经验,但态度并不积极,即医生对此药品的态度是不赞同也不反对,对其没有特殊的兴趣,只是根据以往的使用情况进行一定程度的替代使用。

（4）未接触型:由于每家医药公司都致力于不断推出新的药品,每年医药市场上都会出现大量的新药,因此会发生医生不认识某种药品或者只是刚刚听说过的情况,但对其并无使用经验,或者没有从其他同事那里听到过该药品的疗效反馈,因此无法形成对此药品的任何看法。出于医生的谨慎原则,他们一般不会开具该种药品的处方。

（5）敌意型：医生不承认该药品的优点，对其持有反对态度，那么自然也就不会开具含有该药品的处方。医生对药品形成这种态度，一方面可能是由于该药品的医药代表等医药公司人员在与医生的接触中发生过冲突；另一方面可能由于该药品在使用过程中发生过一些问题，使医生在使用中对该药品不信任，从而产生了敌意。持有这种态度的医生基本不会对此种药品开处方。

3. 处方药品消费者群体的消费行为特征

（1）被动消费：消费者进行处方药品消费时，一般不能对自己的病情做出明确的诊断，无法选择自己需要的药品，对药品的剂量、剂型和用药时间长短都无法把握，消费者选择什么样的药品、使用多大剂量、治疗多长时间都必须由医生根据实际病情决定；在用药时也必须在医护人员的帮助、监控、指导下，才能保证用药的安全和有效。所以在消费者进行处方药品消费时，医生起着决定性的作用，消费者自身处于完全被动地位，是一种被动消费。

（2）储存动机较少：处方药品一般储存条件较特殊，如有的需要冷藏、冷冻、阴凉，有的处方药品有效期较短，稳定性较差，容易受污染、变质，消费者自行储存难以保持药品的质量。有的处方药品毒副作用较多，易发生不良反应，须在医护人员的监护下使用才可保证用药的安全性。另外，有的处方药品给药方法特殊，消费者一般难以完成自己给药。鉴于此，消费者一般不太愿意购买处方药品进行储存。

4. 非处方药品消费者群体的消费行为特征

（1）主动性消费较强：消费者进行非处方药品消费时，经常凭借一定的医药学知识、用药经验一般即可对自己的病情有所了解或做出明确诊断，并在选择药品种类、剂型、剂量、品牌时都有较强的主观能动性，能够做出合适的选择，且能自行掌握药品的使用剂量和使用方法。

（2）有储存购买动机：与处方药品相比，非处方药品具有安全性高、疗效确定、质量稳定、使用方便等特点。正因为非处方药品具备这些特点，有的消费者会储备一些伤科用药作为家庭常用药品；有的消费者会根据各季节的需要，购买一定数量、品种的非处方药品进行储存、备用，如在冬季备用一些伤风感冒药，在夏季备用一些防暑药等；有些患有慢性病的消费者，会根据非处方药品质量稳定、易储存的特点，一次购买数个月的药品供长期服用。

5. 药品消费者市场的概念和特点　药品消费者市场是指个人或家庭为了满足其治病、防病、强身健体等生活需要而购买药品和接受服务所形成的市场。

由于消费者的需求不同，药品消费者市场要求亦呈现出不同的特点。

（1）多样性：由于各消费者所患疾病的种类、购买药品和医疗服务的要求不同，以及药品消费者的收入水平、文化程度、职业、性格、年龄、生活习惯的不同，因而对同一类药品甚至同一种药品的需求、关注程度是千差万别的。正由于每个人的需求都不尽相同，从而决定了药品消费者市场的多样性。

（2）发展性：随着社会经济发展和人们生活水平的不断提高，人们对药品和医疗服务的需求，不论是在数量上还是质量上都在不断发展。药品市场总的趋势也是由低级向高级发展、由简单向复杂发展、由被动消费向主动消费过渡，许多潜在需求不断变成现实的购买行为。过去未曾消费过的中药保健品进入消费领域；过去消费少的中医养生品也开始大量消费。

（3）伸缩性：药品的需求受内因和外因的影响，具有一定的伸缩性（即弹性）。内因包括医生等医务人员的用药习惯，消费者本身的身体健康情况、货币支付能力和认识判断能力等；外因包括药品的价格、广告宣传、促销措施、医保制度等。

（4）可替代性：药品消费者需求的药品有些是相关产品，相关产品分为相互补充品和相互替代品。有些药材往往配伍使用,它们是互补品,如乳香与没药,这样一种药材的销售会带动另一种药材的销售。而有些药物之间存在着此消彼长的关系,它们是替代品,如青霉素钠盐与青霉素钾盐、金银花与连翘、赤芍与白芍等,这些功效相近的药物在一定情况下可以相互替代。

(5)可诱导性:药品企业不仅应努力做好各种营销工作,还要合理引导医生和药品消费者的用药需求,使药品的销售市场逐步扩大。

(6)广泛性:每个人都可能会生病,或者产生保健、养生等需要,也就不可避免地做出药品消费品购买行为,成为药品消费者市场的一员。如此,药品消费者市场人数众多,范围广泛。

(7)季节性:疾病的发生与季节具有密切关系。在易发病的春、冬等季节,药品产品的消费需求量就会大增,因此药品消费者市场需求也有一定的季节性。

(8)特殊性:药品是人们用来治病、防病的一种特殊商品。市场对药品的要求总的来说是疗效好、毒副作用小。其特殊性直接关系着每一个人的身体健康和生命安危,关系到千家万户的幸福与安宁。因此,对于药品的要求相较普通消费品要更为严格。具体包括:药品作用的两重性及专用性、质量的重要性、时效的限时性、等级的一致性、管理的科学性等要求。

二、影响医生处方行为与药品消费者购买行为的因素

(一)影响医生处方行为的因素

医生的处方行为是医疗活动的重要环节,受到多方因素的影响和制约。一般来说,医生的处方行为同时会受到积极和消极两方面因素的影响,下面我们将从内在因素和外在因素两方面对医生处方行为的影响因素分别进行简要阐述。

1. 内在因素

(1)经验:医生经验指的是医生的临床专业技能,即在临床工作中积累的临床判断力和操作实践能力,而不是在证据层面去结合个人观察所获的结果。其中处方经验则是医生在掌握专业知识的基础上结合长期对某种疾病的临床治疗心得,判断出患者的实际病情并开具有效处方的能力。对于一种疾病而言,通常医生可选的药品也是多样化的,但有经验的医生对不同药物都会形成自己的处方习惯,即首选用药、二线用药。首选用药是因为医生相信该药对某个患者的病情是最好的治疗选择,这种药品比其他品种疗效更佳以及可用于更多的适应证,医生本人也有一定的治疗数据积累,从疗效与价格的比较中判断值得经常使用。二线用药指某个药品在医生治疗疾病选择时不被首先考虑,通常是因为医生觉得该药疗效不如首选药。这种印象的产生可能源自某个不适宜病例的经验,或者医生认为该药的疗效与价格比较没有首选药那么好,也可能在医生自己总结的临床数据中未达到理想水平等原因。因此,能否在临床上对患者进行有效治疗的同时还能满足其治疗要求和心理要求,医生的各种经验是一个非常重要的影响因素。

(2)偏爱:每个医生都有个人的偏好及用药习惯,对已形成的药物使用经验和已建立的与医药代表及医药公司的关系感到珍惜。医生在长期的处方实践中形成了对某个药厂或者某个医药代表的喜爱,那么这种喜爱自然延伸到了对应的药品上,例如针对肠道感染及细菌性痢疾等症,很多临床医生会开具盐酸小檗碱的处方,同时会口头建议使用某个药厂的产品,原因是其临床效果好且价格低,容易被消费者所接受。

(3)新鲜感:医生希望站在医学发展的前沿。多数医生,特别是中青年医生对新药、新的用法、新的剂型、新的用途有强烈的试用欲望。

(4)自尊心:医生通过处方来满足其自尊心。每个医生都想成为一个受人尊敬的好医

生,这就要求他开具的药品能帮助其将患者的病治好,而且要比其他的药物优秀。同时医生也要在同行中树立被人尊重的地位,在人与人之间交往中得到尊重等。

2. 外在因素

(1) 品牌:医生为了规避风险,很少甚至会拒绝使用来自陌生渠道或者陌生品牌的药物,因为一般医生的治疗思路是相对保守的。在治疗过程中,医生一般会优先采取比较保守或者成熟的治疗方法,表现为医生尽可能避开可能发生的风险,即使一定要面对风险,也要避开最大的风险。就目前的医疗卫生现状来说,医生最担心的仍然是出现医疗事故,虽然医疗事故举证责任倒置已经在 2022 年取消,但在相当长一段时间内医生仍会保留惯性思维。所以在使用药品时,首先考虑的是药物的安全性,即药物是否安全、不良反应出现概率等因素,而将疗效放在了第二位。品牌的作用在这方面极大地缓解了医生的顾虑。因为医生通常将药品品牌和制药公司品牌联系起来,公司的品牌有助于增强医生的信心,因为药物与生命攸关的特点决定了药品的购买行为在很大程度上取决于可靠的信誉。医生在同制药公司打交道的同时,也会对公司的整体形象形成一定的印象。当然这一印象可能来自该公司以前产品的疗效,也可能来自其他方面,比如良好的社会形象等。

(2) 学术带头人的推荐:在医疗服务机构中,学术带头人对某种药品的评价,凭借其在本领域内的声望和地位,会影响其他医生的处方行为。特别是在一种药品刚进入市场,需要被医生认知和尝试的阶段,学术带头人的推荐是非常有效的。

(3) 药品营销的效果:药品营销的成功不仅要提供关于药品质量的证据,也要求以一种简洁易懂的方式来提供信息。医生没有多少时间来仔细研究每一种处方药,而对不熟悉的药品,他们通常都会采取保守的处方行为。因此,以一种简洁易懂的方式展示产品疗效的证据,对医生而言是十分必要的。尤其对于处方药市场来说,尽管其处于相对封闭的营销环境,目标客户只是相关科室的医生,但新药进入市场的劝说工作难度还是很大的。首先要克服的是医生对于安全性的顾虑,对功能和安全性的介绍就成为核心的营销目标。其次,如何能够让医生在繁忙的工作中从众多新药里发现并青睐本企业的产品,自然成为了营销效果的一个体现。

(4) 消费者的需求:在患者就诊行为中,经常会有患者对就诊医生提出要求的情况。一方面,可能是要求医生一定要进行处方行为;另一方面,可能是要求医生进行特定药品的处方行为。其实,患者的医药知识或许没有医生想象得那么简单,他们对于自己身体的关注程度超过了医生的了解程度。他们对于药品的指定,可能是出于对于疾病的了解,比如久病成医,也可能是专家推荐。针对患者要求特定药品的处方行为,一般来说,医生在征询了患者的想法后,会予以同意。

(5) 医疗政策:医疗政策在医生处方行为影响因素中是不可忽视的方面。无论在国内还是国外,也无论是在何种医疗制度下,有限的医疗保险资金与居民无限的就医需求永远是无法避开的矛盾。所以,医疗保险制度改革的实质可以看成是一次医疗消费利益的调整。在这个调整中有 3 个不同的利益体:医保机构、参保人员、医疗服务机构。因为处于不同的利益角度,所以各自的行为无疑都带有功利性。尤其是对于在整个医疗关系中处于主动地位的医疗服务机构来说,尽量在其中体现自己的利益,是问题的焦点所在。

(二) 影响药品消费者行为的因素

与普通的商品消费影响因素有很大不同,药品消费者的影响因素更多是客观的,这是由于疾病的客观性所决定的。绝大部分疾病的发生,是不以人的主观意志为转移的,而疾病又必须及时得到治疗。基本的文化要求是社会有责任帮助那些看不起病的人得到及时救治。在这样一种文化背景下,影响药品消费者行为的因素可以分为 3 个层次:第一个层次是消费者的健康观念和生活方式是直接导致其对药品服务和产品需求的核心因素;第二个层次是患者的经济承受能力、遗传、生理基础、心理情绪与人格、环境与居住条件、家庭与配偶、健康知识、药物知识等因素;第三个层次是文化与亚文化、医学临床技术、医疗服务体系、社会保障制度与医疗保险、人口学与流行病学、邻里与学校的影响、政治、社会经济与社会发展等因素。

1. 经济承受能力的影响　经济承受能力,是指为了治疗疾病而在利用医疗卫生服务、消费药品和其他物品的过程中支付相关费用的能力。在现代的社会收入结构与收入水平条件下,治疗疾病的费用远远超过普通居民的收入水平。除了疾病带来的痛苦之外,这种远远超过收入水平的经济负担,对于个人和家庭来说,所带来的破坏性作用是毋庸置疑的,极大地影响了药品产品的市场需求和健康发展。

2. 疾病的严重程度及其认知水平的影响　影响人们能否正确、及时使用药品产品的主要原因是患者本人对自身疾病能否正确、及时认知,体现在以下四方面。

第一是疾病带来的痛苦程度是否影响到了患者正常的工作和生活。如果病痛超出了人们的忍受程度,人们就会使用药品产品。

第二是患者对当前症状可能引发的结果的预期与推测。尽管一些症状带来的痛苦并没有超过忍受程度,但是这些信息可能与一些不好的结果或者严重的疾病有非常密切的关系,那么患者还是愿意使用药品产品的。

第三是人们对那些尚未出现不良症状,但已经发生了可能引起疾病的一些事件的关注程度。如果这些事件恰好是疾病的重要起因,就容易引起人们的重视。例如尽管没有可信的证据证明化妆品对胎儿的影响,一些孕妇还是在孕期改变了过去的生活习惯,不再化妆。

第四是人们的健康知识和自我保健意识的影响。具有一定健康知识的群体更容易采取健康行为,在没有疾病发生或没有诱发疾病的条件存在的前提下,仍然预防性地使用药品、服用一些养生保健品以及有计划地参加体育锻炼。

3. 社会环境的影响

(1) 社会文化因素的影响:文化是一个社会的特征,它影响到人们的行为和思想,规范着人们的行为举止,是人们思考和行动的指南,在消费者决策中起至关重要的作用。

(2) 消费价值观的影响:人的价值观是一种多维度、多层次的心理倾向系统。消费价值观是指人们对消费行为、消费方式具有的不同价值评价。每个消费者的消费价值观都会有所差异,具体有:节俭价值观、功能主义价值观、骄奢价值观、时尚消费价值观。

(3) 消费习俗的影响:消费习俗则是人们在日常生活消费中,由于经济发展水平、物质生活条件、民族发展历史和自然环境等原因,形成的各国家、各民族独具特色的约定俗成的消费习惯。它影响着人们的价值观念、消费观念,具有较强的稳定性。消费习俗是以国家、民族和地区为基础形成的,不同国家、民族的不同消费习俗,直接影响着消费行为,影响着个体消费者对商品的选择。这种影响是深远的,很难改变。

(4) 宗教信仰对消费行为的影响:宗教信仰也是影响消费行为的重要因素。宗教信仰对消费行为的影响具体表现为:影响消费者对商品价值的判断;影响消费者对所需消费商品种类的选择;影响消费者对所需消费商品品牌、包装、式样及色彩等方面的选择;影响消费者选购商品的行为方式。

4. 家庭因素的影响　家庭与消费活动有着极为密切的关系。据统计,大约80%的消费行为是由家庭实施的。因此,有必要分析家庭对消费行为的影响。影响家庭消费行为的主要因素是家庭决策类型、家庭生命周期、家庭收入水平等。

(1) 不同决策类型家庭的分析:家庭是消费活动中的基本单元,但购买决策的制订者,通常不是家庭这个集体,而可能是家庭中的某一个人或几个人。一般来说,家庭购买决策者往往是家庭收入来源的主要提供者。不同家庭由于决策类型不同,其购买行为也会有所区别。家庭决策类型可以分为以下 4 种:各自做主型、丈夫支配型、妻子支配型、共同支配型等。

（2）家庭生命周期的分析:家庭生命周期是大多数家庭所必经的历程,是指家庭从建立到结束全过程所经历的时间。从家庭整体来说,生命周期是根据年龄、婚姻状况、子女及其成长状况来划分的,一般分为 6 个阶段:一是新婚阶段,指年轻夫妇刚刚组成家庭,尚无小孩;二是满巢期一,指年轻夫妇有一个 6 岁以下的小孩;三是满巢期二,指年纪稍大的夫妇,有 6 岁以上的小孩;四是满巢期三,指年纪较大的夫妇,有能自立的子女;五是空巢期,指年纪大的夫妇,身边无子女;六是鳏寡期,指老年单身独居。处在不同阶段的家庭,其构成和对产品的需求有着极大的差别。

（3）家庭收入的分析:家庭收入是家庭支出的保障,是家庭消费的经济基础。它在很大程度上决定着家庭的消费行为。有了收入才有可能产生消费支出,收入水平的高低也直接影响着消费状况。根据恩格尔定律,家庭的食物支出占家庭收入的比例,反映了该家庭的消费水平。一个收入水平高的家庭,在满足了食物支出之后,剩余的可任意支配的收入较高,因而就有较高的消费水平,现实的购买力则较强。

5. 社会阶层的影响　社会生活中,每个消费者都归属于一定的社会阶层,他们的消费观念、生活方式必然会受到所属阶层的影响与制约,因而同一社会阶层的消费者在消费心理与行为表现上会有许多相似之处,而不同社会阶层的消费者则表现出明显的差异。这种心理上的差异会直接影响消费者的消费选择,具体表现如下。

（1）对信息的利用和依赖程度的差异:高社会阶层的消费者因受教育程度高,相对拥有更丰富的信息渠道及信息获取的更高眼界,如浏览疾病治疗的权威共识、阅读药物临床的一线报告,可充分利用不同媒体获取有价值的商品信息;而低社会阶层的消费者受教育程度通常不高,信息渠道较为受限,短视频、电视广告、街坊朋友成为其获取信息的主要来源。而我国农村消费者获取商品信息的渠道更窄。另外,不同社会阶层的消费者购买商品时受广告的影响也有很大差异,高社会阶层消费者大多依赖广告指导选择商品,而低社会阶层消费者对其依赖程度则要低得多。

（2）对商店选择的差异:高社会阶层消费者喜欢到高档、豪华的商店去购物,从而产生优越感和自信,得到一种心理上的满足;而低社会阶层消费者在高档、豪华商店里则会产生陌生、脱节的感觉,因而他们通常选择与自己的地位相称的商店购物。

（3）商品投向的差异:依据上述影响药品消费者行为因素的 3 个层次,制药企业及医药公司再结合客户所处阶层的职业、受教育程度、收入来源等因素,对药品商品进行定位后对销售渠道与终端进行差异化投放,将能获得更好的销售效果。例如,进口原研药、高端保健品、贵细中药材等高价值药品商品的客户多为受教育程度较高并高度关注自身健康状态,具有极强健康观念,同时拥有较高收入的人群。他们更看重的是专业的意见、品牌的信誉与价值、消费的环境等,而购买距离的远近、商品价格等则是次要考虑的因素。因此,知名综合性三甲医院、具有良好口碑的特色专科医院、品牌连锁药店、高端养生会所等成为他们的主要消费场所。对于中等收入消费者,则更关注药品商品的效果与价格,在药品主要成分及含量相同的条件下会选择价格中等的仿制药、传统普药,消费场所主要在居住地附近的三甲医院、专科医院、社区医院及正规药店。低收入消费者通常接受教育程度较低,获取药品商品信息渠道不固定,对商品信息理解并不深入,关注点更多地在于能否用最低价格的药品商品恢复健康,避免产生过度的开支。消费的药品多数是常用的普药等,消费场所主要是居住地附近的诊所、社区医院、各类型的药店。

（4）相关群体的影响：相关群体指能够影响药品消费者购买行为的个人或集体。总而言之，只要某一群人在消费行为上存在相互影响，就构成了一个相关群体，不论他们是否相识或有无组织，包括：家庭、同学、同事、邻居、亲戚朋友、社会团体、名人专家等。

老龄化社会的到来，将对我国社会、经济等各方面产生较大的影响。具体到药品行业而言，这将直接刺激我国药品消费的飞速增长。药品行业内外一致判断："老龄化社会的到来，将为药品市场带来'黄金十年'的重大机遇。"

6. 药物因素的影响　药品质量是药品的生命，在相同的市场和药品产品结构条件下，药品的质量也是影响药品消费者购买的重要因素。影响药品疗效的主要因素如下。

（1）药物的构效关系：指药物化学结构与药效的关系，这是药物作用特异性的物质基础。化学结构相似的药物一般能产生相似的作用，称为拟似药；产生相反作用的，称为对抗药。药物的化学结构完全相同的光学异构体，其作用可能不完全相同。

（2）药物的量效关系：药物的药理效应一般是随药物剂量的大小而增减变化，两者之间呈规律性改变，称为量效关系。与此相关的指标有：最小有效量、治疗量、极量、最小中毒量、致死量等。

（3）药物与剂型的关系：剂型是药物应用的形式，对药效的发挥作用极大，表现如下。

1）不同剂型可改变药物作用的性质：例如硫酸镁口服可用作泻下药；而25%硫酸镁注射液10ml，用10%葡萄糖注射液稀释成5%的溶液静脉滴注，则能抑制大脑中枢神经，有镇静、镇痉作用。

2）不同剂型能调节药物作用速度：如注射剂、吸入气雾剂属于速效制剂，可用于急救。丸剂、缓控释制剂、植入剂等属于慢效或长效制剂。

3）改变剂型可降低或消除药物的毒副作用：如芸香油片剂治疗哮喘，药效发挥慢且疗效不佳，但改成气雾剂后则药效发挥快、副作用小。

4）某些剂型有靶向作用：如静脉注射乳剂、静脉注射脂质剂等是具有微粒结构的制剂，在体内能发挥靶向作用。

5）不同剂型直接影响药效：如药物晶型、药物粒子的大小不同，会直接影响药物的释放，进而影响药效。

（4）机体因素：患者机体方面的差异与药物效应的关系密切，有时是对药物起决定作用的因素。主要有年龄与性别、个体差异、遗传因素、病理状态、精神状态等。

三、医生处方行为与药品消费者的购买行为类型

（一）医生处方行为对药品消费者的影响

医生处方是指医生在疾病诊断过程中行使自己权利的一种方式。医生处方行为是从患者的疾病治疗需求出发，在一定的规范管理下形成适用于相应患者的治疗方案，为患者选择适合的药品，最终形成药品处方。医生处方行为的过程不仅受到处方要求影响，还受到疾病因素，药物因素以及医生本身的主观因素乃至患者的因素影响，往往具有一定的法律、技术和经济责任。

医生在给消费者开具处方时，药物选择首先是根据患者自身的病情决定的；其次，基本药物的使用率要求，这确实对医生给患者开具处方产生了一定的影响；再次，医生开具处方时会考患者的经济情况和意愿。有一些特殊要求的患者，要求医生尽量开具能够报销的药物，要求医生开某一种或几种患者自身认为"适合"自己的药物，要求医生开见效快的药物等，此时，大部分医生会在考虑病情的基础上尽量满足其要求。

处方开药阶段,大部分患者实际上缺乏对自己病情的认识,医生在诊疗过程中占据了主导地位。患者在知情同意的过程中对于医生所说的话是比较相信的,倾向于购买医生处方药品。

(二) 药品消费者的购买行为类型

药品消费者与普通消费者之间有很大的差别,这种差别来源于药品产品消费的主体是患者,而患者对药品产品的消费初衷来自生理和病理上的需求。

不同药品消费者购买过程的复杂程度不同,究其原因受诸多因素影响,其中最主要的是购买介入程度和品牌差异大小。购买介入程度指消费者购买风险大小或消费者对购买活动的关注程度。阿萨尔(Assael)根据购买者的购买介入程度和产品品牌差异程度,区分出 4 种复杂程度不同的购买类型(表 5-1)。

表 5-1　购买行为的 4 种类型

品牌差异程度	购买介入程度	
	高	低
大	复杂的购买行为	多样性的购买行为
小	减少失调感的购买行为	习惯性的购买行为

1. 复杂的购买行为　如果药品消费者属于高度介入,并且了解现有各药品产品的品牌、质量、规格和品种之间的显著差异,则会产生复杂的购买行为。复杂的购买行为指药品消费者购买过程完整,要经历大量的信息收集、全面的药品评估、慎重的购买决策和有效的购买评价等各阶段。

2. 减少失调感的购买行为　如果药品消费者属于高度介入,但是并不认为各品牌之间有显著差异,则会产生减少失调感的购买行为。减少失调感的购买行为指消费者并不广泛收集产品信息,也不精心挑选品牌,购买过程快速而简单,但是在购买以后会认为自己所买药品具有某些缺陷或其他同类药品有更好的效果,从而产生失调感,怀疑原先购买决策的正确性。某些药品价格不高,不常购买,但是消费者看不出或不认为某一价格范围内的不同品牌有什么差别,不需要在不同品牌之间精心比较和选择,购买过程迅速,可能会受到与药品质量和功能无关的其他因素的影响,如因价格便宜、销售地点近、其他人介绍而决定购买。购买之后会因使用过程中发现产品的缺陷或听到其他同类药品的优点而产生失调感。

对于这类购买行为,营销者要注意提供完善的售后服务,通过各种途径经常提供有利于本企业和产品的信息以及为消费者提供周到的跟踪服务,使顾客相信自己的购买决定是正确的。

3. 习惯性的购买行为　如果药品消费者属于低度介入并认为各品牌之间没有什么显著差异,就会产生习惯性购买行为。对习惯性行为的主要营销策略如下。

(1) 利用价格与营销吸引医生试用:由于药品产品本身与同类其他品牌相比难以找出独特特点以引起消费者的兴趣,就只能依靠合理价格与优惠、展销等销售促进手段吸引医生试用或药品消费者购买。一旦医生了解和熟悉药品产品,就可能经常开具该产品的处方并建议患者试用该产品以致形成稳定的购买习惯。

(2) 开展大量重复性广告加深药品消费者印象:在低度介入和品牌差异小的情况下,药品消费者并不主动收集品牌信息,也不评估品牌,只是被动地接受包括广告在内的各种途径传播的信息,根据这些信息所形成的对不同品牌的熟悉程度来决定选择。同时,企业必须开展大量广告使顾客通过被动地接受广告信息而产生对品牌的熟悉。为了提高效果,广告信息应简短有力且不断重复,只强调少数几个重要论点,突出视觉符号与视觉形象。根据古典控制理论,不断重复代表某种药品产品的符号,购买者就能从众多同类药品产品中认出该产品。

（3）增加购买介入程度和品牌差异:在习惯性购买行为中,药品消费者只购买自己熟悉的品牌而较少考虑转换品牌,如果竞争者通过技术进步和产品更新将低度介入的产品转换为高度介入并扩大与同类药品的差距,将促使消费者改变原先的习惯性购买行为,寻求新的品牌。提高介入程度的主要途径是在普通的药品产品中增加较为重要的功能和用途,并在价格和档次上与同类竞争性产品拉开差距。

4. 多样性的购买行为　多样性的购买行为指消费者购买产品有很大的随意性,并不深入收集信息和评估比较就决定购买某一品牌,在消费时才加以评估,但是在下次购买时有可能转换其他品牌。转换的原因是厌倦原口味或想试试新口味,为的是寻求产品的多样性而不一定有不满意之处。

对于寻求多样性的购买行为,市场领导者应通过占有货架、避免脱销和提醒购买的广告来鼓励消费者形成习惯性购买行为。而竞争者则以较低的价格、赠送样品和强调试用新品牌的广告来鼓励消费者改变原习惯性购买行为。

四、医生处方行为与药品消费者购买决策过程

消费者购买决策是指消费者为了满足某种需求,在一定购买动机的支配下,在可供选择的 2 个或 2 个以上购买方案中,经过分析、评价、选择并且实施最佳的购买方案。消费者购买决策过程的研究中总结出了消费者的一般购买决策过程:认识需要、搜集信息、选择评价方案、实施购买行为、购后处理和评价(图 5-1)。对于一般的购买决策过程中,购后处理和评价属于消费者的购买决策后行为,而真正的购买决策应该是到实施购买行为就已经完成了。

图 5-1　消费者购买行为过程

药品是一种特殊的消费品,药品消费者购买决策过程受自身病情、医生处方、个人习惯、已有的价值和目标、知识范围等的制约,更受到药品疗效和自身感受的影响。

第二节　药品组织市场与购买行为分析

由于我国相关政策规定了药品生产企业不能够进行药品的直销活动,因此药品生产企业的产品大部分需经过药品商业公司、医院或零售药店才能够最终到达消费者手中,而药品原料生产企业的直接客户就是药品生产企业。药品组织市场的购买者主体是组织而非个人,其购买目的是进一步生产或销售,而不是个人使用,其需求具有典型的派生性特点。药品组织市场在购买过程中表现出来的组织购买、团体决策的特点也与消费者市场的购买行为存在着显著的差异。

一、药品组织市场的概念、类型及特点

（一）药品组织市场的概念与类型

1. 概念　药品组织市场是指药品企业和单位为了生产、销售药品商品或提供医疗服

务,购买药品商品和劳务而形成的市场。药品企业和单位是指药品生产企业、药品批发企业、药品零售企业、药品机构和政府机构等。

2. 药品组织市场的类型及其相互关系　按购买主体不同,药品组织市场分为:药品生产者市场、药品中间商市场、医疗机构市场、政府机构市场(图5-2)。

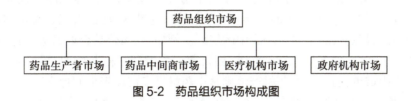

图5-2　药品组织市场构成图

（1）药品生产者市场:是指药品产品生产企业购买药品原材料或者半制成品、制成品,生产药品产品以供销售获取利润而形成的市场。

（2）药品中间商市场:是指处于药品商品生产者和消费者之间,专门从事药品商品流通经营活动的药品中间商,购买药品商品进行转售以获取利润而形成的市场。按药品中间商在流通中所起的作用不同,分为药品批发市场和药品零售商市场。

（3）医疗机构市场:是指医疗机构购买药品商品为消费者提供医疗服务而形成的市场。医疗机构包括各级各类医院和诊所。

（4）政府机构市场:是指为了履行国家职能和满足公共医疗需要,或为了满足各政府机关从业人员的医疗需要、维护政府的正常运转,各级政府机关及机关单位向药品中间商、医疗机构购买药品产品(必要时也可从药品生产企业直接调货)而形成的市场,以应对紧急情况。

药品生产者市场、药品中间商市场、医疗机构市场和政府机构市场之间是相互联系,相互依赖,相互作用的(图5-3)。

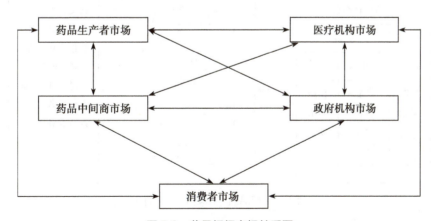

图5-3　药品组织市场关系图

（二）药品组织市场的特点

1. 购买的目的是再生产或销售　消费者市场的消费者购买药品商品是为了满足个人或家庭的消费,而药品组织市场的购买目的是生产或销售。例如,对于药品中间商市场而言,他们在中间连接生产厂家与消费者,将采购的药品出售给消费者,通过进销差价获取利润。

2. 购买者数量少,购买产品数量大　由于药品组织市场的成员大部分是药品企业或医疗单位,与消费者市场相比,药品组织市场上购买者的数量远远少于药品消费者的数量,但是药品组织市场单个用户的购买量比消费者市场单个购买者的需要量大得多。

3. 购买具有连续性，业务关系相对稳定 由于药品组织市场购买技术性强、产品替代性差、质量要求严格、需求具有连续性和稳定性，因此，药品组织购买经常需要从药品供应商购买药品，一旦合作成功，其业务关系会长久维持下去。

4. 购买者地理位置集中 药品组织市场的分布和规模，因各地区经济发展水平、投资环境和自然资源不同而具有较大的差异。一般经济发达地区、药品自然资源丰富地区、投资环境良好的地区，都是药品组织市场集中的地区。例如，我国药品企业密集的地区以东部沿海经济发达地区为主，如天津、山东、江苏、浙江等。大型药品商业企业、零售企业和大型医院都集中在大中城市，而一些中药材产地则是中药材批发市场聚集的地方。

5. 购买者的需求是派生需求，需求价格弹性小，需求波动大 药品组织市场的需求是从消费者对药品的需求中派生出来的，药品组织市场购买者的需求取决于最终消费者的需求。药品组织市场对中间产品价格的波动敏感性不大，在短期内表现尤为明显。受疾病谱变化，药品科技的进步，季节以及气候变化的影响，药品组织市场需求波动性大。

6. 购买决策程序复杂，参与者众多 药品组织市场的购买决策受较多机构和人员的影响，重要的购买决策一般要由专业人员咨询论证，最后由技术专家和高级管理人员共同做出决策，审批程序复杂严谨。

7. 购买具有专业性 由于药品组织市场购买的规模大、技术性强、质量要求高，而且需要控制购买的成本，因此，药品组织市场的采购人员都是专业人士，对所要采购药品的性能、质量、规格和技术要求非常熟悉。

（三）药品组织市场的购买者行为模式

药品生产者、药品中间商、医疗机构和政府机构组织药品商品购买的模式相同，都经历了3个阶段（图5-4）：

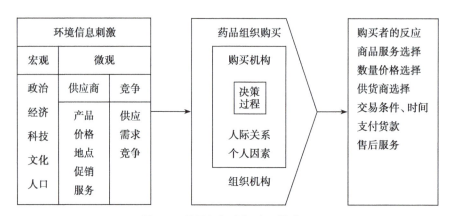

图5-4 药品组织市场购买模式图

二、药品生产者市场与购买行为分析

（一）药品生产者的购买行为类型

1. 重复购买 重复购买指采购方不变更购买方式和订货条款，按照过去的订货目录和基本要求继续向原先的供应商购买产品。这是最简单的购买类型。重复购买的产品主要是原材料、零配件等。

2. 修正重购 修正重购指采购方对原先所购产品的规格、价格或其他交易条件做出修正后再行购买。药品采购方会与原先的药品供应商协商新的供货协议甚至更换供应商。当药品组织市场的购买决策者认为选择替代品能带来很大的益处时,往往发生修正重购。

3. 全新购买　全新购买指采购方初次购买某种药品原料、中间体、辅助产品等。这是最复杂的购买类型。采购者要对药品的规格、购买数量、价格范围、交货条件及时间、服务条件、付款条件、可接受的供应商和可选择的供应商等一系列问题做出决策。新的购买对所有的供应商来说既是机会,也是挑战。

(二)影响药品生产者购买行为的因素

1. 宏观环境因素　影响药品生产企业购买的宏观环境因素包括自然环境、政策、法律、药品科技水平、经济、人口、文化因素等。在一定的时期内,宏观环境因素具有相对的稳定性,但是药品生产者必须了解宏观环境的变化与发展,因为它们既可以为企业提供市场机会,也会带来威胁。例如自然环境的变化,会使中药材的产量发生变化;国家药品政策的变化,直接影响着药品的经营变化;药品科技水平的不断提高,对药品生产企业提出新的挑战等。

2. 微观环境因素　影响药品生产企业购买的微观环境因素主要包括供应商、竞争者以及企业自身等。供应商的规模、信誉、产量、技术水平和提供产品的质量、价格、促销、服务等因素直接影响着药品生产企业的购买决策;竞争者及其数量和规模也影响着药品生产企业的购买决策;药品企业自身因素包括企业的组织结构、规章制度、采购程序、内部人际关系以及参加购买决策的关键人员等因素。

3. 药品企业自身因素

(1)企业组织因素:包括企业的组织结构、采购程序、采购目标、采购制度等。在不同的组织结构下,参与采购决策的相关部门所起的作用有所不同。例如有些企业采购部门的决策权很大,而有些企业的采购部门更多的是承担着联系和沟通的职责。作为供应企业必须明确参与采购决策的相关部门在组织结构中的地位和作用,了解药品生产企业的采购目标、制度、程序,才能有的放矢,做好采购工作。

(2)企业人际关系因素:参与采购决策的各部门人员之间的人际关系情况,会较大地影响到采购决策的最后结果。企业的人际关系不像组织结构那样明确具体、容易掌握。对于营销人员来说,了解和把握企业的人际关系是比较困难的,既要求营销人员有较强的洞察力,又要求营销人员更多地与企业保持联系,逐渐深层次把握这些关系。

(3)企业人员因素:参加采购决策的相关人员的年龄、收入水平、文化水平、心理因素等直接影响着他们对事物认识的态度,从而影响具体的购买决策过程。所以供应企业除应了解药品生产者企业的组织情况外,还必须了解各部门人员的具体情况(图 5-5)。

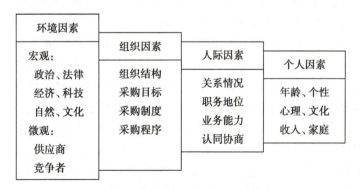

图 5-5　影响药品生产企业购买的因素

笔记栏

（三）药品生产企业购买的参与者

为了保证产品质量,降低产品成本,药品生产企业一般都设立专门的采购部门,配备专业的采购人员。由于药品生产企业购买产品涉及金额大,技术含量高,所以采购决策并不全是由采购部门独自进行决策,生产部门、技术部门、质检部门、财务部门以及企业高层管理人员也都参与采购决策。药品生产企业购买的参与者主要包括提出购买者、影响者、决策者、控制者、采购者等。

1. 提出购买者　药品生产企业中的生产部门是采购产品的直接使用者。他们对采购产品的数量和质量的认识最为直观,通常由他们根据药品生产企业销售部门反映的需求信息,结合企业生产计划提出采购的要求。

2. 影响者　药品生产企业的技术部门、质检部门和财务部门等负责采购评价的相关人员,是采购决策的影响者。

3. 决策者　决策者指有权决定采购药品商品的价格、规格、数量、品种及供货商的人员。通常由药品生产企业的生产部门、技术部门、质检部门、财务部门、采购部门的负责人担任。

4. 控制者　控制者通常是药品生产企业的总经理或主管采购供应的副总经理。他们综合考虑生产部门、质检部门、技术部门、财务部门和采购部门的相关信息后,最终决定是否采购。

5. 采购者　采购者指实际完成采购任务的人员。药品生产企业的采购部门是药品采购活动的直接执行部门,负责寻找供应商信息,与供应商进行业务谈判,并完成采购任务。

（四）药品生产企业的购买决策程序

药品生产企业购买决策程序分为发现需求、确定购买要求、确定产品规格、寻找供应商、询价、选择供应商、签订合约、绩效评价8个阶段。

1. 发现需求　发现需求指在某些内部或外部因素的刺激下,药品企业认识到需要购买某种产品,以解决某一问题或满足某一需求。例如,当药品产业出现新的变革,产生新技术、新工艺,或研制出新产品,或某些专利药品保护期已满,药品生产企业很快就会发现需求,并寻找到解决问题和实现需求的方法。

2. 确定购买要求　确定购买要求指确定所需药品的种类和数量。如果是简单的重复采购则这个过程很简单,但对复杂的产品,往往要由技术人员、使用者和采购者等相关人员来共同确定产品的可靠性、耐用度、价格及其他属性。供应商此时应设法向采购者介绍产品特性,协助他们确定需要。

3. 确定产品规格　确定产品规格指确定所需药品的品种、性能、规格、特征、质量和服务等,以此作为采购的依据。这一阶段多采用价值分析的方法,对所需产品作进一步分析,将产品应具有的各种属性变成详细的技术说明,作为采购人员的采购依据。营销人员应采用价值分析的方法,向买方强调本企业产品的性价比。

4. 寻找供应商　物色供应商指寻找可能提供所需产品的供应商。药品产业市场采购人员通常利用工商名录、电话黄页簿、广告和展销会或其他资料查询供应商。供应商应通过各种途径宣传介绍产品,扩大企业的知名度,并要注意发现正在寻找供应商的买方。

5. 询价　询价指采购经理邀请合格的供应商提供产品说明书和报价单。询价过程中,买方会剔除一些报价不当的供应商,然后同有潜在合作意向的供应商作进一步的沟通。营销人员必须重视说明书的编写和报价单的填写工作,熟悉说明书的书写要点和提交程序。提交的文件不能只是包含技术内容,还要准确地把企业形象和产品的优点表达出来,力求有较强的说服力,使采购方产生购买信心,接受本企业的报价。

6. 选择供应商　选择供应商指购买方通过审查报价单,选出几个有意向的供应商,再通过谈判最终确定供应商。在考察供应商时,不仅要考察供应商的技术能力,还要考虑供应商能否及时交货,能否提供售后服务等方面的因素。营销人员应主动配合购买方的考察,在谈判中灵活运用营销策略,并做出有诚意的承诺,使自己成为最具吸引力的供应商。

7. 签订合约　签订合约指药品产业市场购买者向最终选定的供应商发出采购订单。采购订单详细列出所购产品的规格、数量、交货时间、退货办法及售后服务条款等。营销人员要尽可能地与买方签订长期供货合同,建立起稳定的供货关系。

8. 绩效评价　绩效评价指药品产业市场购买者对所购产品的使用情况和供应商履行合同情况进行检查和评估,为下一次采购提供依据。有研究表明,供应商对于顾客意见或投诉的迅速处理会提高顾客的满意度,并提高获得新订单的概率。因此,营销人员要密切关注采购者和使用者的评价,并了解两者的评价标准是否一致,以确保本企业提供的产品能使买方更为满意。

三、药品中间商市场与购买行为分析

(一) 药品中间商的购买行为类型

药品中间商介于生产者和消费者之间,专门从事药品商品流通活动。药品中间商分为药品批发企业和药品零售企业两类。药品中间商的购买行为分为新产品采购、选择最佳卖主、寻求更佳条件的采购、直接重购4种。

1. 新产品采购　新产品采购指药品中间商采购以前从未购买过的某类新产品。此类决策首先要决定是否采购,其后再决定向谁采购。药品中间商往往综合分析市场需求、毛利、市场风险等因素后再作决策,其购买决策过程的主要步骤与药品生产市场的购买大致相同。

2. 选择最佳卖主　选择最佳卖主指药品中间商根据确定采购的产品,寻找最合适的供应商。选择最佳供应商主要考虑药品的质量、价格、品牌、服务以及营销支持等因素。

3. 寻求更佳条件的采购　寻求更佳条件的采购指药品中间商希望现有供应商在原有交易条件上有所让步,从中获得更多的利益。药品中间商会在同类产品供应商增多或其他供应商提供更优惠的交易条件时,向现有供应商提出此类要求。

4. 直接重购　直接重购指药品中间商的采购部门按照过去的订货目录和交易条件,继续向原先的供应商购买产品。只要中间商对原来的供应商并无不满意,在其存货水平低于订购点时就会直接重购。

(二) 影响药品中间商购买行为的因素

1. 药品供货商　药品供货商因素主要包括供货商信誉、药品情况、市场支持状况等因素。具体包括:药品生产企业或药品批发企业主体是否合法,能否提供合格的组织主体自身营业执照等资料及产品药检报告资料等;药品的生产或经营是否符合国家政策法规、药品的质量如何、药品的价格是否合理、药品包装是否有利于保证质量和进行销售等;药品生产企业能否提供全套的市场开发操作计划;广告力度、促销支持和服务水平如何;有无严格的市场保护措施以杜绝串货和不正当竞争;有无完备的退货制度;药品生产企业或药品批发企业的付款是否具有优惠条件等。

2. 下游购买者　下游购买者因素包括市场需求水平、购买者的要求等因素。药品中间商在做出购买决策时,主要考察药品商品的市场覆盖范围、目标市场的需求量、消费者对药品的评价、拟采购的药品商品是否得到医疗机构认可等问题。

3. 竞争者情况　药品中间商在做出购买决策时,须考虑拟采购药品商品面临的竞争状况、同行采购同种药品商品的情况、供货方的竞争激烈程度等因素。

4. 中间商自身因素　中间商自身因素包括药品批发企业和药品零售企业的采购程序、

组织机构、采购目标、中间商企业的人际关系、采购人员个人情况等因素。

（三）药品中间商购买的参与者

药品中间商购买参与者的多少与中间商自身的规模和类型有关。为了保证组织的药品购买质量，规模大一些的药品批发企业和药品零售企业都设立专门的采购部门，配备专业的采购人员。参与药品批发商与药品零售商采购决策的人员和组织主要如下。

1. **药品经理**　药品经理是药品批发商与药品零售商按照药品分类采购的原则设立的采购人员，按照组织的分工负责相应药品的采购。有些药品经理拥有较大的权力，可以自行决定接受或拒绝某种新产品或品牌。有些商品经理权力较小，只负责审查与甄别，然后向上级领导提出建议。

2. **采购委员会**　采购委员会是集体决策的采购商议机构，通常由各部门经理和药品经理组成，负责审查和最终确定采购。但是需要注意，虽然采购委员会由多人组成，但实质上由药品经理控制信息和提出建议，所以药品经理仍有决定作用。采购委员会只是起到平衡各种意见的作用，同时在新产品评估和购买决策方面发挥重要作用。

3. **分店经理或药品销售经理**　分店经理是药品零售商连锁药店下属分店的负责人，掌握着分店一级的采购权。药品销售经理是药品批发商专门负责某种药品销售的主管人员，他们的积极性、评价和态度，对药品的采购和销售结果至关重要。

（四）药品中间商的购买决策程序

药品中间商的完整采购决策过程与药品生产企业市场的购买决策过程基本一致。药品中间商市场作为药品生产企业的下游市场，其采购决策过程更加关注产品质量、价格、折扣、促销支持、售后服务、毛利率、品牌等方面因素。

四、医疗机构市场与购买行为分析

（一）医疗机构的购买行为类型

医疗机构指依法定程序设立的从事疾病诊断、治疗活动的卫生机构的总称。医疗机构市场是指医疗机构购买药品商品为消费者提供医疗服务而形成的市场。

我国医疗机构的购买类型根据不同的划分方法可分为两大类：按医疗机构购买活动的稳定性程度划分，可分为直接重购、调整购买和新购买；按医疗机构参与购买活动的权限不同，分为自主购买、集中招标采购、医药分开3种。其中，直接重购、调整购买和新购买3种采购形式的概念与药品生产者对应采购方式基本相同。

1. **自主购买**　自主购买指医疗机构的采购活动完全由医疗机构单独完成，医疗机构拥有自己的一套采购程序与制度，并且自己组织实施购买。

2. **集中招标采购**　药品集中招标采购指多家医疗机构通过药品集中招标采购组织，以招投标的形式购进所需药品的采购方式。2001年11月，国务院6部门印发了《医疗机构药品集中招标采购工作规范（试行）》，经过多年发展后，医疗机构药品集中采购工作取得了明显进展。2010年7月7日，对其修订后形成了《医疗机构药品集中采购工作规范》，规定实行以政府主导、以省（区、市）为单位的医疗机构网上药品集中采购工作。医疗机构和药品生产经营企业购销药品必须通过各省（区、市）政府建立的非营利性药品集中采购平台开展采购，实行统一组织、统一平台和统一监管。医疗机构应当按照卫生行政部门规定建立药物与治疗学委员会（组）。医院药物与治疗学委员会（组）应根据有关规定，在省级集中采购入围药品目录范围内组织遴选本院使用的药品目录。

3. **医药分开**　医药分开是指医治和用药分开，医只是医治，药不随医，降低医疗费用。医院不再承担供药责任，只承担提供医疗服务的责任，而提供药品的责任则由药品商业企业承担,旨在给予患者更大的购药选择权。医药分开有利于建立药品流通的竞争机制,切断医院、医务人员与药品营销商之间的经济利益关系,促进药品价格的市场化,使患者能够买到低价的药品。同时,有利于打破医院"以药养医"的格局,促使医院把更多功夫用在为患者治病上,而不是用在开大处方和"卖药"上。医药分开是继集中招标采购方式后又一种新的购买方式,目前仍然在试验和探索阶段。

(二)影响医疗机构购买行为的因素

影响医疗机构购买行为的因素可以分为宏观环境因素、微观环境因素和医疗机构内部因素 3 类。

1. 宏观环境因素 宏观环境因素包括政治法律、经济、药品科技水平、人口、社会文化等。宏观环境因素对医疗机构是一种硬约束,医疗机构只能根据国家的政策、法律等因素的导向来实施采购。

2. 微观环境因素 相对于宏观环境因素来说,微观环境因素是影响医疗机构购买的具体因素。微观环境因素包括供应商因素、患者需求、竞争医院因素、公众因素等。

3. 医疗机构内部因素 医疗机构内部因素包括组织因素、人际因素和人员因素。医疗机构组织因素包括医疗机构的组织结构、采购程序、采购目标、采购制度等。不同的组织结构下,部门的作用有所不同,采购决策的相关部门的作用也有所不同。作为供应商,必须明确目标医疗机构的具体情况,才能有的放矢。此外,采购决策参与成员的年龄、个性、教育、从业经验、偏好、风险意识等人员因素以及人际关系因素都会直接影响采购决策的结果。

(三)医疗机构购买的参与者

按照医疗机构参与者在购买活动中所承担的任务不同,医疗机构购买的参与者共分为 5 种角色。

1. 药品商品的使用者 药品商品的最终使用者是患者,此处医疗机构中药品商品的使用者是指医疗机构在为患者提供医疗服务的过程中,实际使用某种药品商品的人员,通常是指临床医生和护士。他们与患者接触较多,容易掌握药品商品的临床效果;根据临床效果,形成对药品商品的有效评价。尤其是临床医生,可以使用自己的处方权,直接决定给患者使用哪些药品商品。

2. 药品商品购买的影响者 是指在医疗机构购买活动中,对购买决策起影响作用的人员。例如药品临床科室主任、药剂科主任。他们承担着对所购买药品商品的质量、疗效进行审核把关的职责。

3. 药品商品购买的决策者 指有权决定药品数量、规模、品种、价格及供货厂家的人员。例如药剂科主任、主管购药工作的院长或副院长。

4. 药品商品购买的控制者 指在药品商品采购活动中,对药品商品采购做出最终决策的人员,通常由多人组成。例如医院自主采购活动中的医院药事委员会。一般来说,其成员包括院长或主管药品购买工作的副院长、药剂科主任、临床科主任、知名专家和教授等。

5. 药品商品购买的执行者 是指与药品供货商进行联系,负责具体采购工作,完成采购任务的人员。

在不同的医疗机构、不同的采购活动和不同的采购方式中,以上人员所能发挥的作用有所不同,所以角色会有所变动。

(四)医疗机构的购买决策程序

医疗机构因规模、所有权性质、运营定位的不同,其购买决策程序存在差别。典型的综合医院新药自主采购的购买决策程序如下。

1. 临床科室需求申请 医院临床科室主任根据患者用药的需要,或因医疗、教学和科

笔记栏

研需要,结合对药品临床疗效的判断,提出用药需求申请,送达医院药剂科。

2. 药剂科把关 药剂科的采购部门根据临床科室的申请,结合药品的情况,填写药品购买申请单。然后由药剂科主任对拟采购的药品进行梳理,初步决定能否购进。

3. 主管院长决策 主管院长根据临床科室主任和药剂科所提出的申请,结合自己的认识,对拟购进药品申请进行审核,与药剂科主任共同拟订具体药品购进计划并提交医院药事管理与药物治疗学委员会(组)(根据我国原卫生部《医疗机构药事管理规定》,二级以上医院应当设立药事管理与药物治疗学委员会,其他医疗机构应当成立药事管理与药物治疗学组)进行讨论。

4. 药事管理与药物治疗学委员会讨论通过 医院定期或不定期召开药事管理与药物治疗学委员会会议,对拟购进药品进行讨论,并以会议表决的形式决定某药品能否进入医院。

5. 药品购进与使用 经医院药事管理与药物治疗学委员会讨论通过的药品,药剂科的采购部门便可进行采购,办理入库手续。药库负责药品的管理,并按用药要求将药品分发到门诊药房和住院部药房。门诊药房和住院部药房按医生处方要求,将药品配发至患者,用于临床。

6. 用药效果评价 根据临床科室医师用药效果,进行用药效果评价,对药品的安全性、有效性、经济性、质量稳定性做出综合评价,决定是否继续使用该药品,并将用药效果评价结论反馈给药剂科,药剂科进一步将其反馈给供货单位。

学习小结

1. 学习内容

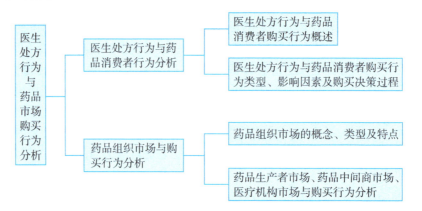

2. 学习方法 本章要结合药品市场、消费者市场及药品组织市场等进行全面的探究和学习。医药企业只有深刻认识和掌握其特点,才能制订相应的营销策略,从而实现医药企业的营销目标。

对于医疗机构来说,把握药品组织市场的规律与把握药品消费者市场的规律同等重要。这几种药品组织市场之间是相互联系、相互依赖、相互作用的。药品组织市场的购买都经历了3个阶段,第一是信息刺激阶段;第二是组织决策过程阶段;第三是组织反应阶段。药品组织市场购买的参与者、影响因素与购买过程大体上具有相似性,但究竟医药生产者、医药中间商、医疗机构和政府市场在购买医药商品的过程中,由谁参与决策、如何进行决策、决策的过程是什么,却各有不同的内容。

(许晓峰 岳 鑫)

复习思考题

1. 药品消费者市场的特点是什么?
2. 影响药品消费者购买的因素有哪些?
3. 影响医生处方行为的因素有哪些?
4. 药品消费者的购买决策过程是怎样的?
5. 药品组织市场有哪些类型?
6. 药品中间商的采购有哪些类型?
7. 综合性医院的采购流程是怎样的?
8. 案例分析题

大规模药品集中采购带来的机遇与挑战

2021 年 6 月 7 日,上海公立医疗机构(部分)药品集中议价采购联盟服务网发布了《上海公立医疗机构(部分)药品集中议价采购联盟药品集团采购和集中议价文件》(以下简称《文件》),上海新一轮药品集团采购(GPO)开始了。此次 GPO 规模堪称史上之最,经梳理有 130 家医疗机构参加,涉及产品达 2 754 个,囊括中药、化学药品、生物制品三大类,几乎包含了上海医院常规用药的所有产品。另有统计称,此次涉及采购金额 325 亿元。无独有偶,与此同时深圳 GPO 第二批目录采购正式启动,涉及 140 个品种,154 个品规。

有评论称,本次上海 GPO 的规模之大超乎意料,年销售额万元以上产品几乎全部被纳入,如果有带量或者竞价的趋势,上海市场将发生翻天覆地的大洗牌。

从上海市样本医院数据来看,前几批 GPO 落地后,中标企业的市场份额均有明显变化。以瑞舒伐他汀钙片为例,2018 年 7 月上海公布 GPO 第三批中标结果显示,瑞舒伐他汀钙片中标企业只有浙江京新药业。2017 年,浙江京新药业的瑞舒伐他汀钙片在上海样本医院的销售额排在原研企业阿斯利康及本土企业鲁南贝特之后,位列第三位;2018 年升为第二位;2019 年升为第一位;2020 年销售额降为第二位,但销售量大大超过第三位的阿斯利康,主要是其价格大幅下降所致(2018 年 12 月,在"4+7"带量采购中,京新药业的瑞舒伐他汀钙片以低价赢得相应地区中标;2019 年 9 月,"4+7"扩围集采,海正药业、山德士和正大天晴 3 家中标,供应上海市的浙江京新药业的瑞舒伐他汀钙片价格又有所降低)。

目前,GPO 模式已经在上海、深圳、广西等地实施,且降价效果显著。而控费、降药价、控制医疗卫生费用支出增长是整个医疗体系的重要任务,GPO 未来或将在更多的区域推开,并有可能形成全国性网络。

资料来源:《医药经济报》

思考问题:GPO 作为新模式,已在上海、深圳等多地相继实施,个别地区已实现院内常用品种 GPO 全覆盖,这给医药企业带来哪些机遇和挑战?

第六章

市场营销战略：与合适的顾客建立合适的关系

学习目标

1. 掌握市场细分、选择目标市场和市场定位方面的知识和技能。

2. 了解市场营销的 STP（segmenting、targeting、positioning）战略，即市场细分、目标市场和市场定位。

引导案例

中医药产品精准化渗透营销的路径

近年来，为了促进中医药产业的传承发展，中医药领域顶层政策不断，迎来重大发展机遇。中医药产品明确其目标市场和市场定位，对于中医药产业的发展具有重要意义。

重视青年群体，制订吸客策略

基于百度指数并结合调查问卷发现，年龄小于 19 岁和 30~39 岁的网民是关注中医药的重要群体，且男性对中医药的关注度更高。关注点主要集中在治疗疑难杂症以及身体的养生调理，且对新型旅游健康中医药公园关注度较高。

因此，中医药产品要根据推广对象设定药品的包装、价位，加大广告推广力度，使产品的治疗效果更加形象化、具体化。同时注重产品售后服务，增加消费者黏性，提高中医药产品的回购率。还可考虑引入中医药健康公园旅游资源。

差异化推广策略，精准化渗透

一方面，中医药文化知识的普及工作要细化到青年群体和中老年人群，促进青年群体对中医药的认可和热爱，提高中老年人群对中医药的认识和利用率。而对于文化水平较低或从事非医药行业、对中医药知识了解较少的群体，应以提高对中医药疗效的认同感为出发点，进行中医药基础知识宣传，提高认知度。

另一方面，中医药文化和产品的渗透路径需要精准化。中药产品的销售商可针对不同人群采取不同的推销方式。比如，对某些年长或慢性疾病患者，广告影响力较大；而高学历或医药相关从业者在中药的选择上更加理性，更加注重疗效。

分析：中医药产业的传承发展需要明确中医药产品的目标市场和市场定位。通过分析中医药关注度和认同感等影响因素，寻找正确的方法、制订合理的战略，找寻最合适的目标市场和市场定位。

资料来源：《医药经济报》

第一节　药品市场细分

一、药品市场细分的概念

（一）市场细分的含义

市场细分的定义是由美国市场学家温德尔·史密斯（Wendell R. Smith）于 1956 年在《产品差异与市场细分——可供选择的两种市场营销战略》一文中首先提出的。这一概念的提出适应了第二次世界大战后美国市场由卖方市场向买方市场转化这一新的形势，是现代企业营销观念的一大进步。它不仅是一种抽象的理论，同时还具有很强的实践操作性。

所谓市场细分，就是指按照消费者欲望与需求把一个总体市场划分为若干个具有共同特征的子市场的过程。市场细分的理论基础是顾客需求的差异性。所谓顾客需求的差异性，是指购买者各自的需求、观念、地理位置、购买态度以及购买行为等方面都有所不同。

通过市场细分，可以在特定产品市场上寻找到对产品或品牌特性具有相似价值要求的顾客群。如果企业处于激烈的市场竞争环境中，那么一个细分市场可能就会成为企业未来的目标市场。有效的市场细分还为企业提供了将其产品或服务与顾客有价值的需求更好地进行匹配的机会。向顾客提供有价值的产品或服务，而且如果这种价值正是消费者所追求的话，那么通过细分实现的两者匹配就会使顾客满意度得以提升。

（二）药品市场细分的含义

药品市场细分是指按照消费者对药品的需求、购买行为、习惯等的差异性，把一个总体市场划分成若干个具有共同特征的子市场的过程。分属于同一药品细分市场的消费者，他们的需要和欲望极为相似；分属于不同细分市场的消费者，对同一产品的需要和欲望存在着明显差别。

随着经济的发展以及消费者收入水平及观念等的改变，医药企业面临的市场环境越来越复杂多变；与此同时，药品的科研水平不断提高，使药品企业能够向市场提供更多种类和数量的医药产品，因此带来更为激烈的市场竞争。在这样的情况下，任何一家医药企业都无法满足整体市场的全部需求，医药企业必须进行有效的市场细分，因为只有这样才能向顾客提供与其需求相匹配的、有价值的药品，从而提升顾客满意度。

二、药品市场细分的标准

市场需求的差异性是市场细分的基础，能够引起消费者需求差异的因素有很多，但究竟按哪些因素来细分市场，目前来讲并没有统一固定不变的模式。在实际的营销活动中，医药企业可以根据其所面临的实际情况采用不同的因素来细分市场，以发现最佳的营销机会，从而满足顾客需求，与顾客建立长期的关系，最终提升顾客满意度。

（一）消费者市场细分的标准

在药品消费者市场上，消费者的生理特征、健康意识、药品知识、社会经济地位以及各自的心理特征都各不相同，他们对医药产品的信赖度、利益诉求、品牌偏好、价格承受能力以及销售渠道的信任程度也各不相同，因而市场需求存在很大的差异。消费者市场细分的影响因素具体包括 4 点。

1. 地理因素　即按消费者所处的地理位置、气候条件等来细分市场。这是一种比较传统的划分市场的方法，但在市场营销学中把地理因素作为细分市场的标准是从消费者需求角度出发的。这是因为地理分布的不同会对药品的需求产生极大的影响。特别是在我国，由于地域广阔、南北地理差异大、风土人情各异，人们的饮食习惯、体质以及流行病等方面的特点也不同，致使各地方的病患差异较大，对药品的需求差异也加大。相对而言，较为重要的地理因素如下。

（1）国家和地区：处在不同国家以及在同一国家不同地区的消费者对许多产品的需求有着极大差别。由于地理位置的差异，某些地区的生活习惯、卫生条件或宗教信仰等社会环境因素不同而导致一些疾病的发病率长期显著地高于其他地区，其所需药物种类与数量都与其他地区有所差距。例如，治疗碘缺乏病的药物，在碘缺乏地区需求量将远远高于其他地区。我国地域广阔，领土面积大，生活在北方和南方的消费者受地理位置因素的影响，生活在东部和西部的消费者受地理因素和经济发展的影响，对许多产品的需求也有很大差别。

（2）城市和乡村：我国大部分地区还存在较为明显的城乡二元结构社会形态，城乡居民由于受收入水平和观念等因素的影响，对药品的需求差别很大。一般来说，城市规模越大、收入水平越高，消费者对商品质量和品种的要求也越高。例如：在购买能力上，农村市场消费药品能力相对较弱，对基本药物的需求相对较大，城镇居民对营养保健品、新药特药、进口药的需求较大；在药品选择上，农村地区消费者一般愿意听取医生的建议与指导，而城镇地区消费者更愿意自行了解药品，并综合多位医生的意见，做出最终选择。

（3）气候条件：气候条件对药品需求的影响也不容忽视。比如由于气候、环境、生活方式等气候条件因素的影响，在我国北方地区特别是东北地区，人们的饮食习惯以高盐和高脂为主，因此心脑血管等疾病发病率相对较高；我国南方地区由于潮湿、炎热，传染病及突发性疾病发病率较高；此外，在高原、平原、森林、盆地地区，由于气候和居民生活方式的不同，也会出现一些具有地域特征的地方病。上述这些由于气候条件所引起的市场对药品需求的差异都应引起医药企业的重视，以生产出适销对路的产品。

地理因素相对来说是一种静态因素，比较容易辨别和区分。但需要注意的是，有时即使是同一地区的消费者其需求可能也会有很大差异，这时还要按照其他因素进一步细分市场；对于那些跨地域、跨区域进行生产经营的医药企业，地理因素更是显得至关重要。

2. 人口因素　即按照人口的统计属性，如年龄、性别、家庭规模及生命周期、收入、职业、社会地位、宗教信仰、民族、国籍等因素来细分市场。消费者对商品的需求状况，常常与人口因素有着密切的联系，人口因素在很大程度上影响着消费者的欲望、偏好、消费心理及购买行为等。因此人口因素历来都是进行市场细分的重要标准。

（1）年龄：根据消费者的年龄和年龄结构，可以对药品市场做出很多有价值和有实际意义的划分。比如不同年龄层次的人群对药品有不同的需求特点，因此可以分为老年人药品市场、成年人药品市场、青少年药品市场、儿童药品市场和婴幼儿药品市场等。目前，我国儿童及婴幼儿药品市场规模较大，但除少数进口或合资品牌的药品外，儿童用药品种类单一，尤其是国产儿童用药更是凤毛麟角。据统计，我国儿童药品的种类占药物总量的比例仅5%左右，国内90%以上的儿童用药为非儿童专用药，据中华全国工商业联合会医药业商会调查，全国6 000多家药厂，专门生产儿童用药的仅10 余家，生产儿童用药的企业不超过30余家。

（2）性别：性别因素是市场细分中一个常见的因素。在诸如服装、化妆品、日用品等市场细分中起着重要的作用。由于男性和女性的生理特点、社会角色的不同，对于药品的需求以及购买行为也存在明显差异。据世界卫生组织对妇女健康状态的研究表明：妇科炎症疾病发生率已达65%以上，在育龄期妇女中，妇科炎症疾病发病率已超过了70%，成为当代女性主要疾病。因此，我国医药市场涌现出诸多妇科品牌，以满足女性的用药需求。

（3）家庭生命周期：家庭生命周期是表示一个家庭生活的变化过程，周期中不同阶段家庭生活的变化会对家庭支出模式造成影响。从家庭整体来说，生命周期一般分为不同阶段：新婚未育阶段；满巢期一（有 6 岁以下子女）；满巢期二（有 6 岁以上子女）；满巢期三（年纪较大夫妇，且身边有能自立的子女）；空巢期（年纪较大夫妇，且身边无子女）；鳏寡期（老年单身独居）。各阶段消费者的经济负担不同，因而对药品的需求也存在差异。

（4）职业：根据职业不同，消费者的消费需求与习惯也会有很大差别。比如从事教师、歌唱演艺等职业的药品消费者，在需求上更多地体现为对治疗咽喉炎、咽喉疼痛等产品的需要；白领和学生等群体由于经常要伏案工作或使用计算机，会对治疗眼疾、颈椎病的药品有更多的需求。

（5）收入：用收入水平来细分市场是一种传统的做法，一般来说收入水平的高低会直接影响药品消费者的需求和购买行为。无论从宏观还是微观层面上来看，收入的高低都会影响消费者的用药观念、用药习惯和用药结构。高收入阶层的消费者，在选择药物时较多考虑疗效，接受新药特药的观念较强；而低收入阶层的消费者，在选用药物时会更多地考虑价格因素。追求疗效是药品消费者共同的目标，但收入高的消费者更多考虑的是副作用和复发可能性等因素；而收入较低的消费者则偏重近期的治疗效果，所以他们在用药选择上也有较大的区别。因此，医药企业应当对收入这一细分市场的人口因素加以重视，从而能够为不同收入人群提供既具有良好疗效又能满足其需求特点的药品。

在人口因素中还有受教育程度、家庭规模大小、民族等多种因素。比如消费者的受教育程度对其消费观念和购买决策会产生影响；家庭的规模及多少反映了一个国家或地区的市场规模的大小；不同的民族在其历史发展过程中会形成具有本民族特色的传统医学、治疗和用药方式，因此在实践中也可以作为市场细分的一类因素。

3. 消费心理因素　在实践中人们常常发现，即使是人口因素相同的不同消费者，对商品的需求也不尽相同，这时就需要从更深层次的消费者本身出发去寻找影响因素。比如消费者的生活方式、个性、自我概念、价值观等因素也会影响消费需求，这类因素称为消费心理因素。按照这些因素将消费者划分为不同群体的过程，就称为消费心理细分。近些年的研究表明，越是经济发展水平高的社会，心理因素对需求及购买行为的影响越突出。

（1）生活方式：简而言之，生活方式就是指人如何生活。具体地说，它是个体在成长过程中，在与社会诸因素交互作用下表现出来的活动、兴趣和态度模式。体现在消费领域主要是指消费者对日常消费、娱乐等方面所具有的特定习惯和方式的选择性倾向。具有不同生活方式的消费者对商品的需求和偏好有很大差异。随着经济的发展，消费者的收入水平和生活水平有了很大提高，生活方式的多样化成为一种趋势，随之带来生活格调和品位的多样化，这就要求企业从产品的包装、质量、功能、外观等多方面去满足消费者的不同需求和偏好。例如，某药业推出的"乌鸡白凤片"，考虑到现代快节奏的都市生活，将古方 9g 的大丸剂改良成了仅有 1g 的片剂，大大方便了携带和服用，提升了产品的接受率。

（2）个性：施契夫曼（Schiffman）和卡努克（Kanuk）认为个性是指"决定和折射个体如何对环境做出反应的内在心理特征"。内在心理特征包括使某一个体与其他个体相区别的具体品性、特质、行为方式等多方面的特征。因此构成个性的这些心理特征不仅会对消费者的产品选择产生影响，而且还会影响消费者对促销活动的反应以及何时、何地和如何消费某种产品或服务。

个性具有多方面的特点：首先，个性既反映个体的差异，又反映人类、种族和群体的共同心理特征；其次，个性具有一致性和稳定性；最后，个性并非完全不可改变。

正是因为个性具有上述特征和特点，使其成为一个非常重要的心理细分因素。但由于个性是比较复杂的因素，所以在实践中企业必须在充分市场研究的基础上对市场进行细分，

笔记栏

从而确定自己的目标市场。

（3）自我概念：消费者的自我概念与消费者的个性是紧密联系的。自我概念是指个体对自身一切的知觉、了解和感受的总和。每个人都会逐步形成关于自身的看法，它是个体自身体验和外部环境综合作用的结果。一般认为，消费者将选择那些与自我概念相一致的产品或服务，避免选择与其自我概念相抵触的产品或服务。正是在这个意义上，研究消费者的自我概念这一心理因素对企业尤为重要。但由于自我概念具有多样性，也就是说在不同的情境下，消费者可能选择不同的自我概念来指导其态度与行为。因此，在营销实践中要通过科学的调查和研究来确定与目标受众相匹配的有关企业、产品或品牌形象。

4. 消费行为因素　消费行为因素即按照消费者的确切购买行为来对市场进行细分，包括消费状态、消费频率和消费偏好等。

（1）消费状态：从购买决策角度来讲，不同的消费者对某个产品或品牌的介入度是不同的，也就是说他们对其的重视程度、关心程度是不同的。同样一件有关产品或品牌的信息，有的消费者可能非常熟悉，有的消费者可能刚刚了解，而有的消费者可能根本就不知道。那么这种介入程度的不同体现在消费状态上，可以将消费者划分为常规消费者、初次消费者和潜在消费者。一般而言，市场占有率较高的企业比较重视潜在消费者，而一些中小企业则比较重视常规消费者。

（2）消费频率：在常规消费者中，根据消费者对产品消费频率的不同，可以进一步细分为"大量使用者"和"少量使用者"。例如，某品牌药品在某一区域有16%的人购买，其中大量使用者和少量使用者各占8%，但前者购买了其销售总量的85%。因此，该企业必然把大量使用者作为自己的主要销售对象。

（3）消费偏好：消费者对产品或品牌的偏好程度是指消费者对某产品或品牌的喜爱程度，据此可以把消费者市场划分为4个群体：绝对品牌忠诚者、多种品牌忠诚者、变换型品牌忠诚者和非品牌忠诚者。在绝对品牌忠诚者占很高比重的市场上，其他品牌很难进入；在变换型品牌忠诚者占很高比重的市场上，企业应分析品牌转移的原因，调整营销组合，加强品牌忠诚度；而在非品牌忠诚者占较大比重的市场，企业应衡量原市场定位是否合理，有必要随着环境的变化对市场定位进行调整。

（二）组织市场细分的标准

消费者市场和组织市场的营销员使用许多相同因素来进行市场细分。组织市场营销员可以用地理因素或利益的寻求、使用者情况、使用程度和品牌崇信度来进行市场细分。不过，组织市场营销员也可用其他因素来细分市场。表6-1比较系统地列举出了细分组织市场的主要变量，并提出了企业选择目标顾客时应考虑的主要问题，具有一定的参考价值。

表6-1　组织市场的主要细分变量

分类	对象	关注问题
组织客户情况	行业	我们应把重点放在购买这种产品的哪些行业
	公司规模	我们应把重点放在多大规模的公司
	地理位置	我们应把重点放在哪些区域
经营特点	技术	我们应把重点放在顾客所重视的哪些技术上
	使用者或非使用者地位	我们应把重点放在经常使用者、较少使用者、首次使用者还是未使用者身上
	顾客能力	我们应把重点放在需要很多服务的顾客，还是只需少量服务的顾客

续表

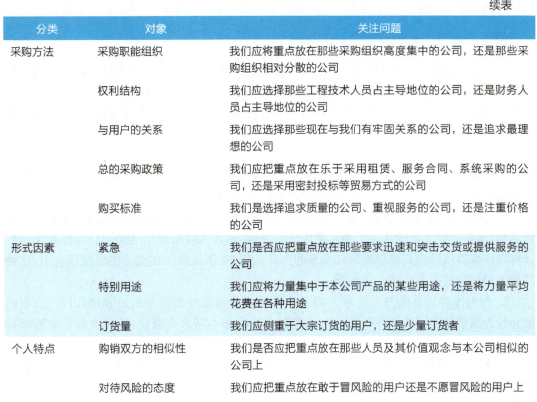

分类	对象	关注问题
采购方法	采购职能组织	我们应将重点放在那些采购组织高度集中的公司，还是那些采购组织相对分散的公司
	权利结构	我们应选择那些工程技术人员占主导地位的公司，还是财务人员占主导地位的公司
	与用户的关系	我们应选择那些现在与我们有牢固关系的公司，还是追求最理想的公司
	总的采购政策	我们应把重点放在乐于采用租赁、服务合同、系统采购的公司，还是采用密封投标等贸易方式的公司
	购买标准	我们是选择追求质量的公司、重视服务的公司，还是注重价格的公司
形式因素	紧急	我们是否应把重点放在那些要求迅速和突击交货或提供服务的公司
	特别用途	我们应将力量集中于本公司产品的某些用途，还是将力量平均花费在各种用途
	订货量	我们应侧重于大宗订货的用户，还是少量订货者
个人特点	购销双方的相似性	我们是否应把重点放在那些人员及其价值观念与本公司相似的公司上
	对待风险的态度	我们应把重点放在敢于冒风险的用户还是不愿冒风险的用户上
	忠诚度	我们是否应该选择那些对本公司产品非常忠诚的用户

三、药品市场细分的有效性标志

药品市场细分有很多种方法，但并非所有细分方法都切实可行。要想使细分药品市场充分发挥作用，必须具备如下特点。

1. 可衡量性　可衡量性是指药品细分市场的规模、购买能力和基本情况是可以被衡量的。这样，药企才能决定相应的生产规模，进行合理定价，决定渠道类型和促销方式。但也有些细分变量很难测量。

2. 可进入性　可进入性是指药品企业有能力进入所选的子市场。从整体的买方市场中，找到尚未得到满足的消费市场，并且分析与其他竞争者的关系，针对机会，制订最佳营销策略，去开拓和占领符合自身发展前景的新市场。这一项对于中小企业尤为明显，一般来说，中小企业的资源能力较薄弱，在整体药品市场或细分化市场上，一般竞争不过实力雄厚的大企业，但是市场细分可以帮助小企业发现消费者某些未满足的需求，从而得到自己力所能及的市场机会，然后"见缝插针""拾遗补漏"，推出适当的药品，采用适当的市场营销组合，这样就可以使小企业为自己开发出市场，从而能够在日益激烈的市场竞争中求得生存和发展。

3. 可盈利性　可盈利性是指药品企业进行市场细分后所选定的子市场规模，足以使企业有利可图。这是因为消费者数量是企业利润的来源。如果市场规模小、容量有限，这样的细分市场即使存在也没有太大的意义。因为企业进行营销活动本身有相应的成本，如果市场规模小、潜力不大的话就可能会出现亏损。

4. 稳定性　细分市场必须具有良好的稳定性，以使药品企业的营销工作有充足的时间来取得良好的效果。如果细分市场变化太快，在某个时间点上顾客群表现出来的反应模式

笔记栏

在短时间内就大不相同。在这么短的时间内企业是没有办法实施市场细分战略的。

四、药品市场细分的程序与步骤

有关市场细分的程序与步骤，在这里主要介绍两种方法：①由美国市场营销学家麦卡锡（E. J. McCarthy）所提出的一套逻辑性强、粗略、直观却很有实用价值的市场细分程序方法；②由国内学者祝海波、聂绍芳等提出的市场细分程序方法。对于这两种方法，医药企业在细分市场时都可以借鉴。

（一）麦卡锡的七步市场细分法

1. 依据需求选定产品市场范围　即在符合企业市场发展战略的前提下，通过科学充分的市场营销调研，选定一个能够满足市场需求的产品的市场范围。

顾客的需求和偏好是构成细分市场的基础。正确地选择目标市场是医药企业成功的关键，同时也是一项复杂的任务。说它是成功的关键，是因为任何营销活动的成功都取决于有效辨别顾客需求并为其提供满足其需求的产品；说它复杂是因为在变化的市场环境中，这种体现市场特征的需求往往不易判断。

2. 列出潜在顾客的基本需求　即企业营销决策者通过市场分析，从地理因素、心理因素和行为因素等方面估计并列出潜在顾客对产品的基本需求有哪些，从而为进一步的市场细分做准备。

3. 列出潜在顾客的不同需求　通过调查，向不同的潜在顾客了解上述需求中哪些对他们更重要、哪些相对不重要，并在此基础上列出重要程度近似一致的需求和不一致的需求。

4. 移除潜在顾客的共同需求　通过上述两步工作，将重要程度近似一致的需求加以剔除。以不同需求作为下一步市场细分的基础。

5. 为市场分别命名　对上述不同需求所指向的市场分别命名。在命名时要富有创造性和远见性，要能充分抓住消费者的心理。

6. 进一步认识各细分市场的特点　对于已经选定并命名的市场进行进一步的调查，从而对其有更深入的了解，特别是了解其有别于其他市场的特点。

7. 测量各细分市场的大小　利用各种统计调查方法，在充分了解各细分市场特点的基础上，测量各细分市场的规模、容量及发展潜力，为目标市场的选择做准备。

在实际应用中并不需要完全按照上述 7 个步骤进行，不同类型的企业可以根据自身实际情况，进行一定的简化或拓展。

（二）国内学者提出的细分方法

我国对市场细分方法的研究较西方不同，国内学者在学习国外的先进理念时，因地制宜地研究了适宜我国的市场细分方法，尤其以祝海波、聂绍芳等提出的市场细分程序方法较为完备。

1. 调查阶段　即研究人员通过各种调查方法，获取有关消费者动机、态度和行为等方面的市场信息，并对有关品牌知名度、品牌等级、产品态度、消费者心理因素、人文因素等属性进行排列。

2. 分析阶段　研究人员利用各种统计方法分析资料，剔除相关性很大的变量，然后用集群分析法划分出一些差别最大的细分市场。

3. 描绘阶段　根据消费者不同的态度、行为、人文变量、心理变量和媒体形式划分出每个群体。根据主要的不同特征给每个细分市场命名。由于细分市场不断变化，所以市场划分的程序要定期、反复进行。

五、药品市场细分的作用和意义

（一）有利于医药企业发现新的市场机会

在现代市场经济条件下,企业市场营销活动面临的环境有两大特点,即买方市场和激烈竞争。在这样的市场环境下,企业要想在市场上发现机会并将这种机会转化为真正的市场机会,就要使营销活动与企业自身的战略目标相一致,充分做好市场细分。通过市场细分发现哪些市场需求已经满足,哪些市场需求部分满足,哪些市场需求还是潜在需求,进而在目标市场上开发产品、开展营销活动,这对于任何企业都至关重要。例如,新冠疫情暴发后,中国民众的健康意识有了很大提升,越来越多的家庭选择在家中储备一些常用药,而感冒药就成为很多家庭备药的首选,截至 2020 年,中国 OTC 感冒药市场规模就达到了 440 亿元,但感冒药行业市场集中度低,种类多,竞争激烈。某品牌以其含有对病毒有一定抵抗作用的有效成分金刚烷胺,提出了"抗病毒,治感冒"理念,以区别于其他同类产品,从而取得了不俗的业绩。

（二）有利于医药企业制订有针对性的市场营销组合策略

市场营销组合策略是指企业在符合自身市场营销战略的前提下,在综合考虑产品、价格、渠道、促销等相关因素的基础上制订的有关企业营销活动的整体方案。对于每一个特定的市场,理论上只存在一种最佳的策略组合形式,这种最佳策略组合方案只能是市场细分的结果。由此可见,企业若想找到最佳营销活动方案,没有有效的市场细分是做不到的。我国部分医药企业已经开始认识到进行市场细分的重要性,"乌鸡白凤片"等产品就是企业进行市场细分后,针对特定的女性市场推出的产品。

（三）有利于医药企业提高整体经济效益

这可以从两方面加以体现:第一,任何企业的发展都面临人、财、物等资源的制约,通过市场细分,企业可以将有限的资源投入目标市场中,避免了力量的分散,从而可取得理想的经济效益;第二,在目标市场上,企业可以发挥自身的竞争优势,长期、稳定地向市场提供满足需求的产品,从而降低企业的各项成本,提高经济效益。特别是对于一些中小医药企业而言,其资源往往非常有限,在整体市场或较大的细分市场上缺乏竞争力。如果通过市场细分能够发现一部分大企业忽视的未满足的需求,有的放矢地采取适当的营销策略,那么往往能在市场上形成局部的相对优势,取得较好的经济效益。

📖 **知识链接**

社会化客户关系管理系统在企业营销中的作用

传统的客户关系管理(customer relationship management,CRM)是一种通过系统和技术手段实现的服务与商业策略,目的是提高客户在与企业交互时的体验。近年来,由于人们生活方式的改变以及互联网技术的不断发展,传统的 CRM 出现社会化的趋势,向社会化客户关系管理(social customer relationship management,SCRM)转型。

传统的 CRM 更多是通过将客户的各种背景资料、消费情况等整理出来,通过系统的方式进行持续跟踪;而 SCRM 更强调消费者的参与和互动;消费者不再以单纯的物品消费者或产权拥有者静态存在;更多是以品牌的关注者、聆听者、建议者、共同创造者存在;SCRM 让用户更加拥有归属感、趣味感和成就感;互动的关系,让消费者的需求和想法同品牌定位的发展紧密结合;品牌和消费者真正融为一体。

在大数据时代，企业的营销也呈现数字化发展趋势，通过收集线上线下数据，实现数据整合；积累客户多维度信息，完善客户体系标签；进行客户级别划分，洞察群体特征和商机动向。SCRM 是营销数字化一个很好的切入点，不仅能让企业紧跟消费者的使用需求，找准产品今后的迭代方向，更能将现有的产品通过精细化运营方式精准销售给目标用户，进而实现营销收益最大化。

资料来源：《2022 医疗行业数字化营销蓝皮书》

第二节　药品目标市场选择策略

一、药品目标市场的含义

药品目标市场，简单来说就是药品生产和经营企业准备进入的细分市场，或打算满足其需求的顾客群体。具体而言则是指医药企业在对细分市场进行评价的基础上，依据企业面临的内外环境所选定的，利用相应的医药产品或服务去满足其需求的某个或多个细分市场。

二、评估细分市场

在多个细分市场中选择一个或几个作为企业的目标市场时，首先要对各细分市场进行评估，从而在综合比较、分析的基础上，选出适合企业的目标市场，一般从三方面来进行评估。

1. 企业自身状况评估　企业在评估细分市场时，首先必须对自身情况进行评估。因为如果细分市场不符合自身发展需要，或符合需要而没有能力实现，那么再好的市场、再细致入微的分析，对企业都没有太大的意义。

企业自身的评估主要从企业发展战略和资源条件两方面来进行。也就是说目标市场的选择既要符合企业的营销战略，还要考虑企业是否具备在该市场获得成功所需的资源条件。

有些细分市场虽然有较大的吸引力，但与企业长远的市场营销战略不一致，企业进入该市场非但不会有助于战略目标的实现，甚至还会分散企业的精力，阻碍其战略目标的实现，那么在这样的情况下企业不得不放弃该市场。

同样，有些细分市场具有较大的吸引力、也符合企业的营销发展战略，但企业在评估自身所具备的技术水平、职工素质、企业规模、资金、研发能力、经营管理水平、地理位置等因素所体现的综合能力时，发现企业并不具备相应的技术和资源条件来满足该市场的需求，因此企业也不得不放弃。

2. 市场结构评估　当对自身实力进行评估后，评估细分市场的结构就成为接下来必然要做的工作。因为在细分市场符合企业自身情况的条件下，如果市场竞争激烈、潜力小，那么对于企业而言，选择这样的细分市场也不一定有利可图。

市场结构评估主要是指对市场竞争程度的评估，也可以说是市场进入难易程度的评估，当然从最本质的角度讲还是对市场长期盈利能力的评估。

这里运用美国战略管理学家迈克尔·波特提出的"五力模型"来进行评估。迈克尔·波特认为一个市场的结构或潜力由五个因素决定，即行业竞争者、潜在进入者、替代者、购买者和供应者。五力模型将大量不同的因素汇集在一个简便的模型中,以此分析一个行业的基本竞争态势。五力模型确定了竞争的5种主要来源,即供应商和购买者的讨价还价能力,潜在进入者的威胁,替代品的威胁,以及来自目前同一行业的公司间竞争。一种可行战略的提出首先应该包括确认并评价这五种力量,不同力量的特性和重要性因行业和公司的不同而变化。

利用五力模型,药品生产与经营企业在评估时一般可发现那些竞争者比较少,或竞争者的实力、经营管理水平和营销能力等方面比较弱小的细分市场。这样有利于未来在细分市场中更好地开拓市场并取得竞争优势。

3. 市场潜力评估 细分市场潜力评估是细分市场评估的重要内容。因为这决定着企业未来在细分市场的效益。

细分市场潜力评估主要从市场容量和市场增长率两方面进行。理论上讲,只要有2个以上的消费者就可以进行市场细分。但从企业实际的经营状况来看,企业在进入市场前已经投入了大量资金,付出了一定成本,如果细分市场容量很小,不足以使企业收回成本的话,这样的市场也就无法为企业带来长远的利益。当然市场容量是一个相对的概念,实践中大型药品生产与经营企业往往重视销量大的市场,而中小药品生产与经营企业却避免进入大的细分市场,更关注销量小的细分市场。

细分市场的增长率也是一个重要的评估内容。所有企业都希望目标市场的销售量和利润率具有良好的上升趋势,但竞争者也会迅速进入快速增长的市场,从而使利润率下降。

三、目标市场选择的模式

在对不同细分市场进行评估后,医药企业已经对本企业的资源能力、细分市场的竞争结构和潜力有了系统的了解。在此基础上,企业便可以进行目标市场选择工作。医药企业在选择目标市场时,通常有5种可供参考的市场覆盖模式。如图 6-1 所示,其中 M 代表市场、P 代表产品。

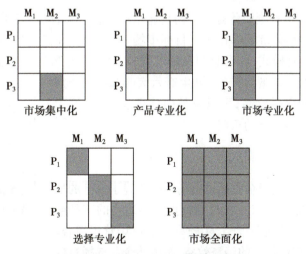

图 6-1 目标市场的选择模式

1. 市场集中化 这是一种最简单的目标市场模式,即医药企业只选择一个细分市场,生产一种产品,服务于单一的顾客群。例如,青海一家专注于研发、生产冬虫夏草产品的医药健康企业利用对冬虫夏草的物理加工,推出了虫草参芪膏和虫草含片等产品,这一系列产品多是以冬虫夏草作为原材料且产品定位高端。该公司以相对单一的产品系列满足具有一

笔记栏

定消费能力的消费群体对冬虫夏草产品的需求。选择市场集中化模式的企业一般具有以下特点：企业具备在该细分市场进行专业化经营的有利条件；受资源条件约束只能经营一个细分市场；以此细分市场为突破口，待取得成功后再向更多的细分市场扩展。但需注意的是，由于市场过于单一和集中，一旦市场状况不好或出现强大的竞争对手，企业就会面临巨大的风险。

2. 产品专业化　产品专业化是指医药企业只集中生产一种产品，并向不同的顾客群提供该产品。例如，某国际药业旗下子公司只专注研发和生产补钙产品，用户对象涵盖老年人、成人、孕妇和儿童。企业致力于打造骨骼与关节健康领先品牌，应用创新的科技以及独特配方，为骨骼、关节与肌肉设计整体的运动解决方案。这样的专业化模式有利于医药企业形成和发展生产及技术上的优势，同时也有利于产品在市场上形成品牌优势；该模式的局限性在于一旦市场上出现技术水平更高的同类产品或替代品，产品的销量会大幅下降，给企业生产经营带来风险，因此也就要求企业必须保持较高的研发水平，在技术上走在市场的前列。

3. 市场专业化　市场专业化是指医药企业只为满足某一顾客群的需要，生产或经营各种产品。在市场专业化模式下，由于企业提供的产品种类很多，所以与产品专业化相比可以有效地分散经营风险。因此，这就要求该市场模式下的企业不断地挖掘潜在需求，并在时机成熟时适当调整市场模式。

4. 选择专业化　即医药企业通过对细分市场的评估，选择若干个细分市场作为目标市场，为不同的顾客群提供不同种类的产品。这一市场模式最大的优点在于能分散市场风险，因为不同的细分市场在需求特点上相关性较弱，即使某一细分市场出现变动，也不至于影响其他细分市场。但选择专业化这种市场模式对于企业来说不像产品专业化模式那样可形成规模经济，同时由于要面对不同的市场需求，就要求企业有较强的市场运作能力和资源条件。例如，武汉健民药业集团以发展传统中医药为核心，以儿科产品为特色，构建"智慧中医为体、精品国药为用"的中医国药新生态系统。根据自身优势，打造了龙牡壮骨颗粒、健民咽喉片等不同市场领域的多个知名品牌。

5. 市场全面化　市场全面化是指医药企业生产多种产品，满足各种顾客群的需要。换句话说就是将所有的细分市场都作为其目标市场。一般来说，实力雄厚的大型企业发展到一定阶段时会选用这种模式，以求收到良好的效果。例如，著名的医药企业同仁堂集团，拥有 36 个生产基地、110 多条生产线，可生产六大类、20 多个剂型、2 600 多种药品和保健食品，可以说是中药企业中的"巨无霸"，有利于实施市场全面化的策略。

四、药品目标市场营销策略

目标市场营销策略是指企业通过市场细分明确了自己的目标市场，专门研究其需求特点并针对其特点提供适当的产品或服务，制订一系列营销措施和策略，实施有效的市场营销组合。充分发挥自身优势、获取最大的经济效益，是医药企业选择目标市场的总体原则。由于选择的目标市场不同，经营者采取的市场策略也有所不同。可供医药企业选择的目标市场营销策略有 3 种，即无差异性目标市场营销策略、差异性目标市场营销策略和集中性目标市场营销策略（图 6-2）。

1. 无差异性目标市场营销策略　也称为无选择性市场营

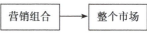
无差异性目标市场营销策略

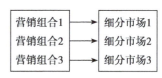
差异性目标市场营销策略

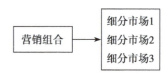
集中性目标市场营销策略

图 6-2　目标市场营销战略

销策略。这是指企业把整个市场作为一个目标市场，着力寻求消费者需求的相同之处，忽略细分市场的差异。通过向市场推出一种产品并制订单一的营销策略，以迎合市场上的多数消费者。中药中的原料药即具有这样的特点，具有广泛需求和大批量需求，可以采用这一策略，只有这样，无差异策略的优点即成本的经济性才能体现出来。

无差异性目标市场营销策略一般适用于以下几种情况：①市场同质性高，即市场需求差异性很小，甚至可以忽略不计的市场；②产品处在引入期，即产品在生命周期中处在导入或引入阶段；③卖方市场，即此时市场处于供不应求的状态。

无差异性目标市场营销策略有其优点，具体体现在三方面：①简化分销渠道，从而进行大规模的销售；②由于可以进行大规模销售，因此不需要进行市场细分，为企业节省了大量的调查和宣传费用，降低了企业经营成本；③有利于企业形成品牌优势，长期占领市场。

无差异性目标市场营销策略的缺点是：①对大多数产品不适用。这是因为一种产品占领市场后就会带来大量的模仿者，形成激烈的市场竞争，同时消费者的需求是多样化的，单一的营销策略不能够很好地满足消费需求；②现代社会经济的发展使消费者的个性及兴趣不断发生变化，对需求也呈现出多样化的趋势，那么单一、无差异的营销策略也就逐渐与市场不相适应了。例如在补钙的药品、保健食品市场，很多早期的产品只是单纯地强调补钙的功效，通过一种产品满足各类不同群体。随着竞争的日益激烈，补钙产品的市场竞争趋于白热化，很多企业纷纷将自家产品重新定位，推出包括少儿补钙、中老年人补钙等不同群体的产品。

但是也不能否认，如果企业确实经过科学、准确的调查后，发现市场差异性很小，那么这时采用这一营销策略又是符合现代营销观念的。

2. 差异性目标市场营销策略　这是一种以市场细分为基础的目标市场营销策略。采取这种策略的经营者，把产品的整体市场划分为若干个细分市场，从中选择几个细分市场作为目标市场，分别制订不同的市场营销策略，提供有差别的产品和服务，开展有针对性的营销活动。在国际市场上，差异性营销策略已被越来越多的企业广泛地运用。对药品行业来说，就是要在生产和经营一种原料药的多种剂型（如缓释剂、控释剂、透皮吸收剂、复方制剂等）方面大做文章。显然，差异性目标市场营销策略适应了消费者的不同需求，是符合现代市场营销观念的。

差异性市场营销策略一般适用于以下几种情况：①实力雄厚的大企业或集团，即在规模和资金等方面具有优势的企业或集团；②竞争激烈的市场；③产品处在生命周期的成熟期阶段。

差异性目标市场营销策略具有明显的优点：①差异性目标市场营销策略是市场竞争的产物，可向市场提供多档次、多规格的产品，能够满足多层次的消费者需求，可以增加产品的销售总量；②如果一个企业同时在几个细分市场都占有优势，就会提高消费者对企业的信任度，扩大企业信誉，因此差异性策略实施得好就会使企业易于取得连带优势，有利于树立良好的形象；③多元化、多层次的品牌具有抵御外部环境的抗干扰能力，能降低企业经营风险。

差异性目标市场营销策略的缺点：①由于具有差异性，就必须要增加产品的品种，这样做的同时会导致企业在生产、研发、渠道、宣传等各方面的费用增加，最终体现就是经营成本的增加；②由于产品品种多，会分散企业的资源和精力，因此在一种产品中很难实现规模经济效益；③由于经营范围广泛，在生产和销售等方面又给企业带来了管理上的困难。

知识链接

利用药品剂型的差异化来认识与销售药品

云南白药是著名的中成药，由云南民间医生曲焕章于清光绪二十八年（1902 年）研制成功，原名"曲焕章百宝丹""曲焕章万应百宝丹"。云南白药由名贵药材制成，具有化瘀止血、活血止痛、解毒消肿之功效。问世一百多年来，云南白药以其独特、神奇的功效被誉为"中华瑰宝，伤科圣药"。随着制药业的发展，市场竞争日益激烈，消费者需求的不断变化以及不同剂型的需求日显突出。云南白药推出"传统中药现代化"战略，通过实施产品研发与创新，除散剂外，还逐步开发出胶囊剂、酊剂、膏剂、气雾剂等，从而可以满足患者的差异性需求。除此之外，依病情不同，有经验的医生还会把云南白药与其他药物配伍，制成其他剂型。

3. **集中性目标市场营销策略** 这种营销策略就是企业集中力量进入一个或几个细分市场，为该市场开发特定的产品，制订出周密的市场营销方案，争取在较小的细分市场中获取较大市场份额。

实施这种营销策略的企业一般是资源能力有限的中小企业。因为它们在较大的市场上无法与对手竞争，所以只能在较小的细分市场上寻找突破。这样做有利于在特定的市场上形成优势，获得较高的经济效益。

例如，江西汇仁药业股份有限公司，在公司成立初期凭借汇仁肾宝片，成功地占领了男性补肾药品市场。目前公司的发展定位是专注于研发、生产、销售高档调理滋补品类中成药的大型医药企业。其主要产品有汇仁肾宝、汇仁牌六味地黄丸、汇仁女金胶囊、汇仁引阳索胶囊等。系列产品成功地吸引了一大批消费人群，在滋补品类中成药中占有一席之地。

集中性目标市场营销策略主要适用于以下几种情况：①适用对象为资源和能力等方面有限的中小企业；②竞争比较激烈的市场。

集中性目标市场营销策略的优点：①医药企业将研发、生产、营销等各方面集中于单一（或少数几个）品种，为一个或少数几个细分市场服务，易贴近消费者需求，对目标消费者及目标市场中的情况有较深的了解；②医药企业在市场营销等方面实行专业化，能够在目标市场上具有相对优势，可以集中精力创名牌和保名牌；③可以实现规模经济，从而降低成本，提高企业的投资效益率。

集中性目标市场营销策略的缺点：实行这种策略对医药企业来说要承担更多风险，因为医药企业将其全部力量都投放在范围较小的一个或几个细分市场上，一旦这个市场的情况突变，预测不准或是营销方案有误，企业肯定会陷入困境。

知识链接

小小叶酸片，推动大市场

由北京创盈科技产业集团发起成立的北京斯利安药业有限公司是集研发、生产、营销为一体的综合制药企业，是中国叶酸领域最大的生产制造企业。业务覆盖生殖健康、妇幼保健、骨科、肿瘤、妇科、儿科、老年病等诸多领域。公司总部现坐落于北京经济技术开发区，业务遍及全国 30 个省、自治区、直辖市的 700 多个城市。

斯利安药业核心品种"斯利安叶酸片"，是中美两国政府历时13年合作，耗资2 000万美元并经过25万例医学观察所取得的科研成果。该公司以核心产品"斯利安叶酸片"为基础，研发推出了一系列以孕妇为目标群体的药品和保健食品，包括金斯利安多维片、孕妇钙、DHA藻油、乳钙粉、孕产妇专用洗发水和沐浴露、孕妇牙膏等众多的大健康产品，满足了孕产妇这一特殊顾客群体的多种需求。同时为了拓展市场，满足更多顾客群体，斯利安公司还推出了儿童乳钙压片、宝宝DHA、益生菌固体饮料等以儿童为目标群体的药品和保健食品。

五、选择目标市场营销策略时应考虑的因素

通过对上述目标市场营销策略的探讨，可以发现企业在选择目标市场营销策略时应考虑以下几个因素。

1. 企业实力因素　企业实力主要指企业在生产、技术、销售、管理和资金等方面所具备的软硬件能力的总和。这是企业选择目标市场营销策略的基础。在同样的环境下，实力强的企业可以选择差异性或无差异性的市场营销策略；而实力有限的企业则更可能采用集中性的市场营销策略。

2. 市场竞争激烈程度　市场竞争的激烈程度可以从两方面加以体现：①竞争者的数量和质量；②同类产品及替代品的数量和质量。如果市场上竞争者的数量很多、实力都很强，或者市场上同类产品及替代品的种类很多、品牌优势明显，那么差异性和集中性市场营销策略就是一种合理的选择，反之亦然。以中成药六味地黄丸为例，该产品竞争激烈，全国曾有几百家药企争夺六味地黄丸市场。如何能够在众多竞争对手中脱颖而出占领市场，是众多药企需要解决的问题。很多企业都针对自身产品特点采取了差异性的营销策略。例如九芝堂的六味地黄丸定位为"不含糖"，针对糖尿病患者。仲景宛西制药的"仲景牌"六味地黄丸主打特点为"药材好、产地好"。同仁堂的六味地黄丸传递给消费者的价值主张是"精挑细选、精工细作"。

3. 产品的生命周期　产品所处的生命周期也决定了营销策略的不同。一般情况下，处在引入期的产品在品种、渠道等方面比较单一，这时可以选用无差异的市场营销策略；而进入成长期或成熟期时，由于竞争比较激烈，再采取无差异的策略就难以奏效了，这时采用差异性和集中性的市场营销策略效果就比较好。

4. 同质性　这里的同质性包括产品同质性和市场同质性两方面。

（1）产品同质性：对于一些初级的未加工或加工很少的产品，由于其竞争因素更多地体现在价格和服务上，所以这类产品适宜采用无差异性营销策略；反之则适宜采用差异性或集中性市场营销策略。

（2）市场同质性：如果市场的需求、偏好较为接近，则适宜采用无差异性市场营销策略；反之，则宜采用差异性或集中性市场营销策略。

5. 目标市场潜量　目标市场潜量是在选定的目标市场中，当营销支出达到极限时，市场需求所能够达到的极限。对企业来说目标市场潜量的分析十分重要，如果该市场狭小，没有发掘潜力，则企业进入后没有长久稳定的预期回报。所以这一潜量不单纯指当前的消费需求，也包括潜在的未来需求。长远来看，消费者的潜在需求对企业更具有吸引力。

第三节　市　场　定　位

一、市场定位的含义

1. 定位理论的提出及定位理论产生的市场条件　1969 年,阿尔·里斯(Al Ries)和杰克·特劳特(Jack Trout)在美国营销杂志《广告时代》和《工业营销》上发表了一系列文章,首次提出"定位"这一概念。20 世纪 70 年代后,他们又相继出版了《定位》《营销战》《营销革命》等著作,定位理论日趋成熟,从而宣告了一个营销新时代——"定位时代"的到来。2001 年,美国市场营销协会评选有史以来对美国营销影响最大的观念,结果不是营销学之父菲利浦·科特勒的营销管理架构,不是战略管理大师迈克尔·波特的竞争价值链理论,也不是广告学大师大卫·奥格威的品牌形象理论,而是由阿尔·里斯和杰克·特劳特提出的定位理论。

定位理论的提出符合当时整个市场环境的发展,即商品信息爆炸、品牌极大丰富且高度同质化,市场竞争更加激烈。定位并不是对产品本身做什么事,而是对顾客的心理采取一定的行动,也就是说为产品或品牌在消费者的头脑中确定一个位置。

定位理论最初是作为一种纯粹的传播策略提出的,但随着市场营销理论的发展,定位理论对市场营销的影响已超越了其原来的范畴,而演变为目标市场营销战略的一个基本步骤。正如营销大师菲利浦·科特勒所说,定位"是为了使企业的产品、品牌、服务在目标客户的心中占据一个有差别、有意义的地位,而对它们清晰地加以区分的行为"。

2. 市场定位的含义　"定位"概念提出后,被广泛应用于营销领域。由此也出现了许多与其相关的专业术语,"市场定位"便是其中使用频率很高的一个。所谓市场定位是指依据市场上的消费者对产品或品牌属性的重视程度,为本企业的产品或品牌塑造出与消费者重视程度相适应的、与竞争对手与众不同的产品形象或品牌形象,并传递给消费者,最终使该产品或品牌在目标市场上确立一个独特的位置。

市场定位的实质就是在目标市场上取得竞争优势,通过在消费者心中确立独特的位置,以吸引更多的顾客。因此,市场定位是市场营销战略体系中的重要组成部分,更是 STP 战略的重要内容,它对树立企业产品或品牌形象,满足顾客偏好,提升企业核心竞争能力具有重要的意义。

二、药品市场定位的步骤

市场定位的目的是在顾客心中为产品确立独特的位置,形成企业的核心竞争优势。因此,作为一种营销工具,市场定位工作大致可以分为 3 个步骤。

1. 寻找影响目标市场的关键属性,确定定位方针　这一步骤可以细化为以下四方面:①确定目标市场区分和选择不同产品或品牌的有影响的关键属性;②调查和确定目标市场上的各竞争产品或品牌的表现;③衡量这些属性在目标市场上对产品或品牌的影响程度;④在前面工作的基础上,确定市场定位的方针。

2. 确定本企业产品或品牌的功能属性及核心价值　这一步骤可以细化为以下四方面:①确定本企业产品能够满足目标市场的功能属性;②确定企业品牌的核心价值及品牌精神,包括品牌个性及所代表的意义和主张;③找出哪些功能属性及价值能满足目标市场的个性化需求;④将上述属性及价值确定为有别于其他竞争对手的、能够满足目标市场个性化需求的属性及功能,为下一工作做准备。

3. 宣传该产品或品牌的特点及价值属性,进行市场定位　这一步骤也可以细化为以下四方面：①在确定完定位的方针及内容后，制订市场定位策略；②宣传定位的内容，在顾客头脑中形成鲜明的市场概念；③通过调查反馈了解目标市场是否接受这一概念，产品或品牌是否在顾客头脑中具有一定的位置；④进一步开展定位工作，直至最终在顾客心中占有独特的位置。

三、药品市场定位的方法

好的市场定位，必须依赖于一种好的定位方法。但各种定位方法的最终目的都是寻求具有某方面的特色优势，并向目标市场宣传这一特色优势。常用的定位方法如下。

1. 根据产品属性和利益定位　产品属性和利益定位主要是指根据产品的功能特点及能给消费者带来的利益定位，主要包括功能性利益、情感性利益和自我表现利益。例如，小葵花药业的广告语"小葵花课堂开课了，孩子感冒老不好，多半是肺热"，这充分体现了当孩子生病时，家长对孩子的关切，符合家长情感性的利益诉求。

2. 根据产品价格和质量定位　很多企业为了让消费者更加清晰明了地了解自身产品特点，通过调节产品价格和控制产品质量的方式在消费者心中树立自己特有的形象。例如，东阿阿胶集团在其核心产品的制作中，无论是原材料的选取还是制作工艺都采取高标准，因此其产品定位为"优质"，且产品的价格也可以让消费者感受到其产品的质量和档次。

3. 根据产品用途定位　即根据产品的不同用途来定位，这也是比较常见的一种定位方法。例如，很多牙膏厂家在广告营销时，经常将自身产品定位于用途上。有的牙膏主要用于去除烟渍，有的用于清新口气，有的用于治疗口腔溃疡或者牙龈出血，这些都是用途定位。许多药品在临床应用中又逐渐发现一些新用途，从而为该产品开发了新的市场。例如，1957年，沙利度胺是联邦德国孕妇使用的一种非处方药，用于治疗孕吐和恶心。沙利度胺被誉为一种神奇的药物，可以提供安全、良好的睡眠。不幸的是，在该药物上市销售后不久，就有5 000~7 000名婴儿出生时患有畸形。结果，沙利度胺成为一种具有重大副作用的药物。1961年，沙利度胺退出市场。多年后，经过研究发现该药具有免疫调节作用，可以改善肿瘤的微环境，从而用来治疗中到重度急性期的麻风结节性红斑皮肤病，以及伴或不伴 HIV 感染的鹅口疮等疾病，沙利度胺在市场上又有了新的用武之地。

4. 根据产品使用者定位　即将产品有目的地指引给适当的消费者或某个市场的定位方法。例如，深圳太太药业主营产品为太太美容口服液、静心助眠口服液、太太血乐口服液等针对女性的药品，定位女性健康。其目标市场明确，并取得了成功。再如，哈尔滨欧替药业有限公司是一家中外合资企业，公司将传统良方与高科技技术相结合，秉持"创新为女性"的追求，致力于为女性提供以药物为基础的创新医疗保健方案。该公司主要研发、生产和经营女性阴道栓剂，其目标人群明确，在国内外妇科外用药制药领域一直处于领先地位。

5. 根据产品档次定位　产品的档次通常分为高档、中档和低档，在具体定位时企业可根据自身实际情况选择。有的企业坚持以经营高档商品为主，有的企业则以经营低档产品作为自己的特色，而有的企业则以高、中、低档全面经营为主。例如，当国内大多数制药企业在低档药市场角逐时，某制药企业通过调查发现高档药市场潜在的需求，于是大胆进行技术改进，率先进入国内高档药市场，并将其拳头产品成功推入市场，赢得了国内消费者的青睐。

6. 根据竞争地位定位　这种方法是指将产品定位于与竞争有直接关系的属性和利益。例如，在荣昌肛泰上市前，市场上已有痔疮栓、马应龙痔疮膏、化痔丸、槐角丸等肛门直接给药的产品，但荣昌制药在消费者调研后发现：栓剂用药后易产生便意感而被排泄掉，膏、栓用药后，药物也常随粪便被排泄掉，致使药物不持久，患者不能得到持续治疗，也导致药物的浪费。为了满足患者治疗的需求，荣昌制药研发了肛泰。它根据中医脐疗原理，采用透皮吸引技术贴肚脐治疗痔疮，避免了栓剂、膏剂肛门直接给药的弊端——容易被排泄而产生药物浪

笔记栏

费。一天贴一片,24 小时持续有效的治疗。它用药方便,随时随地可用药,在痔疮发作时将药片往肚脐上一贴即可,不需忍痛回家用药。这一产品的推出成功在已有的市场中找到了属于自己的一席之地。这种定位方法的关键在于找出本企业产品的竞争优势,从而吸引消费者,突出自身形象。

7. 多重定位　这种定位方法的关键在于,通过多角度定位使消费者感觉产品的用途广、作用大。例如,有些感冒药强调"一药多效",宣称可以对抗不同类型感冒引起的不同症状,以此吸引众多的感冒患者。采用这种定位方法,要求产品本身要全面,因为"全"就是它的优势。

四、药品市场定位战略

药品市场定位对于医药企业的新产品开发、开拓新市场以及确立在消费者心目中的形象具有非常重要的意义,同时选择合适的定位战略对企业的战略发展也有着重要的影响。一般来说主要有以下几种方式可供考虑。

1. 首次定位　首次定位是指企业初入市场、新产品投入市场或产品进入新市场时,对于企业来说相当于一切从零开始,所以要求企业利用有效的营销组合,在目标市场中确立独特的位置。具体来讲有两种情况:①如果是新产品进入新市场,那么这时由于市场上并没有很强的竞争对手甚至没有竞争者,所以企业的市场定位就可以是单纯的以自己为主的定位。②如果企业是新产品进入已存在市场或老产品进入新市场,这时由于市场上可能已经有处于统治地位的竞争者,或者虽说是新市场但竞争者会很快跟进,那么企业的市场定位就应该在认真研究现有竞争对手或潜在竞争对手的基础上,确立产品的有利位置。例如,在激烈的养生保健药品市场竞争中,云南盘龙云海药业集团股份有限公司开创和发展了"排毒养生理论",第一次将排毒和养颜的概念相结合,独创性地提出了"排毒养生"和"内调外养、健康美丽"的中医养生理论。该企业推出的排毒养颜胶囊,自问世以来一直在该领域领先市场,在消费者心中树立了良好的品牌形象,并在市场上取得了不俗的表现。自 2000 年云南省首次开展"云南名牌产品"认定以来,连续 5 次被认定为"云南名牌产品",排毒养颜胶囊荣获2020 年度中国非处方药产品综合统计排名(中成药)便秘泄泻类第一名。

2. 重新定位　重新定位是指企业改变产品的特色,改变原来已经在目标市场心目中的印象,使目标顾客对其产品新特色、新形象有一个重新的认识过程。在企业市场定位过程中,定位一旦确立最好不要轻易改变。但随着市场竞争和消费偏好的变化,一成不变的定位也是不可取的。当出现以下两种情况时,企业可以考虑重新定位:①竞争产品或品牌的出现,使本企业产品或品牌的市场占有率出现下滑时;②目标顾客消费偏好发生转移时,即由喜爱本企业产品或品牌转移到喜爱竞争对手的产品或品牌时。

当然,如果重新定位的情势已经出现,企业究竟应不应该重新定位还要考虑以下几个因素:①市场占有率的下滑和消费偏好的转移究竟达到什么程度,如果程度很轻微或很小,企业能够承受,那么也不宜进行重新定位;②企业重新定位时的费用为多少(包括产品的包装、广告等费用),企业是否有能力支付;③如果重新定位,企业在新位置上的收益有多少(收益多少取决于子市场上购买者和竞争者的状况,以及子市场上价格的高低),如果收益高于所支付的费用就可以重新定位,如果低于所支付的费用就要三思而后行。

3. 跟随定位　企业通常会以模仿竞争对手先前的创新产品或经营模式为立足点,力求占领部分市场。作为市场跟随者,可以学习领导者的经验,模仿或改善领导者的产品或营销方案,其投资额通常较低。市场跟随者的目标是保持现有的顾客,并争取一定数量的新顾客。在尽力降低成本并保持较高产品和服务质量的同时,设法给自己的目标市场带来某些特有的利益。例如，随着辉瑞公司治疗男性勃起功能障碍的药物万艾可在中国的专利保护期到期后，先后有二十多家药企申请了仿制该药的生产批准。其中白云山药业在 2014 年 9 月抢先获得了批文，上市一年市场零售额突破 7 亿元，实际销售数量或已超过原研药。

4. 对抗定位 对抗定位是指企业选择靠近于现有竞争者或与现有竞争者重合的市场位置，争夺同样的顾客，彼此在产品、价格、分销及促销等各方面差别不大。

对抗定位战略的采用，必须具备以下 3 个条件：①对抗的双方或几方在产品的质量、功能等方面具有各自的优势；②市场容量足够容纳现有的竞争者；③企业都有足够的实力支持这一定位战略的实施。

5. 填补定位 填补定位又称为避强定位策略或补缺式定位策略。将其位置确定于市场上的某个"空白点"，并开发、销售某种在这一空白市场中还没有的、不具备特色优势的产品。补缺者还需要关注以下几个因素：①有足够的市场潜力和购买力；②利润有增长潜力；③对主要竞争者不具有吸引力；④企业具备占有此补缺所必要的资源和能力；⑤企业既有的信誉足以对抗竞争者。

案例分析

云南白药牙膏的战略定位

云南白药牙膏是中国家喻户晓的品牌，而它的品牌影响力也是得益于精准的品牌战略定位。其战略定位可以分为以下几步：

（一）界定市场需求

云南白药牙膏品牌定位战略的第一步是了解顾客需求。中国 90% 的成年人都有不同程度的口腔问题。特别是现代都市人群，口腔亚健康状态非常普遍。随着饮食习惯的改变和工作压力的增大，成年人大多有口腔溃疡，牙龈肿痛、出血、萎缩等口腔问题。这些口腔"小问题"虽不足以去医院治疗，但大多困扰着人们的情绪，有快速解决的心理和生理需要，对高端口腔护理产品的需求会越来越强。

（二）明确品牌定位

传统牙膏多定位在"防蛀"和"清洁"上，着重解决"防蛀、美白、口气清新"等问题，但科学表明，清洁是牙膏必备的基础功能，防蛀主要是儿童期需要，成年人口腔问题大多体现在牙龈和口腔内的综合问题。这些传统牙膏所不能解决的，消费群体又存在巨大潜在需求的"空白点"，恰恰是云南白药牙膏能解决的"痛点"。品牌以牙膏为载体，将云南白药用于口腔保健，使白药在牙龈、口腔等软组织中发挥其独特功效。

（三）进行战略配称

明确了品牌定位之后，企业要从组织人才、市场渠道、公关传播、营销策略、产品研发等方面确保资源的最优配置，从而保障战略定位的有效落地。企业利用其药品销售渠道，让牙膏破天荒地摆进了药店。经过 3 年的市场推广，公众对口腔健康的关注度日趋提升，相关产业市场容量逐步提升，而抢得先机的云南白药牙膏从中受益颇丰。

分析：云南白药集团的云南白药牙膏，之所以占据了很大的市场份额主要在于其精准的战略定位。从消费者对功效的需求，以及市场现有牙膏产品定位等方面评估细分市场，并分析相关影响因素确定目标市场，最后寻找正确的方法、制订合理的战略，找寻最合适的市场定位。

图《云南白药牙膏营销策略研究》

学习小结

1. 学习内容

细分	选择	定位
确定细分标准 剖析细分市场	→ 比较细分市场 选择目标市场	→ 目标市场定位 拟订营销策略

2. 学习方法　本章的学习首先应明确 STP 战略的制订是以医药企业的营销活动能否满足顾客需求为前提的,在此基础上通过对市场细分、目标市场、市场定位等理论和方法的学习、掌握与运用,目的是使医药企业能够在市场中发现机会并选择有效的营销策略。

（王　力　刘大旭）

复习思考题

1. 名词解释
（1）目标市场营销策略
（2）市场集中化
（3）集中性目标市场营销策略
（4）市场定位
2. 药品目标市场营销策略有哪些?
3. 医药企业应从哪几方面评估细分市场?
4. 目标市场选择的模式有哪些? 各有何利弊?
5. 案例分析题

"疏血通"市场定位

市场定位是一个企业能够确立正确的发展目标,做好市场需求预测的关键所在。牡丹江友博药业股份有限公司的"疏血通注射液",正是在心脑血管疾病急需更好疗效的药物这一需求的推动下,受到田间水蛭咬伤后血流不止及中医治疗中风药方中偏多用地龙的启示,将注射液的优点与治疗心血管疾病联合起来,研发出一种见效快、疗效好、有效利用成分高的"疏血通注射液"。其主要功能就是活血化瘀、通经活络,适用于急性期脑梗死患者出现瘀血阻络所致的缺血性中风病中经络急性期,症见半身不遂、口舌歪斜、语言謇涩。结合市场调研情况,针对"疏血通注射液"2017 年的市场推广策略,提出围绕"疏血通注射液"的产品定位:高效抗栓,改善缺血,更多获益。

对于中国市场,尤其是活血化瘀类药的市场份额逐年递增。中国每年死于心脑血管疾病的人数达到 260 万人以上,存活的患者 75% 致残,其中 40% 以上重残。"疏血通注射液"不仅具有较高的创新性和科技含量,而且填补了国内动物类中药复方注射剂的空白,并于2005 年取得专利证书。"疏血通注射液"投放市场短短几年,每年的销售额呈翻番式增长。目前,已建立起了辐射全国 20 多个省市、200 多个地区、1 000 多家大医院的营销网络,且位居国家医保药品目录,带来市场扩容的机会,尤其是其他未深入市场、部分质量问题中药注射剂的市场退出,腾出了市场空间;还有我国仍然坚持扶持中药行业的发展大原则,对此类相关产品市场持续发展利好。

牡丹江友博药业对"疏血通注射液"采取不同市场运用不同策略的方法,将市场分为三类：第一类是相对空白或开发较弱的区域；第二类是已有较好的基础，处于增长期；第三类是市场已经成熟，销量排位进入前三甲。对于相对开发较弱、理论市场容量较大的市场，因竞争对手等阻力的考虑，需要高端学术推广先行、基础推广紧跟其后，即首先得到高端专家、核心医院的认可后，在高端学术影响辐射下，配合基础推广取得更理想的成效。对于处于快速成长期的市场主要以基础推广为主、高端推广为辅，注重快速拓展市场、快速收效。对于已经开发成熟的市场，巩固市场第一，拓展市场第二，在规避市场风险的前提下，利用拓展不同科室使用、不同人群，以及基本药物目录实行后第三终端市场的开发等，继续渗透市场，使市场销量稳中有升。

牡丹江友搏药业总结优秀区域销售的经验，提炼可推广的操作模式和要点。通过成熟地区现有销售量和市场开发深度，推测核定各市场区域潜在容量，制订出各区域进一步拓展的市场计划方案和计划指标，在心脑血管疾病市场上取得了不错的成绩。

思考问题：

（1）牡丹江友搏药业是如何进行市场细分的？

（2）牡丹江友搏药业又是采用了何种市场定位策略？

第七章

药品产品策略

学习目标

1. 掌握药品产品的概念和药品产品整体概念的内容；产品生命周期不同阶段的特点与营销策略；药品产品组合策略。

2. 熟悉产品组合的相关概念；药品品牌策略。

3. 了解药品产品生命周期的含义；药品新产品的含义及新药研发的程序。

引导案例

连花清瘟的"抗疫"传奇

2020年以来，我国中医药抗疫的成效受到全球关注，连花清瘟在国际上也获得了优良口碑，成为许多国家和地区防疫、抗疫的首选利器。目前，连花清瘟已在海外近30个国家和地区获批上市，在科威特、老挝等国家获批新冠肺炎适应证；入选乌兹别克斯坦卫生部发布的抗疫药品白名单；获准进入泰国、柬埔寨新冠肺炎定点医院，入选柬埔寨卫生部发布的新冠肺炎轻症患者居家治疗方案，为中国药品首次入选海外国家的新冠肺炎治疗方案。

以岭药业为应对市场需求，生产了各个国家不同版本的连花清瘟，例如巴西、乌克兰、乌兹别克斯坦、新加坡、俄罗斯……包装元素相似，又有细节上的区别。这些海外版本的连花清瘟，在药物成分上是完全一样的。但因为进入海外市场也要符合当地药品监管部门的要求，比如出口到阿拉伯世界的连花清瘟，就采用了经过认证的清真胶囊，以尊重当地的文化信仰。

以岭药业的产品还有连花呼吸健康系列产品，该系列产品延续连花清瘟治疗呼吸道疾病优势，将中药草本、药食同源理念应用到产品研发，包括连花清瘟口罩爆珠、连花清咽抑菌喷剂、连花免洗抑菌洗手液、连花空气消毒凝胶等，多方位保障呼吸健康。第二届中国国际消费品博览会上，含有HAbO精油的连花爆珠口罩，因添加了消博会吉祥物元素，成为展会"网红"产品，受到参会观众热捧。

资料来源：《人民资讯》

第一节 药品产品的概念

一、药品产品整体概念

产品的概念有狭义与广义之分。在经济学里,人们通常理解的产品是指具有某种物质形态和用途的劳动生产物,例如电视机、汽车、各种药品等,而不包括像产品形象、销售服务等非物质形态的产物,这是产品狭义的概念。市场营销学中关于产品的概念有别于经济学上的产品含义,现代市场营销学认为,所谓产品,是指能够提供给市场以满足人们需要和欲望的任何东西。这是广义的产品概念,它包括产品的实体及其品质、特色(如色泽、气味等)、规格、款式、品牌和包装、销售服务、送货上门、质量、服务、场所、承诺、产品形象、市场声誉、咨询等,是有形物品和无形服务的总和,强调的是产品的整体概念,它包括核心产品、形式产品和附加产品三个层次,如图 7-1 所示。

药品产品是一种特殊的产品,是指用于预防、治疗、诊断人的疾病或提高人群的生活质量,有目的地调节人的生理功能并规定有适应证或者功能主治、用

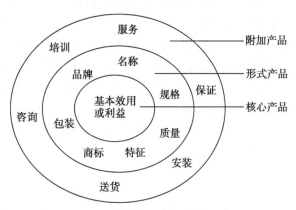

图 7-1 整体产品概念三个层次

法和用量的物质,包括中药、化学药和生物制品等。从市场营销观念来看,药品产品应为满足消费者防病、治病、保健等方面需要和欲望的任何东西,也应该强调药品产品的整体概念。

(一)核心产品

核心产品也称为实质产品,即顾客真正所要购买的基本服务和利益。它是企业向顾客提供的基本效用或利益,因而是顾客真正想要购买的东西。这是产品整体概念最基本、最主要的部分。消费者购买某种产品时,不单纯是为了取得一件有形的、可以使用的物体,而且更重要的是为了取得某种实际效用或利益,满足某种欲望和需要。例如,顾客到药店去购买某种药品,不是因为喜欢这种产品的包装精美、品牌名称动听等,而是为了缓解或解除某种疾病的痛苦。所以,消费者购买某种产品不是因为它是什么,而是因为它有什么作用,能为消费者带来哪些利益。因此,企业的市场营销人员在推销产品过程中,必须认识到自己是消费者核心利益的提供者,应善于发现顾客购买产品时所追求的核心利益并积极加以引导。

(二)形式产品

营销者必须将核心产品转变为基础产品,即产品的基本形式。形式产品是指核心产品所展示的全部外部特征,是实质产品借以实现的形式,是企业直接提供给消费者的产品实体,即表现在市场上的产品的具体形态或外在表现形式。任何产品总有确定的外观,如产品的质量水平、式样、外观特色、包装、品牌、商标等,使具有相同效用的产品在存在的形态上可能有较大的差别,便于顾客识别选购。例如,在市场上具有治疗感冒功能的药品有很多种,都能实现为患者解除鼻塞、头痛、发热等痛苦这一核心利益,患者在选择时,就要凭这些品种的外观如品牌等,选择自己想要购买的药品是康泰克或是速效伤风感冒胶囊。可见,形式产品是实现核心利益的媒介。消费者在购买某种产品时,除了要求该产品具备某些基本功能,

笔记栏

能够提供某种核心利益外,还要考虑产品的外观因素,这些因素不同程度地对产品的销售、产品的评价产生影响。因此,企业在设计产品时,既要着眼于用户所追求的核心利益,也要重视产品的外观特色。

(三)附加产品

附加产品也称延伸产品,是指顾客购买形式产品和期望产品时,附带获得的各种服务和利益,包括产品说明书、保证、安装、维修、送货、培训等。例如,药品的附加产品有用药咨询、用药指导、免费送货、质量保证、中药的煎药服务等,这是产品的延伸或附加,它能够给顾客带来更多的利益和更大的满足。随着科学技术的飞速发展,企业生产经营和管理水平的提高,尤其在坚持以人为本的社会大环境下,新产品的设计理念更加突出人性化。因此,不同企业提供的同类产品在核心利益和形式产品层次上越来越接近,导致附加产品在企业市场营销中的重要性日益突出,逐渐成为决定企业竞争能力高低的关键因素。美国市场营销学家西奥多·莱维特(Theodore Levitt)教授曾经断言:未来竞争并不在于各家公司在其工厂中生产什么产品,而是在于它们能为其产品提供什么附加利益:如服务、广告、顾客咨询、消费信贷、送货和人们以价值来衡量的一切东西。因此一个企业如果善于开发适当的附加产品,就必定能在新的竞争中立于不败之地。共同的附加利益只能保证企业不至于在竞争中落伍,特有的附加利益才能形成对用户的吸引。在一定程度上,不同企业提供的同类产品的市场竞争正是附加利益竞争。

二、药品的分类

结合医药企业市场营销活动,介绍一些药品常用的分类方法。

1. 以剂型为基础的综合分类　可分为注射剂、片剂、胶囊剂、丸剂、膜剂、软膏剂、液体制剂、半固体制剂、栓剂、气雾剂、粉剂等,此外还有分散片、缓释制剂、控速释药体系、微型胶囊、脂质体、微球剂等。

2. 按医药商业保管习惯分类　可分为针剂类、片剂类、水剂类、粉剂类。

3. 按药品的来源不同分类　可分为动物药、植物药、矿物药、人工合成的药品、生物药品等。

4. 按购买时是否需要处方分类　可分为处方药和非处方药。处方药系指必须凭执业医师或执业助理医师处方才能调配、购买和使用的药品;非处方药(OTC)系指不需要执业医师或执业助理医师处方即可自行判断、购买和使用的药品。

5. 按药品使用部位不同分类　可分为外用药、内服药和注射用药。

6. 按是否为国家基本药物分类　可分为国家基本药物和非国家基本药物。

7. 按药品的特殊性分类　可分为特殊药品和普通药品。特殊药品主要是指特殊管理的药品,包括麻醉药品、精神药品、医疗用毒性药品、放射性药品。

8. 按药品产生的历史背景分类　可分为传统药和现代药。

9. 按药品的功能分类　可分为预防性药品、治疗性药品和诊断性药品。

10. 按药品使用的频率分类　可分为常用药和非常用药。

第二节　药品产品生命周期

产品在市场上都不是经久不衰的,被消费者偏爱也并非永恒,由于科学技术的飞速发展,替代品不断涌现和竞争日益激烈,市场上现有的产品会逐渐被淘汰,因此,任何一种产品都有一个由弱到强、由盛到衰的发展过程,都有一个或长或短的生命周期。产品生命周期是现代市场营销学中的一个重要概念。研究产品生命周期的发展变化,可以使企业掌握各产品的市场地位和竞争动态,为企业制订营销策略提供依据,对增强企业的竞争能力和应变能力有重要意义。

一、产品生命周期的概念

产品生命周期(product life cycle,PLC)是指产品从试制成功投放市场开始,直到被市场淘汰全过程所经历的时间。即该产品从上市到退出市场的时间间隔。可见,产品生命周期是指一个产品的市场生命周期。一个完整的产品生命周期包括导入期、成长期、成熟期、衰退期4个阶段,如图7-2所示。

药品产品生命周期是指药品经过临床试验获准生产上市开始,到最后被淘汰退出市场的全部时间。完整的药品生命周期的导入期、成长期、成熟期、衰退期具有不同特征。

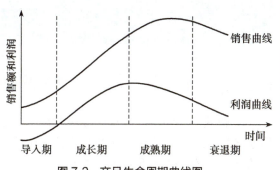

图7-2 产品生命周期曲线图

1. 导入期 是指药品研制成功投放市场试销的时期。新药导入期的特点是产量低、销量低、成本高、基本无利甚至亏损、市场竞争少。

在这个阶段,医务人员不太了解新药品,很多医生不会轻易改变其原来的处方习惯。对于刚刚上市的新药,即便是消费者可以自行购买的OTC药品,消费者的选择也会比较谨慎,绝大多数消费者不敢轻易尝试。

2. 成长期 是指药品试销成功后批量生产和销售的时期。这一阶段的特点是药品销量和利润增长速度加快,成本下降,市场竞争陆续出现。

3. 成熟期 是药品生产和销售的相对稳定期,市场逐渐趋向饱和。这一阶段的特点是药品的销量和利润增长达到顶峰并出现下降趋势,市场竞争非常激烈。

4. 衰退期 是药品被市场淘汰的时期。这一阶段的特点是销量和利润急剧下降,药品因无利可图而退出市场。

在药品生命周期的各阶段,其销量会发生改变并形成一条曲线。这里需要补充两点。

(1)并非所有药品的生命周期曲线都是同一种形态。有些药品进入衰退期时实行二次促销,可使药品销售达到第二个高峰,形成"双峰"生命周期曲线。还有些药品因为不断发现新的用途和新的消费群体,其生命周期曲线呈波浪形推进。维生素C就是典型例子。维生素C应用于临床已有80多年的历史,从最开始用于防治坏血病(故又名抗坏血酸),到用于急、慢性中毒(如汞、砷、铅中毒等)、贫血等,经临床反复实践,维生素C不局限于以上病症,还发现有许多新用途。

(2)同一种药品在不同国家和地区,其生命周期曲线不尽相同。因为药品生命周期是指药品的市场寿命或经济寿命,而不是药品的使用寿命或自然寿命。也就是说,药品产品生命周期是根据药品的销量确定的。

二、药品产品生命周期策略

药品在不同时期有不同的特点,医药企业不仅要研究药品产品生命周期,更要研究药品生命周期各阶段的营销策略。

（一）导入期营销策略

在产品导入期,企业必须通过各种促销手段把新产品推入市场,力争提高新产品的知名度,开发和建立市场对产品的需求,解决"如何使顾客试用该项产品"的问题。此外,由于导入期的生产成本和销售费用相对较高,企业在给新产品定价时又要考虑这个因素,因此在导入期采取的营销策略,重点集中在促销宣传和价格制定上。

这一时期营销策略主要是从价格高低和促销费用高低上进行组合,主要有以下4种(表7-1)。

表7-1　导入期可选择的市场策略

价格水平	促销水平	
	高	低
高	快速-掠取策略	缓慢-掠取策略
低	快速-渗透策略	缓慢-渗透策略

1. 快速-掠取策略(高价高促销策略)　也称双高策略,是指企业以高价格和高促销费用推出新产品。实行高价格,以树立高品位的产品形象,同时能在每一单位销售额中获取最大的利润,以便及早收回投资。高促销费用是为了引起目标市场的注意,加快市场渗透,使消费者认识和了解该产品,迅速占领市场。很多外资制药企业在推出其新产品,特别是专利期内的新药时,往往采取这种策略。高价格是为了尽快弥补研发的高成本,而高促销是为了让医生和顾客更多地了解该药品,使用该药品。这种策略适用于:市场上有较大的需求潜力;消费者具有求新心理,愿意支付较高费用;企业面临潜在竞争者的威胁,需尽快培养品牌偏好,树立品牌形象。

2. 缓慢-掠取策略(高价低促销策略)　也称高低策略,是指企业以高价格低促销费用推出某种新产品。这种策略可使企业获得更高的利润,这当然是最理想的策略。这种策略的适用条件是:产品的市场规模有限,消费者相对稳定,不会因高价而流失;产品知名度高,消费者愿出高价购买;竞争威胁小的产品。

3. 快速-渗透策略(低价高促销策略)　也称低高策略,是指用较低的价格和较高的促销费用推出新产品。其目的是以最快的速度打入市场,争取尽可能大的市场份额和市场占有率。这种策略适用于:产品市场规模大;消费者对该产品不了解,并且对商品价格十分敏感;潜在竞争威胁大;产品的单位成本随着生产规模和销售量的扩大而降低。一般来说,以研发为基础的国外大型医药企业很少使用这种策略,以仿制、生产过期专利药的企业在推出其药品时多使用这一策略。

4. 缓慢-渗透策略(低价低促销策略)　也称双低策略,是指企业用低价格低促销费用推出某种新产品。低促销费用可以降低成本,获得更多利润;低价格容易使消费者接受,有利于扩大销售量,提高市场占有率。这种策略适用于:市场容量大,顾客对产品价格敏感;产品知名度高;竞争威胁大的产品。

在导入期要突出一个"短"字和一个"准"字。"短"字即尽可能缩短导入期的时间,使产品在短期内迅速进入并占领市场;"准"字即看准市场机会,正确选择新药投放市场的时机,确定适当的价格和促销手段。

（二）成长期营销策略

企业营销策略的核心是尽可能地延长产品的成长期,成长期是产品发展的关键时期,这一阶段是产品的起飞阶段。成长期的营销策略主要突出一个"好"字,即抓好药品质量,树立品牌形象。企业为使产品迅速得到普及,扩大市场占有率,并保持销售增长的好势头,应考虑采取以下策略(也称4P策略)。

1. 产品(product)策略 根据消费者需求和其他市场信息,一方面提高产品质量,完善产品性能,提高产品自身的竞争实力;另一方面改进产品式样及包装等,努力发展产品的新剂型、新型号,从而增强产品的竞争力和适应性。例如,双黄连口服液的规格从100ml/支变成了10ml/支;而硝苯地平片剂型改为缓控释剂,1次/d依从性更好。这些对产品的改进,都极大地增强了产品的竞争力和适应性。

2. 价格(price)策略 企业应根据生产成本和市场价格的变动趋势,分析竞争者的价格策略,保持原价或适当调整价格,以保持产品的声誉和吸引更多的购买者。例如,某品牌藿香正气水促销,买三送一,通过价格优势吸引价格敏感人群,抢占竞争者市场。

3. 渠道(place)策略 企业应巩固原有的营销渠道,积极开辟新的销售渠道,加强销售网点的联系,开拓新的市场领域,促进市场份额的提高。如从医院处方药销售到药店销售,从一线城市到第三终端等。该策略常被国外大型医药企业所采用。

4. 促销(promotion)策略 在继续做好促销宣传工作的基础上,工作的重心应从建立产品知名度转移到树立产品形象上,主要目标是建立顾客的品牌偏好,争取新的顾客。比如某品牌丹参片,由之前的宣传产品卖点,转变重点为不断地向客户宣传其企业发展史以及药品源头的可控性、质量的严格性,从而抢占客户的第一心智。

(三)成熟期营销策略

成熟期是企业获取利润的黄金阶段,因此这一阶段的主要任务是集中一切力量,尽可能延长产品的成熟期,为企业带来更多的利益,积累更多的资金。这一时期市场竞争激烈,企业的营销策略应突出一个"占"字,要采取得力措施确保市场占有率,并努力延长成熟期。企业在成熟期可以采取以下营销策略。

1. 调整市场策略 包括通过市场细分的方式开辟新的市场;进一步宣传、扩大现有消费者的购买量;重新给产品定位,积极寻找新的消费者;差异性策略和防御性策略相结合,从广度和深度上开拓新市场。例如,某药品生产企业在"健胃消食片"已走到成熟期后实施战略细分,推出儿童装健胃消食片,抢占了儿童助消化用药市场。

2. 改进产品策略 提高产品的质量,改变产品的外形和式样,改进产品的性能,挖掘产品的新用途,从而达到确保市场占有率并延长成熟期的目的。质量的改进,主要是注重增加产品的功能特性,如药品的安全性、可靠性、口味等;产品的外形和式样改进,使药品便于携带、保管、使用方便等,如将大包装改为小包装、粉剂改为胶囊制剂等;调整配方,增加新用途,使成熟的老产品又以新的面孔推向市场。此外,还可以在无形的服务上不断改良,如用药的现场咨询、指导,免费电话指导,售后卖方电话跟踪服务等。例如,多数患者反馈阿司匹林片的胃刺激作用较强,于是研究者通过剂型改造,将阿司匹林片改造成阿司匹林肠溶胶囊,扬长避短,使其不良反应大大降低,从而延长了产品生命周期。

3. 调整市场营销组合策略 通过改变定价、销售渠道及促销方式来延长产品的成熟期。如通过降价、改变广告宣传形式以及扩展销售渠道、改进服务方式、改变包装、采用多种促销手段等多项组合策略,刺激消费者的需求,延长产品的成熟期。

(四)衰退期营销策略

造成销售衰退的原因很多,包括技术的进步、新产品的替代、消费者用药习惯的改变、竞争的加剧、疗效不佳及产品的副作用被发现、认知或重视等。当产品进入衰退期时,企业可采取以下策略。

1. 维持策略 由于众多竞争者纷纷退出市场,经营者减少,处于有利地位的企业可以

笔记栏

暂不退出市场,而是通过提高服务质量,发扬自己的经营特色,保持原有的细分市场和营销组合策略,持续销售。等待时机,再停止该产品的生产,退出市场。

2. 集中策略　即把资源集中使用在最有利的细分市场、最有效的销售渠道和最易销售的品种,缩短战线,在最有利的市场上赢得尽可能多的利润。

3. 收缩策略　即精简人员,大力降低销售费用。这样做可能会导致销售量迅速下降,但是可以增加眼前利益。

4. 重振策略　积极主动改进产品的功能和特性,创造新的用途,开拓新的市场,使产品进入新的循环。成功的典范如百年老药"阿司匹林",最初作为解热镇痛药问世,但多年后解热镇痛药市场形势严峻,市场份额被"非阿司匹林类解热镇痛药"抢占。在这一关键时刻,研究发现小剂量"阿司匹林"可以抑制血小板凝集,可以用来预防冠心病与心肌梗死,从而成功地进入了这一新的细分市场。

5. 放弃策略　企业某种产品已无改进和再生的希望时,应当果断停止该产品的生产和经营,将其放弃,转向组织新产品的研究与开发。

在这一时期,企业可根据该产品在市场上尚有一定的需求,一方面在维持或减少生产经营的同时,另一方面采取策略,延长其生命周期。

分析产品生命周期是为了正确判断产品的发展趋势,并根据产品在其生命周期各阶段的特点采取适当的市场营销策略。从产品生命周期各阶段的特点可以看出,成长期与成熟期是企业赚取利润最多的阶段,而导入期与衰退期对企业来说有一定的风险性。因此,企业制订策略的总体要求是:缩短导入期,使产品尽快地为消费者所接受;延长成长期和成熟期,使产品尽量保持高销售额,增加利润收入;推迟衰退期,尽量延缓产品被市场淘汰的时间。

决定和影响产品生命周期长短的因素主要有消费者需求和爱好的变化,科技进步,产品竞争。在这3种因素中,消费者需求的多样性、易变性从绝对意义上缩短着一种产品的生命周期;技术进步可使一种产品一夜之间由畅销变成无人问津;竞争者推出质量更好的新产品,也会使原有产品陈旧老化。理解这一点,对企业生产经营有重大意义,企业必须要有超前意识和创新意识,不断推陈出新,接替已经衰退的老产品,使企业始终保持旺盛的生命力。

第三节　药品产品组合策略

一、产品组合的相关概念

(一)产品组合、产品项目、产品线

1. 产品组合　产品组合是指一个企业所生产或经营的全部产品项目和产品线的组合(表7-2)。企业的产品线和产品项目的组合,要适应企业消费对象的需求,与企业的目标市场和市场营销策略有着密切的关系。

2. 产品项目　产品项目是指某特定企业生产的具有特定商标、种类和型号的产品。

3. 产品线　产品线也称为产品大类、产品系列,是指一组密切相关的产品项目。

(二)产品组合的宽度、深度、长度、相关性

1. 产品组合的宽度　又叫产品组合的广度,是指一个企业有多少产品大类,即企业的产品组合中包含产品线的数量。

2. 产品组合的深度　是指一条产品线上所包含的产品项目数量(即产品品种的数量)。

表7-2　某医药企业产品组合

类别	药品名称	规格
抗感染药物	希舒美	250mg×6 片
	阿奇霉素片	250mg×4 片
	玫满（盐酸米诺环素胶囊）	100mg×10 粒
	特丽仙（盐酸克林霉素胶囊）	150mg×12 粒
泌尿生殖系统疾病药物	可多华（甲磺酸多沙唑嗪缓释片）	4mg×10 片
	得妥(酒石酸托特罗定缓释胶囊)	4mg×7 粒
心血管疾病药物	立普妥(阿托伐他汀钙片)	10mg×7 片
胃肠道疾病药物	喜克馈(米索前列醇片)	0.2mg×30 片

注：该企业产品组合宽度为4，平均深度为2，长度为8。

3. 产品组合的长度　是指企业所有产品线中产品项目的总和。如表7-2产品组合中，产品组合的长度为8。

4. 产品组合的相关性　也叫产品组合的关联度，是指企业产品组合中各产品线在最终用途、生产条件、分销渠道或者其他方面的相互关联的程度。

二、药品产品的组合策略

药品生产企业根据市场情况，考虑企业经营目标和企业实力，对产品组合的宽度、深度和相关性实行不同的有机组合，做出最佳决策，称为药品产品组合策略。产品组合策略是市场营销策略的重要组成部分。常用的产品组合策略有以下几种。

（一）扩大产品组合策略

扩大产品组合策略包括拓展产品组合的宽度和加强产品组合的深度。

如某医药企业开创之初只有青霉素类、头孢菌素类等4条产品线十几个产品项目，几年之后该企业就有了涉及氨基糖苷类、大环内酯类、磺胺类、抗病毒类等10条产品线近百个产品项目，形成相关性较强的产品组合，采取产品组合逐步扩展的策略。

（二）缩减产品组合策略

缩减产品组合策略与扩大产品组合策略相反，它是指减少产品的宽度和深度，即从企业现有的产品组合中剔除某些产品线或产品项目。当市场繁荣时，较长、较宽的产品组合会为企业带来更多的盈利机会。但当市场不景气或原料、能源供应紧张时，缩减产品组合反而能使总利润上升。这是因为从产品组合中剔除了那些获利很小甚至不获利的产品线或产品项目，可使企业集中资源发展获利多的产品线和产品项目。

如某医药企业将其原有产品组合中的复合维生素 B 这一产品项目删除掉，因为该企业无法形成规模生产，成本难以降低，致使在竞争者纷纷降价的压力下产品无利可图。

（三）产品线延伸策略

1. 向下延伸　是把企业原来定位于高档市场的产品线向下延伸，即在高档产品线中增加低档产品项目。企业采取这一策略的主要原因是：①利用高档名牌产品的声誉，吸引购买力水平较低的顾客慕名购买此产品线中的低档廉价商品；②企业在高档产品市场方面受到激烈竞争，决定以拓展低档产品市场的方式作为反击；③高档产品销售增长缓慢，且企业的市场范围有限，资源设备没有得到充分利用，不能为企业带来满意的利润，为赢得更多顾客，企业不得不将产品线向下延伸；④企业最初步入高档产品市场是为了树立其质量形象，然后再向下延伸；⑤企业增加低档产品，是为了补充企业的产品线空白，又能防止竞争者有隙可乘。

向下延伸能够为企业增加新的市场机会,同时也带来一定的风险:①推出低档产品可能会使原来高档药品的市场份额缩小;②低档产品可能影响到企业高档产品在市场上的质量形象和声誉;③低档产品利润小,经销商可能不愿意经营。针对可能出现的风险,若处理不当会影响原有的市场声望和形象,因此需要有一套相应的整体营销手段与之配合。

2. 向上延伸　是指企业原来定位于低档产品,后来决定在原有的产品线内增加高档产品项目,使企业进入高档产品的市场。实行这一策略的主要原因有:①高档产品市场具有较高的潜在成长率和利润率的吸引;②社会对高档产品的需求加大,更多的消费者在购买药品时追求的质量档次越来越高;③企业的技术设备和营销能力已具备进入高档产品市场的条件;④企业准备重新进行产品线定位,使自己成为生产种类全面的企业。

采用向上延伸策略也要承担一定的风险,因为改变原有产品在消费者中的地位和印象也是相当困难的,如果处理不当,不仅难以收回开发高档新产品的项目成本,还会影响老产品的市场声誉。

3. 双向延伸　是指原定位于中档产品市场的企业掌握了市场的优势以后,决定向产品线的上、下两个方向延伸,一方面增加高档产品,另一方面增加低档产品,以占有更大的市场。但双向延伸也可能导致"战线"过长,如果资源有限,企业的损失将会非常惨重。某药品生产企业将原有的以处方中药饮片为主打的产品线不断向上下游延伸,形成了中药材、中药饮片、中药保健产品、贵细药材等从上至下的产品链条。

(四)产品线现代化

在某种情况下,虽然产品组合的宽度、长度都非常合适,但产品线的生产形式可能已经过时,这就必须对产品线实行现代化改造,把现代化科学技术应用到生产过程中去。例如在中药生产过程中采用一些现代化技术设备,提高中药提取水平。逐渐实现现代化可以节省资金耗费,但缺点是竞争者很快就会觉察,并有充足的时间采取措施与之抗衡;而快速现代化策略虽然在短时间内耗费资金较多,但可快速更新完毕,占领有利位置,出其不意,击败竞争对手。

第四节　药品品牌策略

一、品牌与商标的概念

(一)品牌的概念

品牌(brand)是一种名称、术语、设计、符号,或其他能将一个企业的产品或服务与竞争者的产品或服务区分开来的特征。

1. 品牌名称(brand name)　品牌名称是能够发声地说出的那部分品牌内容,通常是一种产品唯一用于区分其他产品的特征。

2. 品牌标志(brand mark)　品牌标志是指品牌中可以被识别,但不能用语言称呼的部分。品牌标志通常为某种符号、象征图案、与众不同的颜色以及其他特殊的设计等。

3. 企业品牌和产品品牌　在医药营销领域,品牌通常可以分为两个不同的层面:企业品牌和产品品牌。比如,西安杨森是企业品牌,吗丁啉、达克宁、采乐等是产品品牌。

（二）商标的概念

商标（trademark）是一种法定的标志，表示拥有者对品牌或品牌中的一部分拥有专有权，并从法律上禁止他人使用。

（三）品牌与商标的关系

品牌与商标是密切联系在一起的。品牌的全部或其中某一部分作为商标经注册后，这一品牌便具有法律效力；一般而言，品牌与商标是总体与部分的关系，商标是品牌的一部分，所有商标都是品牌，但品牌不一定都是商标。

二、药品的品牌策略

（一）统一品牌策略

统一品牌（uniform brand）策略，是指企业生产的各种产品都采用同一品牌推入市场，采用此策略的企业通常具有较强的竞争实力，且该商标在市场已获得一定的知名度和美誉度。如三九医药（深圳南方制药厂）所生产的各种药品都采用"三九"品牌，"三九胃泰""三九感冒灵""三九皮炎平"等。

始创于 1669 年的同仁堂是中国医药的一座丰碑，在 350 多年的历史长河中，同仁堂金字招牌长盛不衰，有大家熟知的"同仁堂国药""北京同仁堂"等品牌。企业品牌是影响消费者选择的主要因素，从经济效益上看，对某个产品品牌进行推广就不如对企业品牌的推广来得更快、更有效、更经济。

（二）个别品牌策略

个别品牌（individual brand）策略，是指一个企业的各种药品分别采用不同的品牌，主要有两种形式：药品分别命名或各类药品分别命名。个别品牌策略的主要优点是不将企业声誉过于紧密地与个别药品相联系，如某一药品推销失败，不对企业整体造成不良后果。

西安杨森制药有限公司的产品覆盖了精神疾病、神经疾病、肿瘤疾病、免疫疾病、胃肠道疾病、真菌类疾病以及传染性疾病等领域。产品有小伤口护理的"邦迪"、治疗消化不良的"吗丁啉"、抗过敏的"息斯敏"、抗真菌感染的"达克宁"等，其品牌名称差异都很大，每个品牌都瞄向了特定的目标市场。

（三）扩展品牌策略

扩展品牌（brand-extension）策略，就是企业用一个现有的品牌名称作为其改良药品或新药品品牌的一部分，而这些升级药品或新药品恰好又同现有品牌是同一类药品。如 McNeil 消费品公司生产的泰诺林和超强泰诺林，公司还引进了超强泰诺林 P. M，从而扩展了泰诺林品牌。

（四）多品牌策略

多品牌（multi-brand）策略即在一种产品上运用两个或更多的品牌。如上海中美施贵宝制药有限公司的解热镇痛药品牌有百服宁、加合百服宁、儿童百服宁等，其头孢菌素类抗生素品牌有泛捷复、施复捷、马斯平等。

（五）品牌再定位策略

品牌再定位（re-positioning brand）又称新品牌策略，是指由于顾客的偏好发生转移，或竞争者推出某一新品牌，使该产品市场份额下降等，使得市场对该产品的需求情况发生了变化，企业全部或局部调整品牌在市场上的最初定位。通过品牌再定位可以使现有产品具有与竞争者产品不同的特点，拉开与竞争者的距离，提高本企业的竞争优势。

（六）品牌特许策略

品牌特许（brand licensing）是指通过特许协议，企业允许其他机构把自己的品牌用于其他机构的产品中，并收取一定的特许费用。特许接受方需要承担所有的生产、销售和广告责任，如果被特许的产品失败了，特许接受方还得承担所花费的成本。品牌特许经营战略可以使品牌快速扩张，并能借助受许人的资金和渠道优势，降低产品上市的风险与成本。

在其他行业，"特许加盟"已经不是什么新名词，世界 500 强中的"肯德基""星巴克"等都是采取这种模式。而在生物技术领域，Royalty Pharma 投资公司是药物特许权投资模式的领军企业。其商业模式就是发现潜力药物——通过与中小型生物技术公司、大型制药公司、学术机构和非营利性组织合作，买入药品"特许权"——从销售分出特许权费用获得投资回报。截至 2021 年底，Royalty Pharma 拥有超过 35 种商业产品和 10 种开发阶段候选产品的特许权（不包括专利到期、协议到期的产品），投资组合中包括艾伯维和强生的 Imbruvica（伊布替尼），安斯泰来和辉瑞的 Xtandi（恩扎卢胺），渤健的 Tysabri（那他珠单抗），强生的 Tremfya（古塞库单抗），吉利德的 Trodelvy（戈沙妥珠单抗），默沙东的 Januvia（磷酸西格列汀片），诺华的 Promacta（艾曲泊帕），福泰制药的囊性纤维化药物 Kalydeco（依伐卡托）、Orkambi（鲁玛卡托/依伐卡托组合复方）、Symdeko（艾伐卡托）和 Trikafta（elexacaftor/tezacaftor/ivacaftor 和 ivacaftor 联合包装片剂）等。药品特许权投资模式为生物医药创新领域提供了新的融资机会，也让投资者能以较低的风险参与生命科学行业。

综上所述，品牌是企业营销手段的一项重要内容，创造名牌更是企业所希望追求的目标之一。品牌策略的运用取决于企业生产的产品数量及其产品线、目标市场的特点、竞争对手的产品状况和企业的资源大小。企业要创立一个名牌，必须在了解消费者需求的基础上，结合企业实际情况不断开发具有个性特色的高质量产品，并通过各种途径加强宣传，以提高知名度，进而提高市场占有率。

第五节　药品新产品开发

一、药品新产品的界定

（一）药品新产品的范围

现代市场营销学认为，凡是企业向市场提供过去没有生产过的产品就属于新产品的范围，它包括企业所有发明、革新、改进和仿制的产品。2015 年印发的《国务院关于改革药品医疗器械审评审批制度的意见》规定"新药，是指未在中国境内外上市销售的药品"。

药品新产品包括企业未在中国境内上市销售的全新药品、换代新药品、改进新药品和仿制新药品，也包括已上市销售的改变剂型、改变给药途径、增加新适应证的药品等。可见，新药是药品新产品的一部分。

（二）药品新产品的类型

按药品注册管理的要求，可分为以下几类。

中药注册按照中药创新药、中药改良型新药、古代经典名方中药复方制剂、同名同方药等进行分类。

化学药注册按照化学药创新药、化学药改良型新药、仿制药等进行分类。

生物制品注册按照生物制品创新药、生物制品改良型新药、已上市生物制品（含生物类似药)等进行分类。

中药、化学药和生物制品等药品的细化分类和相应的申报资料要求,由国家药品监督管理局根据注册药品的产品特性、创新程度和审评管理需要组织制订,并向社会公布。

二、新药研发程序

新药的开发不仅需要投入大量的资金和时间,还要承担开发失败的风险。为了把新药开发失败的风险降到最低,同时也为了在开发过程中少走弯路,新药开发应该按照科学的程序进行。一般情况下,新药开发的程序包括 9 个步骤:产生构思、筛选构思、新药设计、商业分析、临床前研究、临床试验研究、新药申报与审批、市场试销、全面上市。

(一)产生构思

新药的构思是新药开发的第一阶段,是指能够满足某种医疗需要的设想、创意或方案。构思的来源一般有以下几种:患者、医生、企业竞争对手、企业技术人员、企业营销人员、药品中间商。除了上述 6 条信息渠道,企业还可以从专利发明者、专利代理人、咨询公司、科研机构、相关院校、报纸杂志等多个渠道获取新药的构思。

在实践中,产生新构思的技巧和方法很多。如属性列举法,就是通过列举现有药品的各种属性,经过分析,从中寻找不能满足患者需求的药品缺陷作为改进的设想;强行联系法,就是把两种或多种药品表面上看没有任何联系的属性、特征全部或部分联系起来,产生新的构思;头脑风暴法,围绕有关背景材料和主要问题,组织由若干名专家、专业技术人员和发明家等组成的座谈会。为了打开每个与会者的思路,组织者事先要广泛收集有关资料,提前通知与会者会议要求,座谈时只记录各位与会者的设想和建议,而不作任何评论。会后对与会者的设想和建议进行详细分析,从中找出新构思。

(二)筛选构思

企业在广泛征求新药构思的基础上,对各种构思进行筛选。筛选的宗旨是留存那些符合本企业发展目标和长远利益,并与本企业目前资源相匹配的新药构思,淘汰那些可行性小或利润空间小的构思。

正确的筛选应考虑:①企业的外部条件是否成熟,包括经济状况、现实的和潜在的市场需求、市场竞争状况、社会文化环境、法律环境等因素;②企业的内部条件是否具备,包括企业的研发资金、研发技术、科研人员、研发设备以及相应的经营管理能力和抗风险能力等因素。企业根据外部和内部条件,综合分析,全面评价,慎重取舍构思。

(三)新药设计

对于不同类型的新药设计要采取不同的方案。

1. 化学新药设计的方法　主要有以下 3 种。

(1)创造新颖的分子结构类型(NCE):突破性新药研究开发。

(2)创制 me-too 新药:模仿性新药研制开发。

(3)对已知药品的进一步研究开发:延伸性新药研究开发。这种途径主要目的在于开发已知药品的新主治病症或新的适应证,或者拆分或合成已知化合物的光学异构体。

2. 生化新药设计的方法　主要有以下 2 种。

(1)应用现代生物技术,开发新的生化药品:随着生物技术的发展,开发生化药品,如利用基因工程、细胞工程、蛋白质工程和发酵工程开发新药是很多制药企业研究开发新药的方向。

(2)应用现代新技术对老产品的生产工艺进行重大的技术革新和技术改造:这种研究

开发的思路主要是对专利期满的产品进行工艺革新或改造,开发成功也可以具有独立知识产权,如申请工艺发明。

3. 传统药物、天然药物的研究开发　传统药物(包括中药)、天然药物资源丰富,有着较扎实的临床基础,是新药研究开发永不衰竭的源泉。研究医学古籍以及传统社区药用经验,进而获得灵感,从传统药物(包括中药)、天然药物中提取与精制有效成分、有效部位等是世界新药研究的中心内容。

（四）商业分析

商业分析是根据新药开发所需的投资、成本、价格、预期销售额、预期利润以及预期投资收益率等因素,对新药的研发方案进行更加详细的可行性分析。其中的关键步骤是销售额预测和成本预测。

预测新药的销售额,可以在综合分析市场上类似药品的销售历史和各种市场竞争因素后,预测新药的市场地位和市场占有率,从而预测新药的销售额。

成本预算,主要是指通过企业营销部门和财务部门综合预测产品生命周期各阶段的营销费用和各项成本,例如新产品的研发费用、市场调研费用以及新药的销售推广费用等。

企业得到销售额和成本两个预测数据后,就可以预测各年度的销售利润。

（五）临床前研究

新药临床前研究,包括药物的合成工艺、提取方法、理化性质及纯度、剂型选择、处方筛选、制备工艺、检验方法、质量指标、稳定性、药理、毒理、动物药动学研究等;中药制剂还包括原药材的来源、加工及炮制等方面的研究;生物制品则包括菌毒种、细胞株、生物组织等起始原材料的来源、质量标准、保存条件、生物学特征、遗传稳定性及免疫学研究等。

（六）临床试验研究

新药的临床研究(clinical study)包括临床试验(clinical trial)和生物等效性试验(bio-equivalence trial)。生物等效性试验,是指用生物利用度研究的方法,以药动学参数为指标,比较同一种药物的相同或者不同剂型的制剂,在相同的试验条件下,其活性成分吸收程度和速度有无统计学差异的人体试验。药物临床试验应当经批准,其中生物等效性试验应当备案;药物临床试验应当在符合相关规定的药物临床试验机构开展,并遵守《药物临床试验质量管理规范》(Good Clinical Practice,GCP)。

药物临床试验分为Ⅰ期临床试验、Ⅱ期临床试验、Ⅲ期临床试验、Ⅳ期临床试验以及生物等效性试验。根据药物特点和研究目的,研究内容包括临床药理学研究、探索性临床试验、确证性临床试验和上市后研究。

（七）新药申报与审批

新药的申报与审批分为临床研究申报审批和生产上市申报审批两个阶段。新药研制单位完成新药临床前试验后申报药物临床研究;完成药物临床研究后申报新药生产。申请人完成支持药物临床试验的药学、药理毒理学等研究后,提出药物临床试验申请,药品审评中心组织药学、医学和其他技术人员对已受理的药物临床试验申请进行审评。申请人在完成药物临床试验,确定质量标准,完成商业规模生产工艺验证,并做好接受药品注册核查检验的准备后,提出药品上市许可申请。药品审评中心根据药品注册申报资料、核查结果、检验结果等,对药品的安全性、有效性和质量可控性等进行综合审评。综合审评结论通过的,批准药品上市,发给药品注册证书。药品注册证书载明药品批准文号、持有人、生产企业等信息。经核准的药品生产工艺、质量标准、说明书和标签作为药品注册证书的附件一并发给申请人,必要时还应当附药品上市后研究要求。

（八）市场试销

新药生产应当在符合《药品生产质量管理规范》（Good Manufacturing Practice for Pharmaceutical Products，GMP）的车间进行生产，并在所选择的有代表性的目标市场中进行检验性的试销。

（九）全面上市

新药市场试销成功后就可以正式大批量生产，全面推向市场，进行商业化运作。这一阶段要正确选择投放时间、目标市场以及制订正确的营销组合。

三、药品新产品营销策略

（一）塑造品牌形象

在竞争激烈的药品市场，良好品牌形象的塑造具有重要的意义。良好的品牌形象就是质量的保证，代表了信赖与安全；忽视品牌形象的推广，往往造成"流星效应"。药品新产品营销过程中，可以通过形象广告和公益广告来提高品牌的知名度和美誉度，同时加强营销公关，如事件公关、活动赞助、慈善事业，借助新闻的力量来提高企业品牌的形象。

（二）加强渠道管理

要掌控渠道，关键在于加强管理渠道与创新，主要做法包括以下三方面。

1. 创新渠道模式 药品新产品可采用各种不同的方式和渠道（如非处方药第三终端渠道厂商动态合作联盟模式的延伸，其他渠道构筑立体营销网络的补充）来扩大产品的服务范围和市场覆盖面，从而提升药品销售额，达到更好的营销效果。

2. 加强终端建设 企业应加大终端建设的投入，建立起强大的终端优势。终端零售药店是药品销售的重要阵地。企业可通过 POP（point of purchase）广告、捆绑销售等促销手段加大促销力度；在药店设立专柜甚至建立自己的连锁店，提高企业经营的稳定性，增加企业对终端网络的控制。

3. 强化和经销商的关系 强化和经销商的关系是提高运作效率的关键，应从松散的交易型转变为紧密的合作型，共同开拓市场、共同分担风险。这种合作关系能增强市场控制能力和渠道规范能力，增加经销商的经营稳定性，实现渠道增值。

（三）创新促销模式

首先，营销队伍要在经营理念和经营价值观指导下提升规划与策划能力。以药品疗效为基础，以患者为核心，以品牌价值为目标，以市场增长为靶点，展开系统的市场分析、产品规划、策略制订、后续研究、证据生成、信息传播、活动设计及执行等。

其次，企业需要在充分了解药品消费者需求的基础上，利用各种促销方法来实现企业的营销目标。处方药品应主要集中在学术推广、客户关系管理，逐步回归到以患者为中心，协助临床提供具有医学价值的治疗方案，最终配合临床制订合理治疗与给药方案，为临床医生和患者提供更加权威、系统的优质交互体验。非处方药可以充分利用网络营销所带来的巨大优势。由于网络营销能为企业节约巨额的促销和流通费用，使产品成本和价格的降低成为可能。因此，非处方药可以在新药进入市场之时，通过日趋成熟的网上售药系统获得可观的药品销售量提升。

总之，药品新产品营销非常关键，只有在短期内迅速进入并占领市场，后期才能顺利进入快速成长期、精细化管理的成熟期。新产品进入市场之时要选择适合自己的营销策略，方可获得成功。只有企业在理念、行动、方法上高度一致，紧密配合，才能协同制胜。

笔记栏

学习小结

1. 学习内容

药品产品策略
- 药品产品概念
  - 核心药品
  - 形式药品
  - 附加药品
- 药品产品生命周期策略
  - 导入期：快速-掠取；缓慢-掠取；快速-渗透；缓慢-渗透
  - 成长期：产品策略，价格策略，渠道策略，促销策略
  - 成熟期：调整市场策略，改进产品策略，调整市场营销组合策略
  - 衰退期：维持策略，集中策略，收缩策略，重振策略，放弃策略
- 药品产品组合策略
  - 扩大产品组合策略
  - 缩减产品组合策略
  - 产品线延伸策略
  - 产品线现代化
- 药品品牌策略
  - 统一品牌策略
  - 个别品牌策略
  - 扩展品牌策略
  - 多品牌策略
  - 品牌再定位策略
  - 品牌特许策略
- 药品新产品开发
  - 药品新产品的界定
  - 新药研发程序
  - 药品新产品营销策略

2. 学习方法 本章要结合案例理解药品产品的整体概念、药品产品生命周期不同阶段的特点；通过分析案例比较药品产品生命周期各阶段所采取策略的不同之处、各种产品组合策略的应用情况；通过典型案例讨论理解药品品牌策略；结合药事管理学科了解新药研发的一般程序。

（裴中阳　梁　瑜）

复习思考题

1. 简述药品产品的整体概念和现实意义。
2. 简述药品产品生命周期各阶段的特点及营销策略。
3. 简述药品产品组合策略的形式与内容。
4. 简述药品品牌策略。

5. 案例分析题

康缘药业的中药创新之路

中成药可工程化生产、可群体化应用,是中医药学传统理论与现代医学理论互通的桥梁。在中医药领域的细分赛道上,康缘药业一直在力求突破。一直以来,康缘药业都把新药研发与产品组合布局作为公司发展的两大支柱。

在新药研发方面,康缘药业坚持围绕"中药现代化和国际化"这一主题,兼顾化学药、生物药等专业领域拓展,同时做好上市品种再评价工作,为市场推广提供学术支持。2021年公司研发费用 4.99 亿元,同比增长 31.27%;2022 上半年研发费用 2.77 亿元,同比增长 28.01%。

在产品组合布局方面,康缘药业主要产品线聚焦于病毒感染性疾病、妇科疾病、心脑血管疾病、骨伤科疾病等领域。病毒感染性疾病产品线的代表品种有金振口服液、热毒宁注射液、杏贝止咳颗粒等;妇科产品线的代表品种有桂枝茯苓胶囊、散结镇痛胶囊等;心脑血管疾病产品线的代表品种有天舒胶囊、通塞脉片、银杏二萜内酯葡胺注射液;骨伤科疾病产品线的代表品种有腰痹通胶囊、复方南星止痛膏等。在儿科领域,康缘药业拥有治疗小儿多发性抽动症的九味熄风颗粒、用于小儿急性支气管炎符合痰热咳嗽者的金振口服液等儿科专用药品。

2023 年 1 月 9 日,独家品种散寒化湿颗粒被《新型冠状病毒感染诊疗方案(试行第十版)》列为轻型和中型患者推荐用药;独家品种热毒宁注射液被该方案列为重型和危重型患者推荐用药;藿香正气多剂型品种被该方案列为轻型患者以及儿童轻型和中型患者推荐用药。

思考问题:

(1) 根据本案例,谈谈你对产品组合的理解。

(2) 康缘药业的品牌策略主要是什么?

(3) 康缘药业的做法对我国其他中医药企业的发展有何启示?

第八章

药品的定价方法和策略

学习目标

1. 掌握定价的主要方法,学会灵活运用定价策略。
2. 熟悉定价目标及影响定价的因素。
3. 了解我国药品价格机制的形成、药品市场招标采购模式及价格管理制度。

引导案例

"以量换价"谈判准入,已成为医保药品目录调整的常态化操作

2016—2022 年底,国家医保药品目录准入谈判工作已连续进行六个批次,累计有289 种创新的、救急救命的药品通过医保谈判新增进入目录,价格平均降幅超过 50%。2021 年,协议期内 221 种谈判药累计报销 1.4 亿人次,为患者减负 1 494.9 亿元。医保谈判很好地破除了人们关于"创新药=天价药"的固有观念,不仅减轻了患者负担,大幅提高了药物可及性,还鼓励了我国的医药产品创新升级。通过降价纳入医保支付,可以带来三方的好处,首先能让更多的患者受益,同时还有助于扩大企业的销量;对于国家医保体系来说,由于谈判药物多为高价药,降价之后也能够减轻医保支付的负担。

以抗肿瘤药为例,2018—2021 年国家谈判药品中,抗肿瘤药药品数量占比一直维持在 20% 及以上,价格平均降幅维持在 44% 及以上,曾经医疗费用高昂的肿瘤免疫治疗 PD-1 已有 4 个国产创新药纳入医保。2018 年的抗癌药专项谈判成功率高达94.4%,价格平均降幅 56.7%,极大地缓解了癌症患者的用药难题。一些药企选择降价是出于市场策略的调整,譬如一些外资药企的原研药专利期临近,降价是抵御仿制药竞争,"以价换量"的一种手段。另外一种情况,即便专利有效期未满,由于市场上出现了替代品,降价进入医保也是一种止损的方式,同时还能封杀竞争对手的空间。国家医疗保障局发布,第七批医保谈判于 2023 年 11 月 20 日收官,386 个申报药品通过审查,创历史新高,医保覆盖面将进一步扩大。未来,医保价值购买将惠及更多人群,药品价值评估是"以价值为基础"确定药品平均价格的科学理念,以相同或更低的成本获得更优健康产出的价值购买,真正让"钱用在刀刃上"。

分析:医药市场营销中,价格对产品销售与推广起着相当重要的作用,良好的价格体系和价格策略对品牌的打造、对消费者的培养甚至对企业创新升级都有积极的推动作用。在国家诸多医药政策影响下,药品价格制定前对市场一定要进行充分论证,既要考虑企业当前面临的政策环境,又要考虑今后的发展趋势,还要考虑可能实施的营销手段。因此,药品价格的制定是营销体系中的一项重要环节。

资料来源:《经济参考报》

第一节　药品价格的构成及影响定价因素

一、药品价格的构成

药品价格构成是指构成价格的各要素及其在价格中的组成状况,即生产药品的制造成本、税金、期间费用以及利润。

(一)制造成本

制造成本是指生产一定数量的某种药品所耗费的物质资料的货币表现和支付给劳动者的工资。成本的分类方法很多,主要有以下几种。

1. 总成本(total cost,TC)　是指医药企业在生产过程中所支付的总费用。如在生产过程中使用的机器、设备、厂房等固定资产的折旧费用;原材料、辅助材料、包装材料、燃料、动力等消耗物质费用;生产工人、管理人员的工资、奖金等劳动报酬。

总成本即固定成本与变动成本之和。当产量为零时,总成本等于固定成本。

2. 固定成本(fixed cost,FC)　是指医药企业固定开支的总和,如在生产过程中使用的机器、设备、厂房等固定资产的折旧费用;工人的固定工资、管理人员的工资、保险等。固定成本是与企业的产量无关的费用,不随产品生产或销售收入的变化而变化。

3. 变动成本(variable cost,VC)　是指医药企业直接用于产品生产和销售的各种费用之和随生产水平的变化而直接发生变化。如产量增加1倍,其所需要的劳动力、原材料等成本也增加1倍。变动成本表现在每一单位产品上,就叫单位变动成本。

4. 边际成本(marginal cost,MC)　边际成本是增加1个单位产量相应增加的单位成本。一般来说,边际成本的变化取决于产量的大小。

(二)税金

税金是国家通过税法的形式,按规定的税率进行征收而取得的财政收入。它具有强制性和无偿性的特征。

价外税可直接由企业利润来负担,企业不能把其加入药品价格中。价内税可以加入药品价格中,随着药品出售而转嫁出去。药品增值税是价内税的重要组成部分,中国的标准增值税率是17%,这时产品的税金是作为价值的一个组成部分,是合理的价格构成方面。因此,税金也是构成药品价格的重要因素。

(三)期间费用

期间费用是指药品从生产领域到消费领域转移过程中所发生的劳动耗费的货币表现。药品的期间费用包括以下五方面。

1. 推广促进费用　如广告宣传、技术推广费用。
2. 销售机构费用　如销售人员工资、奖金、福利、培训、管理、差旅等费用。
3. 市场费用　如市场调查、市场管理等费用。
4. 医学费用　如药品注册、临床试验等费用。
5. 发运费用　如运输、保险、仓储等费用。

(四)利润

企业利润是指药品价格减去生产成本、期间费用和税金后的余额。它不仅是企业生产经营追求的最终目标,也是价格构成中的重要因素。合理确定价格构成中的利润十分重要,它直接影响到药品的价格水平,关系到药品价格的市场竞争力。

药品含税出厂价用公式表示如下:

笔记栏

药品含税出厂价＝（制造成本＋期间费用）/（1－销售利润率）×（1＋增值税率）

二、影响药品定价的因素

影响药品定价的因素是多方面的，既有企业内部因素，也有企业外部因素，包括产品成本、市场需求、竞争状况、国家方针政策等。

（一）产品成本

一般来说，在产品的价格构成中，成本所占比重最大，或者说是定价的基础。任何企业都不能随心所欲地制定价格，某种产品的最高价格取决于市场需求，最低价格取决于这种产品的成本费用。从长远看，任何产品的销售价格都必须高于产品的成本费用，只有这样，才能以销售收入来抵偿生产成本和经营费用，否则就无法经营。

（二）市场需求

成本是制定价格的下限，而市场需求却是制定价格的上限。在最高价格和最低价格的幅度内，医药企业能把产品价格定多高，则受制于竞争者同种产品的价格水平。可见，市场需求、成本费用、竞争产品价格对药品企业定价有着重要影响，而需求又受价格和收入变动的影响。因价格与收入等因素而引起的需求相应的变动率，称为需求弹性。

1. 需求的价格弹性　即需求对价格变动将做出的反应。例如，保健品可以利用降价手段来促销；然而，治疗癌症的药物却不会因为降价而使没有此类疾病的消费者大量购买。这就表明，价格变化对不同商品的影响不同，通常用价格弹性来衡量这种影响力。需求的价格弹性可用如下公式表示：

$$需求的价格弹性＝需求量变化的百分比/价格变化的百分比$$

从理论上说，需求的价格弹性介于零到无穷大。但对于大多数商品的需求，价格弹性主要表现为以下两种情况。第一种情况是价格提高，引起需求的稍微下降，表示弹性<1，即价格变动率大于它所引起的商品需求数量的变动率。第二种情况是，相同的价格变动却引起需求的大幅度下降，则表示弹性>1。通常把第一种情况的需求称为缺乏弹性的，而把第二种情况的需求称为富有弹性的。对于有弹性的商品，采用"薄利多销"的定价策略可以刺激需求；而对于无弹性或缺乏弹性的商品，"薄利多销"的策略则不能奏效。例如，治疗性的药品就是无弹性的，因为人们只有患病以后才会去购买药品，所以药品价格再便宜，没病的消费者也不会购买；但保健品的需求是有弹性的，如果价格便宜就会吸引更多的消费者去购买。

不同的商品有不同的市场需求，那么是什么决定了需求的价格弹性呢？一般来说，一种商品的替代品愈多，替代能力愈大，则它的需求弹性越大。如前所述，一般意义上"药品"的需求是无弹性的，因为它包括各种各样的药，在"药"这一点上是无替代品的，除药以外的保健品、医疗器械才可作为"药"的替代品。但讨论到具体某一种药品时，如治疗糖尿病的中成药"消渴丸"，其替代品比较多，既有其他中成药，如"降糖丹"；也有西药，如"二甲双胍""拜糖平"等；还有保健品以及一些治疗仪等。所以"消渴丸"的需求弹性远较一般意义上的"药品"大。

2. 需求的收入弹性　指因收入变动而引起的需求相应的变动率，反映需求量的变动对收入变动的敏感程度。需求的收入弹性可用如下公式表示：

$$需求的收入弹性＝需求量变动的百分比/收入变动的百分比$$

需求量与收入一般呈正比例关系。有些产品的需求收入弹性大，这意味着消费者收入的增加将导致该产品的需求量有大幅度增加，如一些进口药品、贵重中药材（人参、鹿茸、冬虫夏草等）。也有的产品的需求收入弹性较小,这意味着消费者收入的增加导致该产品需求量的增加幅度较小,如治疗肝病的药品,人们只有在患肝病以后才会购药;否则,收入再增加,未患肝病的人也不会去购买治疗肝病的药品。

（三）竞争者的产品

竞争是影响企业价格决策的一个重要因素。医药企业必须采取适当方式,了解竞争者所提供的产品质量和价格。企业获得这方面的信息后,就可以与竞争产品比较质量和价格,从而准确地制定本企业产品的价格。如两者质量大体一致,则两者价格也可大体一样,否则本企业产品的销量就会受到影响;如本企业产品质量优于竞争者,则可制定较高的产品价格;如本企业产品质量较低,则产品价格就应定得低一些。

（四）消费者的心理因素

由于药品是特殊的商品,所以消费者对其需求有很大差异,对价格的心理接受情况也是不一样的。因此,研究分析消费者对药品价格的反应和心理预期是医药企业价格策略中的重要一环。一般来讲,有些消费者对药品的价格并不了解,往往以为价格高的药品就好,只要患了病,总想尽快治好,这样药品的价格即使较高也能接受;如果药价过低,消费者反而会对此药品持怀疑态度,认为该药的疗效一定不好。此外,医生的决策对患者的影响巨大。

（五）国家政策

国家药品价格政策,是医药企业必须严格遵守和认真履行的。目前,国家取消绝大部分药品政府定价,完善药品采购机制,发挥医保控费作用,药品实际交易价格主要由市场竞争形成。面对国家诸多药品价格政策和联动影响,医药企业需要重新且全面地对药品价格进行考量,如何做出顺应国家医改趋势的药价决策,如何结合不同的竞争市场重新确定符合生存发展的药品价格都至关重要。

第二节　医药企业定价目标

定价目标是以企业营销目标为基础的,指医药企业对其生产和经营的药品制定价格时所需要达到的目的和标准。它是指导药品生产经营企业进行价格决策的依据。

一、以利润为定价目标

利润是医药企业从事经营活动的主要目标,也是医药企业生存和发展的源泉。而价格是决定医药企业获取利润多少的最直接因素。所以,医药企业要根据自身的性质和特点,权衡各种定价目标的利弊并加以取舍。

1. 以获取最大利润为定价目标　获取最大利润是所有医药企业的共同愿望。但获取最大利润不一定就是给单位产品制定最高的价格,因为企业获取最大利润的条件必须是:企业的生产技术和产品质量在同行业中居领先地位,商品信誉高,供不应求。没有这些条件,盲目地提高药品价格,就会阻塞药品销路,积压资金,影响利润目标的实现。以获取最大利润为目标,应是以企业长期目标的总利润,即最大的利润总额为目标,而不应追求短期的最大利润。如果只顾眼前利益,盲目追求短期的最大利润,把价格定得过高,则会失去市场,达不到预期的目的。因此,即使以获取最大利润为定价目标,其价格的高低也应适当。同时,还必须符合国家的价格政策,不损害消费者的利益。

2. 以获取合理利润为定价目标　它是指医药企业在激烈的市场竞争压力下,为了保全

笔记栏

自己,减少风险及限于力量不足,只能在补偿正常情况下的社会平均成本的基础上,加上适度利润作为药品的价格。因此,该定价目标称为合理利润定价目标。因为它既能稳定市场价格,避免不必要的竞争,又能使企业获得长期利润,而且价格适中,消费者愿意接受,又符合政府的价格指导方针。所以它是一种兼顾企业利益和社会利益的定价目标。

二、以销售额为定价目标

以销售额为定价目标是指医药企业以巩固和提高市场占有率、维持或扩大市场销售额为制定药品价格的目标。提高市场占有率,维持一定的销售额,是医药企业得以生存的基础。以销售额为企业定价目标的主要风险是利润率具有不确定性。它只是在企业产品销售困难的情况下暂时采用的一种短期目标。

1. 达到预期销售额　即企业希望在所定价格下能够达到预定的销售额。它适用于以下两种情况:一是企业力争在同行业中占有一席之地;二是新产品试销。

2. 争取最大销售额　企业的产品销售额大,利润不一定就大。以最大销售额作为定价目标,主要适用于以下两种情况:一是出于竞争战略考虑,达到最大销售额后可以降低产品的成本,使产品定价偏低,从而加强企业的竞争能力,待击败对手后再行提价;二是企业的产品滞销,为加速资金周转,使企业的生产经营得以持续。

3. 以达到一定的销售额增长速度为目标　采用这一定价目标的依据是有销售就有利润,如果企业的产品能按照预计的增长速度销售,则表明企业的发展前景良好,未来获得巨额利润的可能性就大。但事实上企业产品的销售增长率高,利润并不一定大,表明竞争地位强弱的市场占有率也不一定高。因此,医药企业如果对未来获得巨额利润没有任何把握,就应该果断地放弃这一定价目标。

三、以与竞争者博弈为定价目标

这种定价目标,是指医药企业在制定价格时,定价目标服从竞争的需要。在这种定价目标下,医药企业往往有意识地通过定价来应付或避免竞争。医药企业在制定价格时,主要以对市场有决定影响的竞争者的价格为基础进行定价。这种定价目标有3种定价方法。

1. 与竞争者的价格相同　一般来说,竞争力量较弱的医药企业,应采取与竞争者相同或略低的价格。

2. 低于竞争者的价格　医药企业力量较强,又需扩大市场占有率时,可采取低于竞争者的价格。

3. 高于竞争者的价格　在竞争中具有优势的医药企业,如技术先进、产品优质等,则可采用高于竞争者的价格出售自己的产品。

四、以企业生存为定价目标

当医药企业产品在市场上严重滞销、大量积压、资金周转不灵、企业陷入困境时,企业就不得不以维持企业生存为定价目标。此时企业定价策略是定价尽可能压低,以能迅速减少存货、收回资金、克服财务困难为目标,甚至可低于成本,但一般不能低于单位变动成本。

五、以市场占有率最大化为定价目标

市场占有率是指企业的销售量(额)占同行业销售量(额)的百分比,它是企业经营状况和企业产品在市场上的竞争能力的直接反映。为达到此目标,医药企业可采取"市场渗透定价法"。一般在推出某些需求弹性大、市场对价格敏感的新产品时可采用。

第三节　药品定价的方法

药品定价方法的选择是否合理,是关系到企业定价目标是否实现和价格决策成败的一个关键问题,因此企业必须选择最佳的定价方法。

一、成本导向定价法

即以产品的总成本为中心,分别从不同的角度制定对企业最有利的价格。采用这种定价方法,必须做好成本核算和确定利润的高低这两项工作。

（一）成本加成定价法

成本加成定价法是最基本的定价方法,它是在药品成本上进行加成定价。目前成本加成定价法为大多数医药企业采用。其计算公式为:

$$加成产品价格=单位产品成本\times(1+利润率)$$
$$单位产品成本=可变成本+固定成本/销售量$$

例如,某药厂生产的某药品的可变成本是 10 元,固定成本是 300 000 元,预计销售量为 50 000 盒,则该药厂的每盒药品成本价格为:

$$单位产品成本=可变成本+固定成本/销售量=10+300\,000/50\,000=16(元)$$

假设该药厂希望获得总成本 20% 的利润率,则该药品的加成价格为:

$$加成产品价格=单位产品成本\times(1+利润率)=16\times(1+20\%)=19.2(元)$$

这样,该药厂以每盒 19.2 元的价格卖出产品,就可以获得总成本 20% 的利润,即每盒赢得 3.2 元的利润。

加成定价法具有计算简单、简便易行的优点,在正常情况下可使企业获得预期的利润。其缺点是忽视市场需求和市场竞争的影响,灵活性较差,难以适应市场竞争变化的形势。

（二）变动成本定价法

这种方法亦称为边际成本定价法、边际贡献定价法。它是以变动成本为主要依据来制定价格的一种方法。即在产品变动成本的基础上,加上预期的边际贡献作为产品的价格。这种方法的基本原理是,只要产品价格高于单位变动成本,产品的边际收入就大于零,销量增加就能导致总收入的增加,该价格就可以接受。在应用该法定价时,因只考虑变动成本,没有考虑固定成本,在某些情况下可能会造成企业的亏损,但可以通过补偿全部变动成本和部分固定成本减少亏损。所谓边际贡献,是指销售收入减去补偿变动成本后的收益。其计算公式如下:

$$单位产品价格=单位产品变动成本+单位产品边际贡献$$
$$利润=边际贡献-固定成本$$

变动成本定价法适用于生产能力强、产品供大于求、需要减少亏损、企业开拓市场及固定成本已经为主要产品分摊等情况。

（三）收支平衡定价法

此法是利用损益平衡原理来对药品进行定价,主要适用于订货不足或市场不景气的情况,因为保本销售总比停工损失要好。根据损益平衡原理,损益平衡点产量的计算公式如下:

损益平衡点产（销）量＝固定成本/（单位产品价格－单位产品变动成本）

当企业的药品产（销）量达到损益平衡点产（销）量时，即可实现收支平衡而不亏本。保本价格即收支平衡价格应为：

保本价格＝固定成本/总产（销）量＋单位变动成本

例如，某药厂生产的某种药品，投入的固定成本为 300 000 元，单位变动成本为 20 元，预计销售量为 3 000 件。如果暂且不把税金算进去，即可求得收支平衡的单位产品价格为 120 元。如果销售量超过 3 000 件，就可获利；低于 3 000 件，就会亏本。假定销售量为 6 000 件，则收支平衡的单位产品价格为 70 元。如果按原定的 120 元出售，则每件产品可获得利润 50 元，企业可得总利润 300 000 元。

采用这种定价方法的优点是计算简便，缺点是产品销售量难以预测和控制。

（四）目标收益定价法

目标收益定价法是指医药企业制定能实现其目标投资回报率的价格。这种方法是预先根据投资回收期的长短，确定每年相对于总投资的收益率，然后根据产量的多少计算单位产品价格。其计算公式是：

目标收益价格＝单位成本＋（投资回报率×总投资额）/销售量

例如，某制药企业投资了 100 万元生产某药品，该药品的单位成本为 16 元，销售量为 50 000 件，该企业希望制定一个价格能使投资回报率达到 20%，那么该药品的目标收益价格为：

目标收益价格＝单位成本＋（投资回报率×总投资额）/销售量
＝16＋（0.2×1 000 000 元）/50 000＝20 元

采用该种方法的条件是企业的药品具有较大的垄断性，如国家中药保护品种、专利药品等。此外由于这种方法忽略了市场竞争因素和需求的变化，所以常常由于销量达不到预期而完不成目标。

二、需求导向定价法

需求导向定价法是指医药企业在制定商品价格时，主要根据市场需求的大小和消费者反应的不同，分别确定商品价格。其特点是灵活有效地运用价格差异，对平均成本相同的同一产品，使其价格随市场需求的变化而变化。

（一）感知价值定价法

感知价值定价法也称理解价值定价法。感知价值是指消费者对药品价值的主观评判，它与产品的实际价值常常相背离。感知价值定价法是指医药企业以消费者对商品价值的理解度为依据，运用各种营销策略和手段，如产品质量、功效、服务、剂型、广告宣传、公共关系等，影响消费者对商品价值的认知，形成对企业有利的价值观念，再根据商品在消费者心目中的价值来制定价格。

（二）需求差异定价法

需求差异定价法指医药企业根据市场需求的时间差、数量差、地区差、剂型差、消费水平及心理差异等来制定商品价格。如在市场需求大的时期高定价，反之则低定价；在消费水平高的地区高定价，反之则低定价；对购买数量大的消费者低定价，反之则高定价。

（三）反向定价法

反向定价法又称零售价格定价法、倒算价格定价法等，是指医药企业依据消费者能够接受的最终销售价格，计算自己从事经营的成本和利润后，反向推算出商品的批发价和出厂价。此法有利于医药企业开展市场竞争和扩大市场销售,但药品的成本必须低于出厂价格,否则无法采用。

三、竞争导向定价法

竞争导向定价法是指医药企业通过研究竞争对手的商品价格、生产条件、服务状况等,以竞争对手的价格为基础,来确定自己商品的价格。

(一)随行就市定价法

此法是指医药企业按照行业的平均价格水平来制定自己产品的价格。这种定价方法应用得相当普遍,特别适合于本企业无法对顾客和竞争者的反应做出正确的估计,同时又难以估算成本,难以另行定价,只能以平均水平定价的情况。对于企业来说,在市场竞争激烈而产品需求弹性较小或供需基本平衡时,采用此种方法比较稳妥,可以减少风险,也容易与同行业处好关系。

(二)主动竞争定价法

与随行就市定价法相反,其是根据本企业产品的实际情况以及与竞争对手在产品质量、剂型、包装、服务等方面存在的一定差异,来确定自己产品的价格。因此,企业产品的价格也就可以等于、高于或低于竞争者产品的价格。

(三)密封投标定价法

这是我国医疗机构普遍实行集中招标采购药品以来,医药企业经常采用的一种定价方法。在投标时,企业根据由药品招标采购经办机构汇总的各医疗机构所要采购的药品品种、规格、数量等计划,对竞争对手可能的报价进行预测,在此基础上提出自己的价格,然后密封送给招标人。这种价格是医药企业根据对竞争者报价的估计制定的,并不是按照医药企业自己的成本费用或市场需求来制定的。企业的目的是中标,所以它的报价通常要低于竞争者的报价,这种定价方法称为密封投标定价法。

第四节 药品定价策略

医药企业定价不仅要遵循国家的价格政策,依据定价目标、选择好定价方法,而且还要讲究定价策略,这样才能适应市场竞争的需要。

一、新产品定价策略

新产品定价策略就是对新药品所采取的定价策略。一种新药品初次上市,能否在市场上打开销路并给企业带来预期的收益,定价因素起着重要作用。此外,新产品定价时需考虑药品本身的性质、替代品的情况、消费者的购买习惯、需求弹性和竞争者的反应及药品发展趋势等。

(一)高价定价策略

指在新产品上市初期把价格定得很高,以获取最大利润。这种定价策略像在牛奶中把浮在上面的一层奶油撇出来一样,故又称撇脂定价策略。该策略适用于刚投放市场的新药品,其优点是新药品具有独特的优势,为市场所迫切需要,价格对消费需求影响较小,在一定时期内不会出现竞争者。但这种定价策略的缺点是产品宣传如果跟不上,将不利于开拓市场,并且往往还会引起更多的竞争,容易出现盲目生产。所以,当产品进入大量生产阶段、供求关系缓和或出现竞争者时,则必须降价。

笔记栏

📖 知识链接

2021年高价药背后的隐情

2021年12月初,70万一针诺西那生钠注射液、百万一针的法布里病特异性治疗药物阿加糖酶等7款高价罕见病用药进入2021年度国家医保药品目录,之前屡传进入谈判初审的十多款药品价格过高,仍未能进入医保最终目录,意味着国内患者如有救治需要,仍需接受药物的高价格。

罕见药物往往有着罕见高价,这是由于这些药物一方面可以帮助患者取得惊人的疗效,另一方面这些产品包含了诸多高科技元素,研发和生产成本高昂。此外,还有不少受众窄、商业无法收回研发和生产成本而又缺乏竞争的高价"黑科技"新药。

目前引进国内的抗癌药中高价药品共有50多种,其中如格列卫(甲磺酸伊马替尼)等传统高价药已纳入了国家医保药品目录。目前这几款惹人注目的药品屡次没有进入,并且以后也可能很难进入国家医保药品目录,这是因为药品要接受包括经济性等方面的严格评审,独家药品还要经过价格谈判等才能最终进入国家医保药品目录。

想要破解抗癌药价格过高这个世界性难题,主要有两种途径:鼓励市场充分竞争,从而研发更多类似的产品;多种渠道的医疗保险齐头并进,切实降低患者自付的药品花费。而一味谴责制定药品价格的企业,事实上南辕北辙,于事无补。

资料来源:《新华每日电讯》

(二)低价定价策略

与高价策略相反,低价定价策略是指在新药投入市场时,把价格定得低一些,以吸引大量顾客,使新产品在短期内最大限度地渗入市场,打开销路。因此,又称为渗透定价策略。低价策略一般适于那些能尽快大批量生产、特点不突出、易仿制、技术简单的新产品。其优点是:能迅速打开产品销路,扩大销售量,从多销中增加利润,并能有效阻止竞争对手加入,有利于控制市场。其缺点是:投资回收期长,企业在市场竞争中的价格回旋余地不大。

💬 思政元素

多种药大幅降价　好药也可以很便宜

习近平总书记强调:"要坚持不懈、协同推进'三医联动',推进国家组织药品和耗材集中带量采购改革,深化医保支付方式改革,提高医保基金使用效能。"

药品价格居高不下,很大原因在于销售成本过高。药品集采政策可以让中标企业以超低价格获取绝大部分市场份额,从而降低销售成本。凡是有资格参与药品集采的药品,都是原研产品或通过"仿制药一致性评价"的产品。药品监督管理部门会对药企进行定期以及不定期检查,持续保证药品质量。

作为国家医药改革的重要政策,在全国范围内的药品带量集采已经实施了7轮。在7轮集采过程中,有多种药物成为了中标产品,随之而来的当然还有药价的大幅下降。举两个简单的例子:在降压药物治疗领域广泛使用的苯磺酸氨氯地平片,5mg规格14片装产品,原价24.62元,而中标价为0.84元,降价幅度达到了96%以上;普遍用于血脂控制的阿托伐他汀钙片,10mg规格28片装产品,原价要120多元,中标后的价格仅为3.6元。这些药品价格的全面下降,对于长期用药的患者来说无疑会大大降低用药成本,减轻用药的经济负担。

另一方面,药品价格虚高也与医药企业销售费用占比太高有一定的关系。统计数据显示,我国主流医药企业销售费用占据了总销售收入的40%左右。而集采药品中标之后,该药品的销售无需大量人员和费用维持市场,药品通过医疗机构销售可节省很大一部分营销费用,从而减少药品市场的不正当竞争行为,这也是药品集采政策实施的初衷之一。

在很多疾病领域的用药方面,我国已是全球用量最大的市场。随着全民医保制度的建立,我国基本医保以13.6亿参保人的巨额用量,发挥医保基金战略性购买作用,对药品进行集中带量采购,大幅降低价格。一些药品降到低价,能让参保群众获得巨大的实惠,大大提高药品可及性,这充分体现出我国强大的制度优势。确保用较少的医保资源买到性价比更优的药品,让人民群众以比较低廉的价格用上质量更高的药品,这正是药品集采机制的初衷所在、使命所在。

资料来源:《人民日报》

二、心理定价策略

心理定价策略是指医药企业以消费者心理状态为主要因素来进行定价。这是一种非理性的定价策略,它主要适用于药品零售价格的制定。具体策略有以下几种。

(一)声望定价策略

是指企业利用消费者对某些药品、某些厂家的信用心理来制定价格,故意把价格定成高价,以迎合消费者"价高质优"的心理。该策略主要适用于名牌企业和名牌产品。由于这些企业和产品在用户中有较高的声誉,所以消费者愿意支付较高的价格来购买这些产品。

(二)整数定价策略

主要针对一些收入较高阶层的炫耀心理,把价格定成整数,而不带零头。该策略主要适于一些较贵重的中药材、新药品及进口药品的定价。因为有些消费者认为越贵重的药品治疗效果越好,因此不在乎多花一些钱;所以整数定价可以给消费者高贵感,虽多花一些钱,但购买者在心理、精神上能获得更大的满足。

(三)尾数定价策略

又称零头价格策略,主要针对人们求实、求廉的消费心理,把产品的价格用零头结尾而不是整数。该策略主要适用于需求价格弹性较大的药品及药品批发企业,因为批发企业为了讲求经济效益,尽量压低药品的进价,而零头价格可使其产生便宜感。

(四)最小单位定价策略

医药企业在制定价格时,以最小的数量单位来报价,将会很好地促成交易。例如,中药材冬虫夏草若以千克为单位来报价,则通常为几万元,这样会使消费者感到非常昂贵而舍不得购买;但若以克为单位来报价,每克才几十元,尽管原价并未改变,但消费者却感到这个价格是能够接受的。

(五)习惯定价策略

市场上有些药品价格已经为消费者普遍熟悉和接受。所以,当药品成本升高或其受其他因素影响时,价格不能改变,则可以改变包装量。例如,原来每盒药品包装量是服用三天

笔记栏

的,现在可以改成两天或两天半的,这样就可避免因调高价格失去市场和消费者。

三、折扣定价策略

折扣定价策略是指医药企业在市场营销活动中,为了扩大药品的销路,促进医药商业企业和医疗单位更多地购买本企业的产品,可适当对购买一定数量或金额的购买者给予一定折扣。主要有以下几种形式。

(一)数量折扣

该策略是指在买方购买数量大时给予折扣优待。折扣大小随购买数量的多少而不同,购买数量越多、折扣越大。具体有以下两种形式。

1. 累计折扣　即规定在一定时间内,购买药品累计达到一定数量或金额时所给予的价格折扣,从而鼓励消费者经常购买本企业的产品。

2. 非累计折扣　指企业只按每次购买达到的数量或金额给予折扣优待,而不按累计数量来折扣。它既能鼓励顾客大量购买、增加盈利,又可以减少交易的次数和时间,起到节约人力、物力的作用。

(二)现金折扣

这是医药企业给那些当场付清货款顾客的一种减价。现金折扣实际上并不仅仅是指收现金,而是在期限内付清货款(不论是现金还是支票)就给予一定折扣。例如,规定顾客在 30 天内必须付清货款,如果顾客 10 天内就将货款付清,则给予顾客 2% 的折扣。实施该策略可以避免企业间相互拖欠货款的现象,能帮助企业加速资金周转,减少财务风险。

(三)功能折扣

功能折扣也叫贸易折扣,指医药企业根据中间商在市场营销中执行推销、储存、服务等功能的不同而给予的不同折扣。一般给予药品批发商的折扣可大于给零售商的折扣。

贸易折扣有两种情况:一种是先确定药品的零售价,然后再按不同的比率对不同的中间商给予不同的折扣。例如,某药品的零售价为 20 元/盒,贸易折扣为 40% 和 10% ,则表示零售商享受的价格为 $20×(1-40\%)=12$ 元;批发商享受的价格是在此基础上再折扣 10% ,即 $12×(1-10\%)=10.8$ 元。另一种情况是先确定药品的出厂价,然后再按不同的差价率制定批发价和零售价。例如,某药品出厂价为 10 元,给批发商的差价率为 19% ,给零售商的差价率为 37% ,则批发商享受的价格为 $10×(1+19\%)=11.9$ 元,零售商享受的价格为 $10×(1+37\%)=13.7$ 元。

(四)季节折扣

季节折扣是医药企业对那些在淡季购买药品的购买者给予的价格优惠。采用该策略可以鼓励购买者提早购买,从而减轻企业的仓储压力,加速资金周转,使企业的生产和销售不受季节变化的影响,从而保持相对的稳定性。例如,对一些滋补类中药的销售就可采用这种策略。

(五)折让

折让有两种形式:一是以旧换新,即抵换折让。当消费者购买新药品时,把旧药品(如过期或即将过期的药品)交回厂商以换取新产品的减价;二是促销折让,指生产企业对为其药品进行广告宣传、布置专用橱窗等促销活动的中间商给予减价或津贴政策,作为对其开展促销活动的报酬,以鼓励中间商积极宣传本企业的药品。

🔍 **知识链接**

全球首创家庭过期药品回收机制再升级　实现网上免费回收更换

一项权威调查表明,我国约有 78.6% 的家庭存有备用药品,其中 30%~40% 的药品超过有效期 3 年以上,82.8% 的家庭没有定期清理的习惯。有统计表明,我国目前药品不良反应案例中,有近 1/3 是由过期药品或药品保存不当引起的。

家庭过期药品,不仅增加了公众的用药风险,成为家庭"小炸弹";而且如果随意丢弃,还将对环境造成污染,并已被明确列入"国家危险废物目录"。而更严重的是,大量家庭主要是城市家庭的过期药品,如果得不到有效管理,一旦流入不法商贩或不法医疗机构之手,将给社会带来难以预计的可怕后果。有数据显示,目前农村市场 2/3 的过期药,都是从形形色色的家庭小药箱流出的。因此,探讨以"家庭过期药品回收"为切入点的药品安全措施,对消费者用药安全具有极其重要的意义。在这样的背景下,广药白云山全球首创了"家庭过期药品回收(免费更换)机制"。

十几年来,广药白云山坚持履行社会责任,免费回收家庭过期药品,传播安全用药知识,受惠人数已达 5 亿。2014 年发布《中国家庭过期药品回收白皮书》,冲击吉尼斯世界纪录,并举行广药白云山"家庭过期药品回收箱"进社区、进校园、进乡村活动。

近年来,广药白云山除了继续在全国 100 多个城市开启家庭过期药品免费回收更换活动外,还大胆创新,2017 年全球首创网上家庭过期药品回收。由于活动有日期限制,参与药店再多也肯定无法覆盖所有范围,也有人懒得为几元钱的日用品赠品来回跑。因此,广药白云山顺应移动互联网的时代潮流再次大胆创新,全球首创网上家庭过期药品回收。消费者只需要登录广药健民网、壹药网就能参与家庭过期药品回收活动。广药白云山微信公众订阅号也提供了快速查询所在城市免费换药点,以及网上换药链接跳转服务,让更多人足不出户就能够免费更换过期药品。

资料来源:光明网

四、差别定价策略

差别定价策略又称区分需求价格策略,是指医药企业在销售商品时,对不同的交易对象、交易数量以及不同的交货、付款方式,实行不同的价格。具体形式有以下几种。

(一)不同客户不同价格策略

该策略是指在销售开支变化不大的情况下,对不同的客户实行不同的产品价格,即在购买数量相同时也这样。这种价格一般是经过讨价还价形成的,经验丰富、讨价还价能力强的客户能以较低的价格购买,反之则要出高价。

(二)不同用途不同价格策略

药品主要是用来治疗疾病的,但有些药品,如中药材除药用外还可用作食品、化工原料、饲料、化妆品等。对这些中药材就要根据其用途的不同而采用不同的价格出售。一般来讲,用作其他用途的中药材,价格比药用的低。

(三)不同部位不同价格策略

许多中药材由于使用的部位不同而价格不同。例如,同是一只梅花鹿,其鹿角、鹿茸及鹿鞭的价格不同;橘子的橘皮、橘络、橘核价格也不同。

（四）不同时间不同价格策略

许多中药的使用具有很强的季节性，这样为了鼓励批发企业和零售企业提早购货，以减少企业的仓储费用和加速资金周转，在其使用淡季时可以采用较低的价格进行出售。

值得注意的是：使用差别定价法必须注意要符合法律要求和不能引起顾客的不满。

五、药品价格调整策略

药品的价格制定以后，由于宏观环境变化和市场供求发生波动，企业必须主动地调整价格，或是对竞争者的价格变动做出反应，以适应激烈的市场竞争。

医药企业价格的调整既可能来自企业内部的因素，也可能来自企业外部的因素。当企业面临成本上升、市场需求下降、物价上涨、市场激烈竞争等情况时，就有必要主动或被动调整价格，但无论是主动还是被动调整价格，其形式不外乎降低或者提高价格。

（一）降价策略

降价策略是指医药企业在市场营销过程中，为了适应市场环境和企业内、外部条件的变化，把原有药品的价格调低。药品价格降低的原因主要体现在以下几方面。

1. 企业生产能力过剩 因产量过多，库存积压严重，采用其他营销策略又无效果，在这种情况下，企业必须考虑降价。

2. 市场占有率下降 随着市场竞争的加剧，企业的市场份额不断被竞争对手夺取，导致市场占有率下降。此时，企业为了稳住市场占有率，只能降低产品价格。

3. 企业成本的下降 随着科技的发展、生产规模化及企业经营管理水平的提高，使企业的产品成本及费用不断下降，为提高企业竞争实力，企业有必要降低价格。

4. 适应竞争的需要 由于竞争对手采取了降价策略，企业为巩固自己的地位只能被动地跟着降价。

5. 国家相关政策法规的约束 为保护消费者利益，规范市场竞争，实现医药产品价格总水平的下调，国家颁布多种药品价格政策及法律法规，采用集中招标采购、建立药品价格谈判机制、药品"两票制""零差率"、按病种付费等形式，使企业的药品价格水平下调，企业需按要求执行。

（二）提价策略

提价虽然会引起消费者、经销商和企业推销人员的不满，甚至还会受到政府的干预和同行的指责，但成功的提价可以使企业利润大大增加。因此，在实际中仍有较多的企业采用提价策略。提价的主要原因有以下几点。

1. 产品成本增加 由于原材料价格上涨或管理费用的提高而导致其成本增加时，企业为保证正常的利润，就会采用提价策略。

2. 遭遇通货膨胀 企业在遇到通货膨胀的情况下，利润就会下降。因此，企业为减少损失，保证正常的利润，就必须提高产品的售价，将通货膨胀的压力转嫁给中间商和消费者。

3. 产品供不应求 当市场需求过量，产品无法满足所有消费者的需求时，为遏制过度消费，企业就会提高价格、限量购买，从而调整消费需求。

企业在采用提价策略时，必须采取一定的措施向消费者进行适当的说明，告诉消费者价格上涨原因并且应提前告知消费者，使其有时间提前购买或是有一定的思想准备。对大幅提价必须给出合理的解释。

此外，企业还要选择好提价的时机，如选择产品在市场上处于优势地位时；产品进入成长期、季节性商品达到销售旺季；竞争对手产品提价等。在选择方式上，尽量采用间接提价，如减少折扣、提高最小订购数量、减少利润率低的产品、减少产品的量、采用更便宜的包装材料等，以便把提价造成的不利因素减到最少。

思政元素

弘扬法治精神　心怀敬业诚信——疫情下的特效药价格疯涨事件

从渐渐放开的疫情防控政策之后,随着全国各地"四类药品"购买政策调整,民间自主地刮起了一股"囤药"风潮。有不少人反映,药店 0.35g×48 粒/盒规格的连花清瘟胶囊,平时卖 30 元一盒,一度涨到了近百元,价格足足飙升了 240%。事实上,自 2022 年 11 月下旬连花清瘟经历"缺货"风波后,一些药店对连花清瘟胶囊就有了不同程度提价。当时原价 30 元一盒的连花清瘟胶囊已经卖到了 46 元,在原价基础上提价超过 50%,后期提价现象变得越来越夸张。随即,地方药品监督管理局及厂家以岭药业分别发文整治,国家市场监督管理总局也发布涉疫物资价格和竞争秩序提醒告诫书,其中就有"涉疫物资不得哄抬价格""不得违反明码标价规定",哄抬药价这一乱象终于短暂地告一段落。

既然厂家并未涨价,那么究竟是谁在从中操控价格?其实,终端商零售药店的药品价格由成本、利润和应纳税金等组成的定价方法决定,对大部分药品具有自主定价权。因此对于某些药店来说,除了遵循市场和市场监管部门对于药品的基本定价要求之外,它们也会通过私自粘贴或者更改药品售价标签的行为来谋取利益。药店是市场的一部分,其运营逻辑难逃市场规则的制约。但在大众生命健康这种敏感议题上,在中国举全国之力共克疫情的艰难时期,任何过度的逐利行为都经不起社会的检验。逐利是合理的,但逐利也是有限度的,药房标牌上存在着无形的价格红线,隐形却坚韧的红线会在社会中每一次背叛良知、抛弃诚信经营的行为发生时引发各种警报。某些药店甚至存在多种价格欺诈、囤积居奇、捏造散布涨价信息、哄抬物价、串通涨价等扰乱市场价格秩序的违法行为,这些行为已然严重触犯了《中华人民共和国价格法》等法律法规,触碰了社会的道德底线。

习近平总书记强调,确保药品安全可及是各级党委和政府义不容辞之责,要始终把人民群众的身体健康放在首位,所以对于药品经营企业和营销人员来说,必须树立起"三心",即对企业的"良心"、对社会的"责任心"、对法律法规的"敬畏之心"。对企业的"良心"是要求我们要时刻提醒自己,要爱岗敬业、诚信经营,一如既往按照相关规定和要求制定药品的"良心价",做好药房管理和营销服务,让每一个药品都能放心流向市场、流入需要的患者手中。对社会的"责任心",就是要求我们要时刻警醒自己,将老百姓的健康当成头等大事,树立起敬业精神和服务意识。对法律法规的"敬畏之心",就是要求我们时刻保持对法律法规的敬畏,严格按照法律法规和相关标准经营,要认识到违法终会受到严格的惩处。守住了这"三心",才能守住一个药品营销人员基本的职业道德。让我们共同用法治守护药品营商环境,用敬业和诚信守护人民的健康安全,守护国家医药事业的健康发展。

资料来源:新浪财经

第五节　我国药品价格形成机制与价格管理制度

药品是商品,而且是用于防病治病的与人民生活关系重大的特殊商品,药品的最终使用者——消费者,由于缺乏医药相关知识,在使用过程中往往由医生或药师来决定其消费行为(被动消费),所以消费者对于价格的约束力很弱。此外,从当前我国国情来看,仍存在着药品虚列成本、虚高定价的问题。因此,药品价格的形成不能仅仅依靠市场的供求关系来决定。为控制药品费用,减轻患者和社会负担,我国政府对药品价格进行了一定程度的干预,以降低过高的药品进销差价。但近年来,随着政府取消最高限价政策,药品价格的形成逐渐向市场自主调节的趋势发展。同时,国家通过药品集中带量采购、国家谈判、制定医保支付标准等一系列方式开展新一轮药品价格调控政策,不断缓解社会药费负担。

2015 年新版《中华人民共和国药品管理法》对 2001 年版作了较大的修订,规定了政府价格主管部门对药品价格的管理,明确了药品生产企业、经营企业和医疗机构必须遵守有关价格管理的规定。2019 年再次对 2015 年版进行了进一步修订,加强了药品价格监测管理,要求开展成本价格调查,以维护药品价格秩序。

一、我国药品价格形成机制

近 20 年来,我国在药品价格的形成上采用的是政府定价和市场定价相结合的方式。2015 年 6 月 1 日,国家发展改革委等 7 个部门联合发布的《关于印发推进药品价格改革意见的通知》(以下简称《通知》)(发改价格〔2015〕904 号)中,明确提出"除麻醉药品和第一类精神药品外,取消药品政府定价,完善药品采购机制,发挥医保控费作用,药品实际交易价格主要由市场竞争形成"。这标志着我国药品价格形成机制发生了根本性的变化,由过去的政府主导变成市场主导,进入了医药市场化价格形成机制改革时期。

《通知》规定,除麻醉药品和第一类精神药品外,对其他药品政府定价均予以取消,不再实行最高零售限价管理,按照分类管理原则,通过不同的方式由市场形成价格。目前,可初步分为 5 种药品价格形成机制。

第一,医保基金支付的药品,通过制定医保支付标准探索引导药品价格合理形成的机制。未来医保药品的价格由医保部门接手制定支付基准价,原国家卫生和计划生育委员会(简称原国家卫计委)组织药品集中采购,医院采购高出医保支付基准价部分由医院负责,低的部分归医院截留。药品通过招标采购形成药品交易价格后,患者根据不同品牌厂家的药品而获得不同的医保报销标准,超出部分患者自付。

第二,专利药品、独家生产药品,通过建立公开透明、多方参与的谈判机制形成价格。原国家卫计委筹划建立国家药品价格谈判机制,成立国家药品价格谈判委员会,聘请临床、药学、价格、医保、经济、税收、法律以及医院管理等多方面专家担任药品价格谈判顾问,对部分专利药品、独家生产药品,建立公开透明、多方参与的价格谈判机制。谈判结果在国家药品供应保障综合管理信息平台上公布,医院按谈判结果采购药品。

第三,特别类的药品,如国家医保药品目录外的血液制品、国家统一采购的预防免疫药品、国家免费艾滋病抗病毒治疗药品和避孕药具,通过招标采购或谈判形成价格。

第四,麻醉药品和第一类精神药品,仍暂时实行最高出厂价格和最高零售价格管理。

第五,其他原来实行市场调节价的药品,继续由生产经营者依据生产经营成本和市场供求情况,自主制定价格。

《通知》从完善药品采购机制、强化医保控费作用、强化医疗行为监管、强化价格行为监管四方面明确了在取消药品政府定价后,政府如何发挥监管作用。同时强调,要加强对药品生产、流通、使用的全过程监管,切实保障药品质量和用药安全。此外,政府通过推进县级公立医院和基层医疗机构"零差率",即取消药品加成政策(中药饮片除外),取消了医院在药品价格中的分成;综合医改试点省(区、市)和公立医院改革试点城市的公立医疗机构试点推行"两票制"(即生产企业到流通企业开一次发票,流通企业到医疗机构开一次发票),通过压缩中间环节降低虚高价格。

我国已逐步形成了由市场决定药品价格的机制,但不会弱化政策因素对药品价格形成的影响,尤其是药品采购政策和医保政策。首先,在价格政策方面,2015 年国家启动药品价格改革,提出绝大部分药品价格由市场决定,这从顶层制度设计规定了药品价格由市场竞争形成。其次,在医保政策方面,医保政策在价格形成机制中充分发挥了控费作用,医保政策贯穿于药品采购目录制定、中选价格与医保支付标准协同、中选药品使用过程监管、医疗机构药款结算等全过程,间接影响着药品价格的形成。最后,在药品采购政策方面,随着药品集中带量采购政策的常态化、制度化推进,并逐步成为公立医院药品集中带量采购的主导模式,"招采合一、量价挂钩"成为了药品招标采购工作的根本原则,药品价格形成愈发公开透明、公平合理。至此,政府将不断探索建立引导药品价格合理形成的机制,建立以市场为主导的药价形成机制,以此来减轻药价虚高虚低并存所带来的困扰。

二、我国药品价格管理形式

(一)计划统筹阶段:中华人民共和国成立初期到1988年

从中华人民共和国成立初期到1988年,在建设社会主义计划经济的大背景下,政府对药品出厂、批发、零售等环节都进行严格管控。药品物流的实现是由医疗卫生机构提出采购计划,通过全国药品调拨会按计划供应给医疗卫生机构,各级医疗机构按照药品加成整除(15%),加价销售。这一时期药品市场的主要特点是:企业数量少、生产条件较差;药品品种少、档次低、价格低廉;价格基本稳定,购销领域不规范行为很少。

(二)全面放开阶段:1988—1996年

1988—1996年,在建设社会主义市场经济的大背景下,价格作为经济体制改革的突破口,为适应建立社会主义市场经济体制的需要,不断加大改革力度,大量商品和服务价格从过去的全面管制转变为全面放开为主,到1996年,绝大部分药品价格全部放开。放开药品价格,一方面极大地促进了我国制药工业、医药商业的快速发展,国外制药企业陆续进入;另一方面流通领域三级批发一级零售模式被打破,市场竞争加剧,医药购销领域出现了新模式和新手段,不正当、不规范的竞争行为愈演愈烈,药品价格出现快速上涨。

(三)恢复管理阶段:1996—2014年

1996—1999年,针对药品市场混乱,价格上涨过快过猛等问题,国务院要求价格主管部门对药品价格秩序进行治理整顿,深化药品价格改革。1996年,国家计划委员会出台《药品价格管理暂行办法》,决定对临床用量大的少数国产药品和进口药品(约200种)加强价格管理,定价方式沿用计划经济时期的管理模式,价格主管部门制定出厂、批发、零售价格。1999年,国家决定不再公布药品出厂价,只公布药品零售价,同时规定,纳入定价范围的药品与国家医保药品目录大体衔接。从文件上可以看出,政府恢复药品价格管理后,依然沿用了计划经济的管理方式,但与市场发展情况有矛盾和冲突。

2000—2014年,国家组织修订了《中华人民共和国药品管理法》和《中华人民共和国药品管理法实施条例》,明确了药品价格管理的范围和形式等内容,纳入政府管理药品的范围为国家医保药品目录内及少数具有垄断性的特殊药品(品种近3 000种,市场份额约70%)。大多数药品实行政府指导价,具体为制定最高零售限价。这个阶段,价格主管部门共进行了三轮价格集中调整,制定和调整药品最高零售价格,有效限制了定价目录内药品价格过快上涨,但并没有从根本上解决药品费用持续上涨问题,一些低档、廉价药品降价后厂家不再生产,通过改变剂型、包装等手段把药品改头换面重新上市,逃避价格监管,谋求高额利润。

2001年以后,出于打击药品商业贿赂的目的,卫生部门开始牵头实行药品招标采购制度,2007年以后,各地开始全省统一集中采购。目前,药品集中采购分成了基本药物和非基本药物、低价药品与非低价药品等多个招标目录和采购方式,政府办医疗机构必须参与省级药品集中采购,执行统一的招标采购价格,药品招标采购实际上已演变为一类行政管理职责。

(四)深化改革阶段:2015年至今

2015年5月,国家发展改革委、国家卫计委等七部委公布了《关于印发推进药品价格改革意见的通知》(发改价格〔2015〕904号),决定自2015年6月1日起取消绝大部分药品政府定价,同步完善药品采购机制,强化医保控费作用,强化医疗行为和价格行为监管,标志着以市场为主导的药品价格形成机制正式建立。国家废止了从1996年至2014年以来共144个制定和调整药品价格的文件,药品实际交易价格主要由市场竞争形成。政府从监管具体价格水平向监管价格行为转变,职能转变为加强医药费用和价格行为综合监管。医药市场化价格改革赋予了药企更多的自主权,不仅有利于降低药品价格,还有助于激发药企药品生产的积极性和创新性。

2015年也是我国药品采购的里程碑年份,国家先后出台了《国务院办公厅关于完善公立医院药品集中采购工作的指导意见》(国办发〔2015〕7号)和《国家卫生计生委关于落实完善公立医院药品集中采购工作指导意见的通知》(国卫药政发〔2015〕70号)文件,明确提出:坚持以省(区、市)为单位的网上药品集中采购方向,采取招生产企业、招采合一、量价挂钩、双信封制、全程监控等措施,保障药品质量和供应,落实带量采购,标志着我国正式开启新一轮药品集中采购机制。2018年12月,确定了"4+7"试点城市作为第一批试点地区,拉开了我国药品集中带量采购的序幕,大幅降低了中标药品价格,部分药品降价幅度超过90%。2015年至今,我国药品集中带量采购制度先后经历了药品分类采购和以带量采购为主的多元发展阶段,有效地规范和完善了药品集中采购工作,控制了药品价格,显著减轻了人民群众的药费负担。此外,随着药品"零加成""两票制"等政策的陆续发布,解决了药价虚高、以药养医等问题的同时,也进一步完善了药品集中采购政策。

2019年1月,国务院办公厅正式发布《国家组织药品集中采购和使用试点方案》(国办发〔2019〕2号),从国家层面构建了我国新一轮药品集采的整体框架,"国家组织、联盟采购、平台操作"的整体思路,探索我国药品集采新机制。此外也提出,国家开展医保药品准入谈判,要探索医保支付标准和中选价格协同,即以中选价格为基准制定医保支付标准,使国家医保药品目录中增加更多基础性药物,有效扩大和提升患者的用药范围与可负担性。从2018年12月"4+7"城市试点开始,国家分批组织药品集中带量采购工作,到目前为止已累计开展7批药品集中带量采购任务,地方带量集采也在有条不紊地持续推进,目前药品集中带量采购正走向制度化、常态化,我国药品市场价格也逐渐演变为由医保支付政策和药品集中采购政策共同引导的药品价格形成机制。

三、我国药品市场招标采购模式

经过近年来的不断探索与发展,我国已初步形成以国家集中带量采购为主流模式,省级挂网采购为有益补充,跨区域联盟采购、表模式、药品交易所、备案采购和价格谈判等共同发展的药品集中采购模式体系。

(一)国家药品招标采购模式

1. 集中带量采购　国家组织药品集中带量采购是按照"国家组织、联盟采购、平台操作"的总体思路,采取带量采购、量价挂钩、以量换价的方式,与药品生产企业进行谈判,达到降低药品价格、减轻患者医药费用负担的目的。我国的药品集中采购以国家、省(区、市)及区域联盟为单位,将所属区域内公立医疗机构纳入采购范围,由政府部门或者委托第三方机构组织、药品生产企业、第三方平台等共同参与,针对临床用量大、采购金额高的药品而实施的集中性、规模化采购,即多家医院联合起来实施的药品统一采购。根据药品入围的企业数量不同,药品集中采购又分为招标采购、议价采购、谈判采购、挂网采购等形式。

2018—2021年,国家已成功采购6批次共计294种药品,涉及金额占公立医疗机构年药品采购总额的30%。2021年开展了胰岛素的专项采购,首次将集采从化学药品拓展到生物药领域。据国家医疗保障局统计,前6批药品集中采购收效颇丰,药品价格平均降幅52%;从改革累计成果来看,国家组织集采节约费用2 600亿元以上,总体药品价格水平呈稳中有降的趋势。2022 年 8 月,第 7 批国家药品集中采购中选结果发布,本次国家采购共有 60 种药品采购成功,327 个产品中选,平均降价 48%。依据各药品的中标价格和约定采购量测算,预计每年可节省费用 185 亿元。第 7 批国家采购药品涉及高血压、糖尿病、消化道疾病等多种常见病慢性病用药,以及肺癌、肝癌、肾癌、肠癌等重大疾病用药,覆盖 31 个疾病治疗类别,涉及患者范围广。中选结果于 2022 年 11 月起落地实施。

2021 年 1 月,国务院办公厅印发《关于推动药品集中带量采购工作常态化制度化开展的意见》(国办发〔2021〕2 号)以及 2021 年 9 月国务院印发《"十四五"全民医疗保障规划》(国办发〔2021〕36 号),都再次强调坚定不移地推进集中带量采购常态化、制度化实施,并使之成为公立医疗机构的主导采购模式。带量采购政策实施以来,以市场化、更公开透明的竞争方式形成带量采购药品价格,在降低药价、保障药品供应和质量的前提下,净化医药营商环境,提升医保基金使用效能,有力推动"三医联动"深化改革。

2. **国家谈判** 医保谈判适用于独家研发生产的、专利期内的具有市场增长潜力的创新药。在科学合理测算下,国家医疗保障局和药品企业之间进行博弈,表现形式即为谈判。而医疗保障局主要谈判的筹码就是纳入全国统一的医保药品目录,把全国市场的预期用量作为标的量,用超大市场换预期、换价格。其主要目的是通过医保谈判调整国家医保药品目录,将专利期内的药品或独家创新药品纳入医保范围,调出临床价值较低的药品,降低目录内费用明显偏高的药品和专利到期的药品价格。医保谈判工作中,国家医疗保障局医药服务管理司负责政策制定,国家医疗保障局医疗保障事业管理中心负责经办操作。医保谈判可以补充带量采购中竞争不充分、价格昂贵的独家品种,着眼于大量的专利药和创新药,因此,两者作用相辅相成,可共同节约医保资金,提升患者权益。

从 2016 年国家首次开展医保谈判开始,截至 2023 年底,国家共组织了 7 批次医保药品价格谈判,医保谈判制度不断优化。7 批次药品价格谈判主要涉及乙肝、癌症、罕见病、心脑血管疾病等种类临床覆盖面广、治疗效果好的药物。从实施效果来看,国家组织的 7 批次药品价格谈判中谈判品种数从 5 个增加到 409 个,成功品种数从 3 个提高到 289 个,谈判药品平均降价幅度超过 50%;谈判成功率最高达到 94.44%,最低也超过 60%,可见药品价格谈判成功率高,降价效果明显。2022 年 6 月 29 日,国家医疗保障局公布《2022 年国家基本医疗保险、工伤保险和生育保险药品目录调整工作方案》及一系列相关文件,标志着新一轮医保药品目录调整工作正式启动。医保准入谈判机制通过将成功谈判的药品直接纳入医保药品目录,实现了医保政策与谈判结果精准对接,极大地激发了药企参与谈判的积极性;而且在药品价格谈判机制中引入了市场机制,用自主协商、自愿参与、公开透明的方式促使供需双方在同一平台进行价格博弈,大大降低了虚高的药品价格,促使专利到期的高价原研药回归合理价格,用有限的医保资金发挥最大的保障效能。同时,通过医保基金的价值购买、战略购买,引导医药产业走创新发展道路。

(二)区域药品招标采购模式

1. **省级挂网采购模式** 省级挂网采购模式指以各省(区、市)为单位,由省级药品集中采购平台确定医药产品的质量、省级限价等各项准入标准,对资质审核合格的生产企业和药品直接挂网,真正的药品最终成交价格交由地级市层面的医疗机构或医疗机构联合体(医联体)带量采购来确定,医疗机构在此基础上与挂网企业议定采购价格和数量,签订购销合同的一种阳光采购模式。省级挂网模式主要针对常用低价药、基础输液、急救药品等进行采购,是我国目前多数省份主要使用的采购模式。

2. **跨区域联盟采购模式** 跨区域联盟采购指多地区医疗机构以协议的方式组成联盟,开展药品和耗材的集中采购。国家积极鼓励省内或省际跨区域联合采购,对采购规模较小、供应分散的药品建立价格联盟,提高医疗机构或委托议价机构的议价能力,实现以量换价的目标。国内典型的医药品耗材跨区域联合采购联盟主要有内蒙古等 14 省(区、兵团)联盟、京津冀"3+N"联盟、陕西等 11 省(区、兵团)联盟、"六省二区"省际联盟、广东等 16 省(区、兵团)联盟、"沪苏浙皖闽"四省一市联盟等省级跨区域联盟,以及由"三明联盟"为典型代表的市级跨区域联盟。联盟采购可通过集合采购数量来降低分散零星的省级采购组织成本,逐渐在全国各地实践和盛行,但目前也存在行政组织力度不够、实际运行不畅等阻碍,尚需建立基于顶层设计的区域性、全国性联盟采购机制,保障跨区域联盟采购顺利开展。

3. GPO 采购模式 药品集团采购(GPO)模式是由独立的第三方中介组织承担,通过聚集各医疗机构或其他医疗机构服务提供者的购买需求,与供应商谈判,增强其议价能力,以帮助各成员寻求更低购买价格的一种集中采购模式。GPO 模式起源于 20 世纪的美国,是目前国际通行的一种药品采购模式。其本质上也是地市层面的医疗机构联合带量采购,GPO 组织在整合下游医疗机构不同采购需求的基础上实现与上游供应商的价格磋商,以达到降低采购成本的目的。我国最早探索 GPO 模式的是上海、深圳两个地区,而后广东省、湖北省、吉林省等地也陆续加入开展。GPO 模式以其市场化运作方式,为医疗机构提供了更优质高效的服务,也优化了医疗机构药品供应链结构,因而受到部分医疗机构的欢迎,成为国家药品集中带量采购的有益补充。但目前我国 GPO 模式尚处于探索阶段,存在行政干预较深、行业规范缺失、监管滞后等问题,无法充分发挥其应有效果。

4. 其他衍生模式 各省市基于前几种招标采购模式还衍生出多种多样的采购模式,主要包括药品交易所模式、备案采购模式、价格谈判等形式。药品交易所模式是医院直接通过药品交易所与药品生产企业采购药品,取消中间环节的一种采购模式。备案采购是针对临床必需,未在平台挂网且现存挂网中无替代药品,医疗机构可与药企自行议价,然后依照备案程序在平台备案系统填报实际交易信息。价格谈判是与企业约定采购量的同时,通过价格谈判的方式确定采购价格,一般用于入围企业数量不足 3 家的品种。各地因地制宜,探索了各具特色的药品集中采购模式,使各区域药品招标采购工作进行了不同程度的实践与创新,积累了丰富的经验,为我国进一步完善药品招标采购制度奠定了良好的基础。

四、我国政府对药品价格的监督管理

为了适应药品价格监管需要,及时跟踪了解药品市场实际价格,提高药品价格管理的科学性和时效性,必须对药品价格进行监督管理。

(一)药品价格监督管理机构

我国药品价格监督管理机构主要有国家发展和改革委员会(发改委)及各级价格主管部门,其按照统一要求负责组织本地区的药品价格监管工作,包括药品最高零售价格的制定和公告、药品价格审批、药品价格监测等。国家发改委委托中国价格信息中心具体承担全国药品价格监测系统软件开发和价格数据收集、传输和汇总工作。省级价格信息机构在省级价格主管部门的指导下,负责地区药品价格信息收集、上报等工作。

(二)药品价格监测单位的确定

我国药品价格的监测工作实行定点、定期的报送制度。该制度规定,首先由各省各地的药品监测定点单位选取不少于 2 家的药品批发企业或不少于 6 家的零售药店和医疗机构,同时,这些定点单位应报国家发改委备案后方可行使其职能。

(三)药品价格监测的内容

1. 药品销售实行明码标价 在经营活动中,药品生产流通企业要遵循公平、合法和诚实信用的原则,不得达成价格垄断协议,严禁出现滥用市场支配地位的垄断行为;药品零售企业在销售药品时,必须依法实行明码标价,不得利用虚假的或者使人误解的价格手段,诱骗消费者或者其他经营者与其进行交易;药品相关行业协会要加强行业自律,引导会员单位遵章守法和公平竞争,不得组织药品行业的生产经营企业相互串通、操纵市场价格以及达成并实施垄断协议。

2. 实行药品价格监测报告制度

（1）药品经营单位实际购进和销售的价格：价格主管部门要根据监测工作的需要，确定部分药品生产经营的重点单位（包括医疗机构），作为药品价格监测定点单位。这些单位要定期向价格主管部门提供药品生产经营成本、实际购销价格和购销数量等资料。

（2）招标采购药品的实际中标价格：招标采购药品，须由招标单位在规定的时间内将中标价格报当地价格主管部门备案，再由当地的价格主管部门向上级主管部门报送。

3. 药品出厂价格调查办法（试行）　国家发改委自 2011 年 12 月 1 日起施行《药品出厂价格调查办法（试行）》。药品出厂价格调查是对在我国境内生产或进口的分装药品实际出厂价格等情况进行实地调查的行为，是国家发改委依法开展价格调查工作的重要形式。药品生产企业应按调查要求如实填报《生产企业及药品基本情况调查表》和《药品出厂价格调查表》，调查人员根据企业实际生产情况核实调查药品规格，并选取具有代表性的 1~2 个规格开展调查。调查内容包括药品出厂价及销售等有关情况。出厂价包括最高和最低出厂价以及平均出厂价；现行零售价项目分为国家定价、产地省定价和企业定价；销售情况细分为销售收入、销售数量以及销售人员数量。药企拒报、虚报、瞒报、不配合调查的价格违法行为将被追责。

学习小结

1. 学习内容

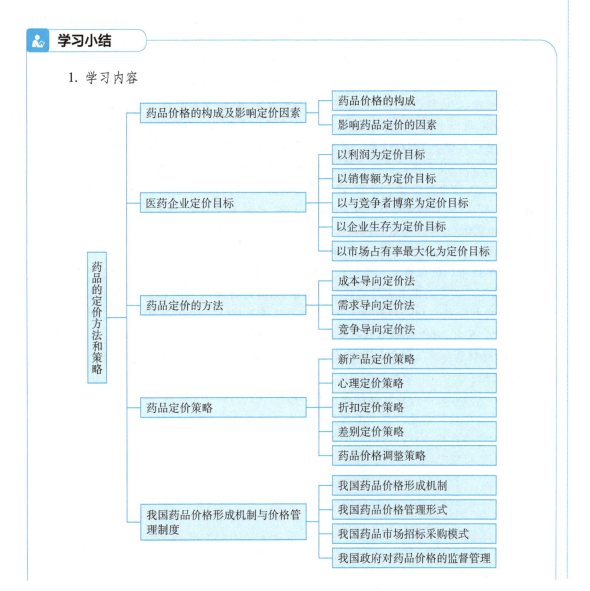

笔记栏

2.学习方法　在本章的学习中,以市场营销理论为基础,明确价格在市场营销组合策略中的地位;知晓价格构成要素、定价的影响因素、定价目标;了解我国药品价格形成机制及价格管理制度;掌握定价的方法和定价策略。

（孙　婷）

复习思考题

1.简述影响药品定价的主要因素。
2.简述医药企业的定价目标。
3.药品定价的主要方法有哪些?
4.常用的药品定价策略有哪些?
5.我国药品市场招标采购模式有哪些?
6.案例分析题

增加收入，降价还是涨价?

在医药市场中,药店终端的药品竞争更接近于市场竞争,其定价规律更符合价格弹性理论。因此对于药店来说,若不了解药品的需求价格弹性理论,擅自采用降价促销手段,其风险是很大的。假设某维生素类产品的需求价格弹性为3,某药店销售该药品的零售价格为10元,在一个月内的销售量是100盒,那么药店月收入是1000元;若药店为了获得更多的销量,增加短期收入,降价10%,零售价格下降到9元,根据需求价格弹性公式可求得,其销量增加300%,即一个月内销售量是400盒,降价后的总收入为3600元。由此可见,通过降价,药店的总收入增加了2600元。因此,对于弹性较大的产品来说,降价会增加其收入。而对于弹性较小的产品来说则正好相反;降价不能增加收入,如某种肿瘤药品的弹性是0.1,价格是100元/盒,每个月销售100盒,现在药店要降价10%,价格降到90元/盒,根据需求价格弹性公式可求得,其销量增加1%,即增加1盒,此时每个月的收入是9090元,而降价前的收入是10000元,降价之后收入反而减少910元。由此可见,药店为增加收入而进行降价促销时,必须了解药品的价格弹性,否则会适得其反。

然而,如何增加药店的收入呢? 对于需求价格弹性较小的药品,可以采用涨价的方法提高药店的收入。还是利用上面肿瘤药品的例子,若将这种药品涨价10%,则根据需求价格弹性公式,其需求量减少1%,即减少1盒,每个月销量是99盒,收入是10890元,比没涨价前多出890元。反之,对于价格弹性较大的产品涨价是不适合的,利用上面维生素的例子,若涨价10%,则销量会下降300%,即消费购买数量为零,药店减少收入为1000元。

思考问题:
（1）影响药品需求价格弹性的因素有哪些?
（2）降价促销策略适用于哪类药品? 为什么?
（3）对于哪类药品可以采用提价策略? 为什么?

第九章

药品分销渠道及供应链管理

学习目标

1. 掌握药品分销渠道的含义与类型,根据影响渠道设计的主要因素以及分销渠道设计的四个环节。

2. 熟悉药品渠道管理决策、渠道冲突的管理和渠道的调整。

3. 了解医药物流及供应链管理的主要内容,现代医药物流理念和方式和现代物流技术。

引导案例

数字经济背景下华润医药商业的渠道创新战略

华润医药商业集团有限公司(简称华润医药商业)是华润医药集团全资的大型医药流通企业,华润集团大健康领域业务单元之一。近年来,华润医药商业在华润集团、华润医药集团战略引领下,积极并购国内优质医药流通企业,快速形成总部、区域公司及商业公司的管控体系,形成全国网络布局。

截至目前,华润医药商业在28个省(自治区、直辖市)拥有350余家子公司,多数子公司在本省、地市具有区域竞争优势。华润医药商业以信息化支撑全部业务流程和管理,建有全国首家现代医药物流配送中心、全国药品流通行业第一家恒温恒湿冷库,并拥有自主知识产权的仓储管理系统(warehouse management system,WMS),实行集团化现代物流管理系统,为近万家上游供货商及超过9万家下游客户提供高度专业化的医药商品物流配送、营销推广以及其他创新增值服务。医院物流智能一体化增值服务(hospital logistics intelligence,HLI)将专业化的医药物流管理体系延伸到医院,提供高效、便捷、低成本的管理解决方案。统一零售品牌德信行,高值药品直送服务模式(direct to patient,DTP)使知名跨国医药公司的高端特药产品直接服务于消费者。公司坚持数字化转型、数字化管理、数字化运营,打造生态链价值实现平台。

华润医药商业通过"业务+数字化"组合,不断推进运营效率提升及商业模式创新,以数字化手段打造"医疗+互联网"服务生态圈,助推供应链服务转型升级。"线上运营+线下分销+物流服务"新零售模式,打造"DTP 药房+社会药房"组合的新零售业务体系,建立"以患者为中心"的医患管理一体化平台。借助数字化手段打造器械全产品线运营一体化平台,发展延伸服务,建立器械特许经营/生产贴牌生产(original equipment manufacturer,OEM)能力,建立检验、骨科、介入三大高值耗材全国分销、配送和终端应用服务、医疗供应管理配送(supply-processing-distribution,SPD)等营销体系,形成全产业链布局,建立竞争优势。

分析:商务部于2021年发布了《关于"十四五"时期促进药品流通行业高质量发展的指导意见》,药品流通行业加快数字化转型,医药供应链协同发展,经营模式不断创新。随着"两票制"政策的实施和"药品集中带量采购"的常态化开展,将大幅压缩药品流通环节,快速提升行业集中度,加速药品零售、物流、电商行业的集约化、信息化、标准化进程,促进全行业服务创新与升级转型。

第一节　药品分销渠道概述

一、药品分销渠道的含义

　　药品分销渠道是指药品从药品生产企业向消费者(或用户)转移的过程中,取得药品所有权或帮助所有权转移的所有商业组织和个人,可以从以下4方面予以理解。

　　1. 药品分销渠道是由一群相互依存的组织或个人集合构成的　这些组织或个人包括生产者、中间商、消费者或用户。由于药品是特殊商品,为确保其质量和用药安全,各国通常对药品中间商实行严格的准入制度,规定其开办条件,制定了许可证制度和《药品经营质量管理规范》(Good Supply Practice,GSP)认证制度。这些渠道成员相互依存,一方面为解决药品价值的传递问题各自发挥营销功能,因共同利益而合作,结成共生伙伴关系;另一方面也会因不同的利益和其他原因发生矛盾和冲突,需要协调管理。

　　2. 药品分销渠道是传递药品价值的通道　药品分销渠道反映药品价值传递过程所经由的整个通道,其一端连接药品生产企业,另一端连接消费者(或用户),是药品从药品生产企业到消费者(或用户)的完整的流通过程。

　　3. 药品分销渠道是一个多功能系统　它不仅要通过在适当的地点,以适当的质量、数量和价格供应药品或服务以满足需求,而且要通过渠道成员的促销活动来刺激需求。事实上,药品分销渠道是通过产生形式效用、所有权效用和时间、地点效用,为最终消费者(或用户)实现价值的协调运作网络系统。

　　4. 药品分销渠道具有很强的外部性　分销渠道成员大部分不隶属于企业,是一项重要的外部资源,如何有效管理渠道成员是分销渠道策略的重要内容。

二、药品分销渠道的类型

　　一般来说,按照有无中间商可将产品分销渠道分为直接渠道和间接渠道;按照中间环节数目可分为长渠道和短渠道;按照渠道的宽度可分为宽渠道和窄渠道(密集分销、选择分销和独家分销)。

(一)直接渠道和间接渠道

　　药品分销渠道按有无中间商可分为直接渠道和间接渠道。

　　图9-1描述了医药消费品和医药工业品的4种主要渠道形式,其中第一种类型是直接渠道,第二、三、四种属于间接渠道。医药消费品主要指药品,医药工业品主要指医药原辅料。

　　1. 直接渠道　即图9-1中的第一种渠道,也称为零级渠道。即药品生产企业不经过中间商而将药品直接出售给消费者(或用户),药品生产企业同时承担生产与流通两种职能。

　　在药品市场,直接渠道不是很普遍,具体有以下几种形式:药品生产企业通过自建零售药店销售自己生产的药品;医院向患者直接出售按国家规定自制的院内制剂;药品生产企业

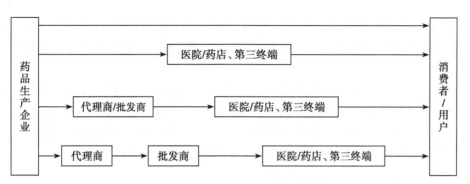

图 9-1　药品分销渠道的基本类型

在社区举行咨询式的医疗义诊服务,向消费者介绍药品生产企业的药品并销售;消费者在遵循医嘱的前提下,直接到药品生产企业购买或通过邮购的方式获取药品等。

在医药原辅料市场,直接渠道是医药原辅料的主要分销渠道,医药原辅料生产企业直接向药品生产企业销售医药原辅料。

直接渠道的主要优点是:药品生产企业能和消费者(或用户)零距离地接触,消费者能充分了解药品生产企业及其生产的产品及服务,药品生产企业能及时、具体、全面地了解市场需求及变化;流通环节减少,可以缩短流通时间、减少流通费用、提高经济效益。其缺点是药品生产企业直接销售药品,分散了进行生产活动的人力、财力、物力;药品生产企业承担了更多的风险。

2. 间接渠道　间接渠道是药品生产企业通过流通领域的中间环节将药品出售给消费者(或用户),即在药品生产企业和消费者(或用户)之间加入了中间商,由中间商承担流通职能。中间环节可能只有一个,也可能有若干个。一个中间环节有时不止一个中间商,参与产品销售的中间商数量一般会多于中间环节的数量。大多数药品从生产领域向消费领域的转移过程都要经过中间环节,间接渠道是药品流通的主要渠道。如图 9-1 中的第二、三、四种渠道都属于间接渠道。

间接渠道通过专业分工使产品销售简单化,促进了生产和流通的发展;中间商的介入,分担了药品生产企业的经营风险;借助于中间商,可增加产品销售的覆盖面,扩大市场占有率。但是,如果中间环节过多,会增加流通费用,提高成本;会给生产企业收集市场情报和产品销售反馈信息带来困难;增加了药品生产企业控制渠道的难度。

(二)长渠道和短渠道

药品分销渠道根据中间环节的数目来分类,可分为长渠道和短渠道。如图 9-1 所示:第一种渠道没有中间环节,称为零级渠道;第二种渠道仅有 1 个中间环节,称为一级渠道;第三种渠道有 2 个中间环节,称为二级渠道;第四种渠道有 3 个中间环节,称为三级渠道;以此类推,可以有四级、五级等多级渠道。渠道的长短只是相对而言的,一般认为零级、一级为短渠道,三级、四级及以上渠道为长渠道。药品生产企业可以根据自身的资源、产品特征和市场情况采用不同长度的渠道类型。

(三)宽渠道和窄渠道

可根据每一环节使用的中间商数目来确定药品分销渠道的宽度。一般来说,根据渠道的宽窄,药品生产企业有 3 种策略可供选择。

1. 密集分销　密集分销指药品生产企业尽可能地通过许多负责任的、适当的批发商与零售商销售其产品,使广大消费者或用户能随时随地买到产品。密集分销比较适合于非处方药及普药,如治疗感冒、高血压、胃炎等疾病的药品。

2. 选择分销　选择分销指药品生产企业在某一地区仅通过少数几个精心挑选、最合适的中间商销售其产品。选择分销适用于所有药品,相对而言,一些处方药及新特药更适宜采用选择分销。

3. 独家分销　独家分销指药品生产企业在一定地区选择一家中间商销售其产品。昂贵的进口药和专科用药一般选择独家分销。另外,在药品投放市场前期也会采用此种策略,药品生产企业为了分析市场情况或需求强度,会选择一家公司或综合性医院进行试销,取得市场资料及反馈信息,为企业开发和拓展市场提供参考与决策依据。

三、药品分销渠道的特点

分销渠道是医药营销的核心环节之一。畅通的销售渠道是保证产品顺利到达消费者或用户手上的关键。所谓医药产品分销渠道,就是医药产品从医药生产企业向消费者(用户)转移的通路,渠道成员包括取得药品所有权或帮助所有权转移的所有企业和个人。医药市场运行比较复杂,国家出台的相关法规比较多,对医药产品分销渠道的理解可以从以下两点着手。

1. 对分销渠道的类型有特殊规定　例如,为保障产品质量,国家要求疫苗由生产企业直接向疫苗接种单位进行配送,我国疫苗的销售渠道只能采用直接渠道。在"两票制"推行前,除特殊规定的药品外,传统的药品分销渠道可以有两级渠道长度以上的渠道类型。但推行"两票制"后,规定药品生产企业到流通企业开一次发票,流通企业到医疗机构开一次发票,这就意味着从药品生产企业到医疗机构的渠道最多只能是两级渠道了。

2. 对分销渠道成员有严格的准入限制和监管措施　药品作为政府部门严格监管的对象,其分销渠道成员也会受到严格的监管。比如药品经营企业必须获得药品经营许可证和通过 GSP 认证,药品第三方物流企业也必须经过审批才能够从事相关的物流活动等。

知识链接

两票制改革

2016 年 12 月 26 日,国务院医改办与国家卫计委等 8 部委共同发布《关于在公立医疗机构药品采购中推行"两票制"的实施意见(试行)的通知》(以下简称《通知》)。《通知》指出,"两票制"是指药品生产企业到流通企业开一次发票,流通企业到医疗机构开一次发票。

按照要求,药品生产企业或科工贸一体化的集团型企业设立的仅销售本企业(集团)药品的全资或控股商业公司(全国仅限 1 家商业公司)、境外药品国内总代理(全国仅限 1 家国内总代理)可视同生产企业。药品流通集团型企业内部向全资(控股)子公司或全资(控股)子公司之间调拨药品可不视为一票,但最多允许开一次发票。药品生产、流通企业要按照公平、合法和诚实信用原则合理确定加价水平。鼓励公立医疗机构与药品生产企业直接结算药品货款、药品生产企业与流通企业结算配送费用。

《通知》印发后,各地把药品购销"两票制"作为深入推进医改的重要抓手,认真研究制订"两票制"实施方案,积极推动政策落地。2017 年底前,所有省(区、市)和新疆生产建设兵团均出台了操作性文件,11 个综合医改试点省份和 200 个公立医院改革试点城市率先推行"两票制"。

结合 2018 年底开始的药品集中采购改革,集采药品由中标企业自己或委托流通企业配送医疗机构,已经实现了"两票制"目标,有的甚至实现了"一票制"。

四、药品分销渠道的流程与功能

（一）药品分销渠道的流程

药品的分销渠道中存在五种以物质或非物质形态运动的"流"：实物流、所有权流、付款流、信息流和促销流，如果将这 5 种"流"综合在一起，看上去简单的分销渠道便立即呈现出极为错综复杂的关系，如图 9-2 所示。

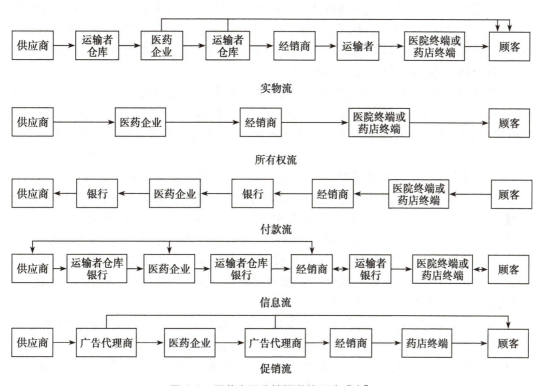

图 9-2　医药产品分销渠道的五种"流"

（二）药品分销渠道的功能

从图 9-2 可以看出，药品分销渠道的基本功能是实现药品从药品生产企业向消费者或用户的转移。在上述过程中，通过分销渠道解决了药品流通过程中的 3 种基本矛盾，即生产和消费的矛盾、生产地和消费地的矛盾、生产时间和消费时间的矛盾。药品分销渠道发挥以下主要功能。

1. 调研　收集和传递有关消费者、竞争者及其他营销环境的信息。

2. 促销　开发和传播富有说服力的信息以刺激购买。

3. 沟通交流　寻找购买者，并与之进一步沟通。

4. 配货　根据顾客需求将药品配送到指定的位置，如分类、组装等。

5. 谈判　代表买方或者卖方参加有关产品价格和其他交易条件的谈判，以促成最终协议的签订，实现产品所有权的转移。

6. 财务　通过收集和分散资金，负担分销工作所需的部分或全部费用。

7. 风险承担　整个分销渠道中各分销商承担药品流通过程中产生的风险。

第二节　药品分销渠道模式

一、处方药的分销渠道模式

处方药具有很强的专业性,必须凭借医生处方才能购买、使用,患者没有选择权和决定权。当患者作为普通消费者的这些权利被转移到医生身上时,医生就成为实质上的消费者,而医院实质上就是渠道终端。因此,在整个药品分销通路中,医院占据着极重要的有利地位,也是药品促销活动的对象,直接影响着处方药的渠道模式。根据促销职能的承担者不同,处方药的分销渠道可分为以下 3 种模式。

1. 独家代理制　独家代理制可分为全国独家代理和区域独家代理两个级别,制药企业在全国或某一区域市场只选择一家代理经销商,由代理经销商全权负责其产品在此区域的市场开发、临床推广、实体分销及返款等全部流程,制药企业通常要留出足够的利润空间给代理商。

独家代理制对代理商的要求很高,表现为:①代理商要有很强的布点能力,能在短时间内发展若干有实力的经销商或二级代理商;②代理商具有技术咨询指导和系统设计能力,指导经销商运作并直接为客户服务;③代理商可以在统一市场促销决策中发挥作用。

该模式的优点是:①通过代理商统一管理、协调运作,分销环节简便、分销效率高。产品可利用代理商网络和资金快速进入目标区域,代理商经营积极性比较高,责任心比较强;②避免区域内的价格竞争,保证中间利润,从而提高经销商的积极性;③制药企业能减少销售投入,将更多精力转到研发和生产环节。

该模式的缺点是:对于制药企业来说存在一定的市场风险,比如过分依赖代理商、缺乏终端客户反馈信息、无法控制代理商的行为、企业产品品牌被弱化等。

独家代理制模式的运用:①进口药品。根据国家相关政策规定,进口药品在中国销售须由具有进口药品代理权的公司进口并销售,故外资公司药品进入国内市场多采用此模式;②缺乏营销实力的国内制药企业。因缺乏营销渠道,企业通常会选择一家营销实力强的代理商,将产品全权委托给对方销售。

2. 办事处+区域分销制　制药企业在各区域市场选择一家或几家经销商,设立办事处并派驻销售代表进行市场开发和临床推广,经销商只负责其产品的实体分销和付款。因制药企业直接参与临床促销活动,经销商只需提供物流和分销服务,所以经销商获得的利润有限。

该模式的优点是:①企业最贴近终端市场,对终端掌控能力强;②有利于建立良好的企业品牌形象;③由企业自己的销售人员完成商流,能最大限度地降低对经销商的依赖,提高渠道控制力。

该模式的缺点是:终端投入大,增加了企业销售成本和人力成本;经销商只提供物流服务,利润微薄,缺乏销售积极性。

办事处+区域分销制模式的运用:①专业性强、技术含量高的药品。此类产品需要企业建立自己的销售队伍进行学术推广与终端开拓,提供高质量的售前、售中和售后服务,如合资制药公司建立地区办事处,招聘医药代表进行临床推广和学术支持;②产品线较宽的企业。建立自己的销售队伍可提供给终端客户更好的服务,同时多样化的产品结构能有效降低营销费用和人力成本。

3. 多家代理制　多家代理制是国内制药企业使用最多的渠道模式,即在各区域市场选择多家经销商,由他们分别布点,形成分销网络。

该模式的优点是:减少了渠道中间环节,能帮助产品迅速铺货,占领市场速度快;鼓励多家经销商之间竞争,提高企业对渠道的控制力。

该模式的缺点是:多家代理商在同一市场竞争容易产生冲突,造成区域秩序和销售价格的混乱,增加渠道管理难度。

多家代理制模式的运用:进入市场成熟期的普药采用此模式分销,可快速占领市场,获得销量回报。

二、非处方药的渠道模式

非处方药(OTC)不需要医生处方,消费者可自行到药店购买,因而药店是 OTC 最主要的销售渠道。随着 OTC 市场的快速发展,药店的业态也在不断发展变化,目前主要有以下几种渠道模式。

1. 医药生产企业自建零售药店　非处方药生产企业通过建立自己的零售药店直接出售非处方药,以此帮助企业快速打开新市场,增加营业额,促使产品快进快出,同时缩短药品渠道长度,减少中间费用,降低药品价格。另外,根据 2022 年 12 月 1 日起开始实施的《药品网络销售监督管理办法》规定:"从事药品网络销售的,应当是具备保证网络销售药品安全能力的药品上市许可持有人或者药品经营企业。"随着互联网药品交易的兴起和普及,医药企业也可以申请获得互联网药品经营 B2C 资格,按照批准的经营方法和经营范围将非处方药及家用医疗器械等医药产品直接销售给消费者。

2. 连锁药店模式　即制药企业→连锁总店→连锁分店→消费者。国家经济贸易委员会从 1998 年初开始推广药品连锁经营,至今连锁药店已发展成为 OTC 零售市场份额最大的分销渠道。统一标识、统一采购配送、统一质量管理、统一财务核算、统一商品价格、统一服务规范是药品零售连锁经营的基本特征,并在此基础上形成了自己独特的企业文化、创造出自己的优秀品牌。例如,广州"大参林"、长沙"老百姓大药房"、北京"同仁堂"等一大批连锁药店,以专业的服务、突出的品牌形象,成为药品零售企业的领导者。

连锁药店模式具有门店数量多、覆盖地区广的网络优势,实行总店统一采购、集中配送的规范化管理,能帮助制药企业增加销量和终端市场覆盖率。

3. 商场超市内设药品专柜　即制药企业→经销商→药品专柜→消费者。《处方药与非处方药分类管理办法(试行)》将非处方药中安全性较高的部分药品划为乙类非处方药,乙类非处方药可进入商场、超市销售,因此药品专柜成为此类药品销售的又一新渠道。乙类非处方药销售渠道的拓宽极大地方便了消费者购药,增加了药品的覆盖面和销量,对打破药品渠道的行业垄断发挥着积极的作用。

4. 医院渠道　即制药企业→经销商→医院→消费者。尽管 OTC 药品的主要零售渠道是药店,但制药企业仍愿意保留医院渠道,并在市场策略和临床推广上给予足够的重视。因为对于药品这种专业性较强的商品来说,医生处方的销售拉动作用不可小觑。实际上大多数消费者到药店后对药品的选择是基于前一次的医生处方作出的,保留医院渠道直接促进了 OTC 药品在药店渠道的销量。

三、非处方药与处方药分销渠道模式比较

按照国家药品分类管理制度的要求,药品分为非处方药和处方药。这两类药品的分销渠道基本相同,但由于药品属性和消费习惯的不同,以及国家政策法规的要求,也会有所区别,其主要区别在于零售终端重点不同。

一般来说,非处方药的零售终端重点为药店、第三终端,也有部分选择医院。所以非处方药的渠道模式主要有:连锁药店渠道模式、第三终端渠道模式、自建销售渠道模式、社区服务渠道模式。处方药的零售终端重点为医院,当然也不排除药店和第三终端销售。

第三节 药品分销渠道的设计决策

分销渠道的设计与管理是任何药品生产企业都必须认真对待的一项工作,它关系到药品能否及时销售出去和收回货款,关系到企业的销售成本与利润,对企业营销的成败关系重大。要设计与管理好分销渠道,必须首先考虑影响渠道设计与管理的因素。

一、影响药品分销渠道设计的主要因素

1. 产品因素　产品因素包括药品所属类别(OTC或处方药)、药品价格、治疗疾病领域、是否有很强的专业性等。如专业性较强、治疗疾病领域较尖端的处方药对售前及售后服务要求高,适宜选择短而窄的渠道,可以采用办事处+区域分销模式;而治疗常见普通疾病、价格便宜的OTC产品则适宜选择长而宽的渠道,比如连锁药店模式等。对于一些易腐、易损产品及危险品,诸如"毒、麻、精、放"这些特殊管理药品,应尽量减少多次转手、反复搬运,应选择较短或特殊的渠道。

2. 市场因素　市场因素包括市场需求特征、疾病发生是否有季节性、消费者的集中程度和购买习惯、同类竞争药品的市场状况等。

(1)市场需求特征:对于需求比较旺盛的市场,企业应采取宽渠道策略,以满足最大限度的需求;反之,应采用窄渠道。对于需求变化较为复杂的市场,应采用直接渠道或短渠道,便于搜集市场信息,及时调整营销策略;反之,应采用间接渠道或长渠道,以扩大销售区域。

(2)销售的季节性:对一些销售季节性较强的药品,一般应充分发挥中间商的作用,以便均衡生产,所以一般采用较长的分销渠道。

(3)消费者的集中程度:消费者主要集中在某一地区,可采用直接渠道或短渠道;相反,如果消费者分布比较分散,则需要更多发挥中间商的作用,采用间接渠道或长渠道。

(4)消费者的购买习惯:消费者的不同购买习惯,如购买数量、购买地点的不同,都会影响营销渠道的设计。

(5)竞争状况:通常情况下,同类药品与竞争者采取相同或相似的分销渠道,若在竞争特别激烈的情况下,可选择特殊的分销渠道。

3. 企业自身因素　包括企业自身规模、资金实力、渠道管理能力和渠道控制愿望等。规模大、财力雄厚的企业有能力选择实力强的分销商,或选择扁平化的短宽渠道,或自建渠道,可以有效把握终端市场;反之就需要考虑渠道成本因素,多依赖中间商,采取长宽渠道。

4. 相关法律法规　设计产品分销渠道时应严格遵守国家相关法律法规,如《中华人民共和国药品管理法》《中华人民共和国药品管理法实施条例》《药品网络销售监督管理办法》等。

二、药品分销渠道的设计程序

1. 分析目标市场的需求　药品分销渠道本质上就是将药品提供给顾客,因此药品生产企业在设计分销渠道时,首先必须明确顾客实际需要的服务。这就需要对购买者进行调查研究,了解他们所需购买产品的数量、质量、品种,购买等候时间,购买的便利性,购买时需要

的服务类型和水平。

2. 确定渠道目标　药品的分销渠道目标有多种选择：有的强调速度，致力于快速传递；有的体现便利，使顾客能够就近购买；有的突出选择，提供丰富的产品品种规格；有的重视服务，将售后服务放在首要位置。在实际中，有的药品生产企业追求单一目标，更多的企业追求多重目标。每一家药品生产企业都必须在顾客、产品、中间商、竞争者、企业政策等所形成的限制条件下，确定其分销渠道的目标。

3. 制订渠道备选方案　制订渠道备选方案主要涉及以下三方面的内容。

（1）确定渠道长度：根据影响渠道的设计因素确定渠道长度，决定采用短渠道还是长渠道，并在此基础上确定中间商类型。

（2）确定渠道宽度：即考虑使用中间商的数量，可以在密集分销、选择分销和独家分销3 种类型中选择。

（3）确定渠道成员的权利和义务：渠道成员的权利和义务涉及四方面。①中间商的区域权利，明确规定中间商的销售区域安排和特许权；②价格政策：由生产者制定价目表和折扣细目表；③销售条件：主要包括付款条件和生产者的担保；④双方的服务和责任：明确规定生产者和中间商各自的服务内容、服务水平以及相应的责任。

4. 评估选择渠道方案　在确定了主要的备选方案后，药品生产企业应该根据经济性、可控性和适应性标准对备选方案进行评估，然后选择适宜的渠道。

三、药品分销渠道设计的新趋势——整合渠道系统

整合渠道系统是分销渠道新发展的产物。传统分销渠道主要由独立的生产商、批发商和零售商组成，每个成员都是作为一个独立的实体追求自己利润的最大化，甚至不惜牺牲整个渠道的利益；没有一个渠道成员拥有全部或足够的控制权，是一种"高度松散的网络"。随着市场环境的变化，传统分销渠道面临着严重的挑战。

为了取得更好的效果，许多企业希望渠道成员能够更好地协调，并加强对渠道的掌控力度，整合渠道系统应运而生。整合渠道系统是渠道成员通过一体化整合形成的分销渠道系统，包括 4 种形式：垂直渠道系统、水平渠道系统、多渠道系统、线上线下渠道融合系统。

1. 垂直渠道系统　垂直渠道系统由生产商、批发商和零售商纵向整合组成，其成员或属于同一家公司，或为专卖特许权授予成员，或由有足够控制能力的企业管理。该系统有3 种主要形式。

（1）公司式垂直渠道系统：即由一家公司拥有和管理若干工厂、批发机构和零售机构，控制渠道的若干层次，甚至整个分销渠道，综合经营生产、批发和零售业务。公司式垂直渠道系统又分为两类：一类是由大工业公司拥有和管理的，采取一体化经营方式；一类是由大型零售公司拥有和管理的，采取商工一体化经营方式。

（2）管理式垂直渠道系统：即通过渠道中某个有实力的成员来协调整个产销通路的渠道系统。

（3）合同式垂直渠道系统：即不同层次的独立的生产商和中间商，以合同为基础建立的联合渠道系统。

2. 水平渠道系统　水平渠道系统是由两家或两家以上不相关的公司将资源和项目整合起来，横向联合，共同开拓新的市场机会的分销渠道系统。

3. 多渠道系统　多渠道系统是对同一或不同的细分市场，采用多条渠道的分销体系。大致有两种形式：一种是生产企业通过 2 条以上竞争性分销渠道销售同一品牌的产品；另一种是生产企业通过多条分销渠道销售不同品牌的差异性产品。多渠道系统为生产企业提供

了三方面利益:扩大产品的市场覆盖面、降低渠道成本和更好地适应顾客要求。但该系统也容易造成渠道之间的冲突。

4. 线上线下渠道融合系统 随着"互联网+医药"的深度融合,医药产业链各环节纷纷进行线上线下整体布局谋篇。消费者线上购药习惯的养成,加之互联网医疗不断发展、线上购药实时医保结算陆续试点、网售处方药政策逐步放开,促使医药电商交易规模持续发展,尤其是线上到线下(online to offline,O2O)市场销售迎来发展机遇。药品零售连锁企业借助自营及第三方平台,依靠互联网平台流量优势拓展线上业务。大型药品批发企业依托数字化工具赋能线上业务。为满足消费者多样化的购药需求,医药互联网企业不断创新线上服务模式,进一步延伸药事服务,在用户体验、场景服务、供应链整合方面逐渐形成差异化发展。

第四节 药品分销渠道管理决策

"两票制"以前,药品流通模式为:药品生产企业→药品经销商(多级)→药品配送商→公立医疗机构。实施"两票制"后,药品流通模式为:药品生产企业→药品配送商→公立医疗机构。药品分销渠道的中间商都是独立法人或经济实体,有其深刻的业务背景及自身利益。所以,管理中间商的难度较大,药品生产企业应该尽可能多地了解和接近中间商,才能真正地协调好医药分销渠道各方面的关系,将医药分销渠道的功能调适到最佳状态。医药分销渠道管理包括对渠道成员的管理、渠道冲突的管理和分销渠道的调整。

一、药品分销渠道成员管理

1. 选择分销渠道成员 在传统的药品流通模式下,选择分销渠道成员主要是选择经销商;在实行"两票制"的药品流通模式下,选择分销渠道成员主要是选择配送商。选择医药中间商首先要广泛收集有关中间商的市场经验、经营范围、资信情况和合作态度等方面的信息,确定审核比较的标准。一般情况下,在选择医药中间商时,必须考虑以下两方面。

(1)硬件:具体包括医药中间商的市场范围、产品组合、地理位置和储运能力。

(2)软件:具体包括医药中间商的声誉、财务状况、管理水平、人员素质、综合服务能力和预期的合作程度。

2. 培训分销渠道成员 对渠道成员培训的目的在于增强渠道成员对本企业的信任度,提高其营销水准,扩大本企业产品的销售,与渠道成员建立稳定持久的战略伙伴关系。围绕这些目的,药品生产企业对渠道成员的培训内容主要包括以下几方面。

(1)企业形象和品牌:培训过程中首先向渠道成员推介药品生产企业的形象、文化、品牌、人员素质和企业持续发展的保证因素,目的是与渠道成员之间建立起相互信任的关系,使其树立起信心。

(2)企业的产品:应着重介绍产品研制的技术依托、产品的独特功效、能够给渠道成员带来的利益。其目的是区别于竞争者的产品,激励渠道成员推介本企业的产品。药品生产企业应该尽可能避免因贬低对手产品而忽视介绍自身产品特色的推介方式。

(3)企业的销售政策:在开展对渠道成员的培训工作之前,一定要做好充分的市场调研工作,了解当地的价格水平,制订一套针对该区域市场的销售政策,并且把这些政策准确地传达给渠道成员。

(4)企业营销队伍的推介:着重向渠道成员推介药品生产企业经过良好培训、有敬业精神、专业知识水平高的营销人员。

（5）企业的营销策略支持：着重向渠道成员推介本企业的技术成果、推广力度、管理策略，以及企业能为渠道成员提供的促销措施、公关运作等。

3. 激励分销渠道成员　为了调动渠道成员经销产品的积极性，药品生产企业需要采取适度的激励措施。激励渠道成员的主要方式有以下3种。

（1）合作：一方面采用适当的措施提高优惠差价，积极配合渠道成员进行网点宣传，使成员获得比原先更多的经济利益；另一方面通过广泛接触各渠道成员的业务员，和各渠道成员一起共同开发市场，帮助渠道成员节约推广费用。

（2）合伙：药品生产企业可以约定与渠道成员在经济利益方面处于同一起点，共同合伙开发产品市场，并在合同上明确双方满意的利润分成。这种方法使得生产和销售一体化，消费者可更明确地在质量、服务等方面得到满意的承诺，是开发新产品市场的一种行之有效的好方法。

（3）营销规划：这是一种更高级的合伙方式，药品生产企业从经销商的需要出发，与之共同规划市场蓝图，确定营销目标、存货水平、产品类别等，进行业务知识培训及广告宣传等，从而扬长避短，取得更高的利润。

4. 评估分销渠道成员　生产企业可以根据一些标准定期评估中间商的业绩，这些标准包括：销售配额完成情况、平均存货水平、送货时间、对损坏和遗失商品的处理、与公司促销计划和培训计划的合作情况等。

二、药品分销渠道冲突管理

1. 药品分销渠道冲突的原因

（1）药品分销渠道成员在目标、战略方针及管理制度方面存在差异。由于药品生产企业和医药中间商是独立的利益实体，他们各自的管理方式和管理原则都是很不相同的，对于同一事物彼此都有不同的处理方式。他们在进行交易时，有可能一方不会按照另一方的要求来贯彻执行，或在执行合同的过程中大打折扣，这样冲突在渠道成员之间就产生了。

（2）药品分销渠道结构不合理，职责和权力不明确及相互依赖程度存在差异。渠道的结构设置不合理也会导致渠道成员之间发生冲突。如果渠道管理的重心下移，就会使销售费用增加。

（3）药品分销商之间存在过度竞争。目前药品的利润空间比较大，在巨大市场利益的驱使下，加之药品生产企业管理监督不严，医药分销商为了完成销售量，通过越区销售，辅之以平价药店销售来与对手进行竞争。

（4）渠道成员之间存在信息不对称的情况。由于渠道成员之间所得到的信息来源不同，如果彼此之间又不进行有效的信息沟通，就有可能造成矛盾和冲突。比如药品生产企业没有及时将决策传达给医药分销商，各医药分销商的销售情况没有及时反馈到药品生产企业，这样冲突就发生了。

2. 药品分销渠道冲突的类型

（1）垂直渠道冲突：即同一渠道中不同层次之间的利益冲突。例如，医药经销商和药品生产企业之间的冲突。

（2）水平渠道冲突：即渠道中同一层次的成员之间的利益冲突。

（3）多渠道冲突：即不同渠道类型成员之间的利益冲突，这种冲突的产生是由于生产企业同时利用两种或两种以上的分销渠道进入同一个目标市场。线上线下渠道冲突也是多渠道冲突的一种典型体现。

3. 药品渠道冲突的管理　有些渠道冲突是良性的,它们可能会提高渠道在不断变化环境中的应变能力;但是大量的渠道冲突是恶性的,而且是不可避免的。因此,药品生产企业在处理冲突时,关键不在于如何消除这些冲突,而在于如何更好地管理,使渠道成员之间相互协商,达到共同目标。具体而言,可通过以下 3 种方法进行管理。

（1）制订更高的合作目标:渠道成员就一些合作目标达成一致,目标可以是生存、提高市场份额、提高质量,也可以是良好的售后服务。

（2）互换人员:安排不同渠道层次的人员进行职位互换,可以帮助渠道成员换位思考,从而更容易就一些问题达成共识。

（3）进行谈判、调解或仲裁:这些方法主要用来解决长期、尖锐的冲突。

三、药品分销渠道的调整

调整药品分销渠道是指根据各药品中间商的具体表现以及各市场变化的情况,分析现有分销渠道是否能够满足消费者(或用户)需要,从而决定增开新渠道还是紧缩、去掉原有渠道等。

首先,需要对分销渠道成员进行调整,内容包括三方面:一是功能调整,即重新分配分销渠道成员应该执行的功能,使之能最大限度地发挥自身潜力,从而实现整个分销渠道效率的提高。二是素质调整,即通过提高分销渠道成员的素质和能力来提高分销渠道的效率。素质调整可以用培训的方法永久地提高分销渠道成员的素质水平。三是数量调整,即增减分销渠道成员的数量以提高分销渠道的效率。其次,需要对渠道系统进行变革,建立整合渠道系统。整合渠道系统可以选择垂直渠道系统、水平渠道系统和多渠道系统。

2016 年 4 月,国务院办公厅印发了《深化医药卫生体制改革 2016 年重点工作任务》的通知,就是对药品分销渠道的调整举措。其提出要优化药品购销秩序,压缩流通环节,综合医改试点省份要在全省范围内推行"两票制",积极鼓励公立医院综合改革试点城市推行"两票制",鼓励公立医疗机构与药品生产企业直接结算药品货款、药品生产企业与配送企业结算配送费用,压缩中间环节,降低虚高价格。该举措旨在减少流通领域中间环节,提高流通企业的集中度,打击"走票、洗钱"现象,降低药品虚高价格,净化药品流通市场环境。

此外,医保药品"双通道"政策的提出也是对渠道系统的调整,目前已在多个城市试点实施。医保药品"双通道"是指国家医保药品目录内药品通过本统筹区内定点医疗机构和定点零售药店两个渠道,满足医保药品供应保障、临床使用等方面的合理需求,使参保患者购药更方便快捷,使用更灵活及时。该政策的实施,意味着除定点医疗机构外,定点零售药店也进入医保药品分销渠道,成为药品销售终端之一。

第五节　医药物流与供应链管理

随着经济全球化进程的加快和世界经济的高速发展,现代物流在全球范围内已成长为一个充满生机并具有巨大发展潜力的新兴企业竞争力源泉。药品分销意味着要能够满足消费者需求,适时、适地、适量地提供药品给消费者,为此要进行药品的仓储、运输、包装、装卸、流通加工和配送等与药品流通相关的活动,即进行物流管理。医药企业制订正确的物流策略,对于降低医药企业物流成本,增强医药企业竞争力,提供更加优质的服务,促进目标消费者购买,提高医药企业管理水平具有重要的意义。

笔记栏

一、物流与医药物流的概念

1. 物流的概念　国内外关于物流的概念提法较多,主要有以下几种观点。

美国供应链管理专业协会指出"物流是对货物、服务及相关信息从供应地到消费地的有效率、有效益的流动和储存进行计划、执行和控制,以满足客户需求的过程"。

欧盟物流协会认为"物流是在一个系统内对人员和商品的运输、安排及与此相关的支持活动的计划、执行和控制,以达到特定的目的"。

日本日通综合研究所提出"物流是物质资料从供给者向需要者的物理性移动,是创造时间性、场所性价值的经济活动"。

我国国家标准《物流术语》(GB/T 18354—2021)中提出,物流是根据实际需要,将运输、储存、装卸、搬运、包装、流通加工、配送、信息处理等基本功能实施有机结合,使物品从供应地向接收地进行实体流动的过程。

综上所述,物流是指为了满足客户的需要,以最低的成本,通过运输、保管、配送等方式,实现原材料、半成品、成品及相关信息由商品的产地到商品的消费地所进行的计划、实施和管理的全过程。

2. 医药物流的概念　医药物流是依靠物流设备、信息技术等支持,对药品供销配运环节中的验收、存储、分拣、配送等作业过程进行优化,实现自动化、信息化和效益化而进行的计划、执行和控制,以满足客户需求。

二、药品"物流""商流"和"流通"的关系

在药品的生产和消费之间存在社会间隔、场所间隔和时间间隔,这些间隔需要通过"流通"将药品的生产及所创造的价值和消费者加以连接。社会间隔是指药品的生产者和药品的消费者对于药品的所有权不同,需通过商品的交易即"商流"来完成沟通。场所间隔是指药品的生产场所和消费场所不在同一地点,需要商品的运输进行连接。时间间隔是指药品的生产日期与消费日期不尽相同,通过商品的保管加以衔接。药品生产和消费的场所间隔和时间间隔的消除,即药品实体从生产者向消费者的转移,需要通过药品的运输和保管即"物流"来实现。

三、第三方物流与第三方医药物流

1. 第三方物流的概念　第三方物流(the third party logistics,TPL 或 3PL)也称合同物流或契约物流,是由供方与需方以外的物流企业提供物流服务的业务模式。具体是指由物流的实际需求方(第一方)和物流的实际供给方(第二方)之外的第三方部分或全部利用第三方的资源,通过合约向第一方提供的物流服务。这里的第三方就是指提供物流交易双方的部分或全部物流功能的外部服务提供者。第三方物流是物流专业化的一种形式,是社会化分工和现代物流发展的方向。最常见的第三方物流服务内容主要集中于物流策略/系统开发、电子数据交换、货物运输、信息管理、仓储、咨询、运费谈判和支付等。

2. 第三方物流的分类　第三方物流按照物流企业完成的物流业务范围的大小和所承担的物流功能,可将物流企业分为功能性物流企业和综合性物流企业;按照物流企业是自行承担物流业务还是委托他人进行操作,可将物流企业分为物流自理企业和物流代理企业。

3. 第三方医药物流　第三方医药物流是指以社会化服务为导向,以计算机网络技术为依托,以现代物流设施、设备为基础,以完善的药品保障体系为核心,为药品生产企业、经营企业和提供预防及医疗服务的机构,提供廉价、快捷、规范的药品物流综合服务。

四、医药物流职能的演变

传统的医药物流以药品生产企业为出发点,通过运输、仓储、包装、装卸、流通加工、配送和信息处理等物流职能,将药品送达消费者手中即为终结,创造时间效用、空间效用和形式效用,是完全的物资流通过程,很少或完全不考虑消费者需求等因素。

现代医药物流作为药品市场营销的一部分,除了应保持物流的基本职能之外,医药物流规划应从物流服务产品需求市场开始考虑,充分与采购、渠道和产品分销等活动结合起来,创造增值效用。

为适应这种变化,物流企业要采取的具体措施有:医药物流企业首先应考虑目标客户对药品物流服务的不同层次要求,并设法满足;其次,医药物流企业还必须知道其竞争者所提供的服务水平,然后设法赶上并超过竞争者;最后,医药物流企业要制订一个综合策略,其中包括仓库及工厂位置的选择、存货水平、运送方式,进而向目标消费者提供所需水平的服务。

五、医药物流管理

医药物流管理是为了降低医药物流成本达到客户所满意的服务水平,对医药物流活动进行的计划、组织、协调与控制。医药物流管理应做到"5 Right",即以最小的成本,在正确的时间(right time)、正确的地点(right location)、正确的条件(right cognition),将正确的商品(right goods)送到正确的顾客(right customer)手中。

(一)医药物流系统化

医药物流的目的是追求以最低的物流成本向客户提供优质的医药物流服务。医药物流系统就是为了有效达到这一目的的一种机制。医药物流系统包括医药物流作业系统和医药物流信息系统。

(1)医药物流作业系统:指在药品的运输、保管、搬运、包装、流通加工等作业中使用各种先进的手段和技术,将药品的生产点、物流点、运输配送路线和运输手段组成一个合理、有效的网络系统,并以此来提高医药物流活动的效率。

(2)医药物流信息系统:指在保证药品的采购订货、进货、库存保管、出货和配送过程的信息通畅的基础上,使通信据点、通信线路、通信手段网络化,从而提高医药物流作业系统的效率。

(二)医药物流系统化的目的

医药物流系统化的目的是以最快的速度、最低的费用,安全、可靠地为客户提供医药物流服务。具体包括以下五方面:①按预定的交货期将客户所订药品及时并正确地送交客户;②尽可能减少客户所需的订货断档;③适当配置医药物流据点,提高配送效率,维持适当的库存;④提高运输、保管、搬运、包装、流通加工等作业效率,实现省力化、合理化;⑤保证订货、出货和配送的信息畅通无阻,尽可能使物流的成本降到最低。

(三)医药物流的目标管理

如前所述,物流目标是指将成本合理分摊到物流活动中,产生客户需要的物流服务项目和水平,尽量节约物流成本。物流是一个由物流活动通过有机结合构成的大系统,要求系统的产出尽量大而投入尽量少。下面以系统论中的投入、产出概念来具体阐述药品生产企业物流的目标问题。

1.医药物流的产出与投入

(1)医药物流的产出:医药物流的基本产出就是对客户服务的内容和水平。其基本内容按照物流服务过程分类如下。①物流交易前:制订客服政策,为客户提供客服政策说明书,设立客服组织机制。②物流交易中:提供基本客户服务(订单信息传递、订购方便性、替代产品多寡、缺货水准、转运能力、是否有紧急订货系统)和创造竞争优势的客户服务(能否提供完美订单、增值服务等)。③物流交易后:提供产品装备、保管、替换、客户投诉处理、退货处理等。

(2) 医药物流的投入:物流服务的投入是物流企业为满足客户需求的服务水平而投入的各项与物流有关的成本,如运输、仓储、包装、装卸搬运、信息处理的成本。为了评估医药物流的效率,药品生产企业应重视成本数据,并注意采取必要的审计手段。因为物流成本计算不同于以往的企业会计核算方法,有些企业尝试采用更能准确反映物流劳动量的"作业基础制成本管理(activity-based costing management)"计算方法。这种成本计算方法将产品或服务依照作业活动耗用资源的程度来分摊成本,并利用作业真实信息以管理流程,有利于物流企业进行绩效衡量和作业流程改进。

2. 医药物流目标的实现　一般来讲,药品生产企业往往将其医药物流目标确定为:使药品进行适当流通,兼顾最佳客户服务与最低物流成本。实际上,这个目标隐含着内在矛盾。因为最佳客户服务要求最大的存货、足够的运力、充分的仓储,而所有这些因素都势必增加销售成本;最低的配送成本要求低廉的运费、少量的存货和仓储,而这又势必会降低服务水平。

在医药物流管理中,由于物流系统中服务水平提高而带来物流总成本提高的现象称为"二律背反"(trade-off)。合理的医药物流目标应是通过有效的选择,适当兼顾最佳消费者服务与最低物流成本。解决这一矛盾的途径有以下几个。

(1) 将各项物流费用视为一个整体:在致力于改善客户服务的过程中,重要的是努力降低物流总成本,而不只是个别项目成本费用的增减。

(2) 将全部药品市场营销活动视为一个整体:在各项药品市场营销活动中,都必须考虑到物流目标,联系其他活动的得失加以权衡,避免因孤立地处理某一具体营销业务而导致物流费用不适当地增加。

(3) 权衡各项物流费用及其效果:将维持或提高客户服务水平而增加的某些成本项目视为必需,对不能使客户受益的成本则坚决压缩。

(四) 医药物流的总成本管理方法

医药物流管理的核心是避免管理中出现"二律背反"现象,并且找到系统中的成本分摊情况,"总成本法"可以在一定程度上解决上述问题。

每一特定的物流系统都包含由储存仓库数目、物流区域、储存规模、运输政策以及存货政策等构成的一组决策,因此物流系统总成本是该系统的总运输成本、总固定仓储费用、总变动仓储费用和因延迟分销所造成的销售损失的总机会成本的总和。

在选择和设计物流系统时,对各种系统的总成本加以衡量,选择总成本最小的物流系统,实现企业资源的优化配置,而这些系统设计需依据不同的流通渠道而定。

(五) 医药物流的现代化

医药物流的现代化涵盖物流管理的多个环节,是一个系统工程。具体包括以下几点。

1. 建立现代物流系统

(1) 接受订货系统:办理接受订货手续是交易活动的始发点,所有物流活动均从接受订货开始。为了迅速、准确地将药品送到,必须迅速、准确地办理接受订货的各种手续。接受订货系统是办理从零售处接受订单、准备货物、明确交货期限、剩余货物管理等手续的系统。

(2) 订货系统:订货系统是与接受订货系统、库存管理系统互动,在库存不足时防止缺货,在库存过多或库存不合理时,根据订货单适时、适量地调整订货情况的系统。

(3) 收货系统:收货系统是根据收货预定信息,对收到的货物进行检验,与订货要求进行核对无误之后,计入库存、指定货位等的收货管理系统。

(4) 库存管理系统:正确把握商品库存,对于制订恰当的采购计划、接受订货计划、收货计划和发货计划是必不可少的,所以库存管理系统是物流信息的中心。对保存在物流中心内的商品进行实际管理、指定货位和调整库存的系统称为库存管理系统。

(5) 发货系统:如何通过迅速、准确的发货安排,将商品送到消费者手中,是物流系统需要解决的主要任务。发货系统是一种与接受订货系统、库存管理系统互动,向保管场所发出拣选指令或根据不同的配送方向进行分类的系统。

(6) 配送系统:降低成本对于高效率的配送计划来说是非常重要的。配送系统是将商品按配送方向进行分类,制订车辆调配计划和配送线路计划的系统。

2. 引入现代物流技术 物流系统只有在物流技术、智慧技术与相关技术有机结合的支持下才能得以实现。这些技术主要包括新的条形码技术、电子数据交换技术、无线射频识别技术、传感技术、视频监控技术、移动计算技术、无线网络传输技术、全球定位系统、基础通信网络技术和互联网技术等。

(1) 条形码技术:由一组排列规则的条、空和相应的字符组成。这种用条、空组成的数据编码可以供机器识读,而且很容易译成二进制和十进制数。这些条和空可以有各种不同的组合方法,从而构成不同的图形符号,即各种符号体系,也称码制,适用于不同的场合。条形码是一项自动识别技术,是药品国际化的标志,也是实现医药物流自动化与药品管理自动化的基础。目前世界上常用的码制有 EAN 条形码、UPC 条形码、二五条形码、交叉二五条形码、库德巴条形码、三九条形码和 128 条形码等。近年来被广泛使用的二维码即二维条形码,可以存储比传统条形码更多的信息。

(2) 电子数据交换技术(electronic data interchange,EDI):是指按照统一规定的一套通用标准格式,将标准的经济信息通过通信网络传输,在贸易伙伴的电子计算机系统之间进行数据交换和自动处理。它是实现信息交换的有效手段,其目的在于利用现有的计算机及通信网络资源,提高贸易伙伴之间的通信效率,降低成本。EDI 通过转换软件、翻译软件和通信软件实现 EDI 的标准文件在增值网络(value-added network,VAN)上传递。EDI 是一种已被药品生产企业和医药中间商广泛使用的控制药品库存与进行交易的电子协定书。

(3) 无线射频识别技术(radio frequency identification,RFID):是一种非接触的自动识别技术,其基本原理是利用射频信号和空间耦合(电感或电磁耦合)或雷达反射的传输特性,实现对被识别物体的自动识别。其特点是携带数据庞大,安全稳定,在医药物流中适用于药品跟踪、运载工具和货架识别等要求非接触数据采集和交换的场合。由于 RFID 标签具有可读写能力,对于需要频繁改变数据内容的场合尤为适用。

(4) 传感技术:即传感器的技术,可以感知周围环境或者特殊物质,如气体感知、光线感知、温湿度感知、人体感知等,把模拟信号转化成数字信号,交由中央处理器处理,并将最终结果形成气体浓度参数、光线强度参数、范围内是否有人探测、温湿度数据等显示出来。传感器是现代物流实现的基础。传感器的存在,使得物流装备有了感知和互动,可以支撑物流装备更加高效、精确、稳定、灵活地运行和作业。传感器在药品输送过程中,能够起到光线与温湿度控制、货物有无检测、巷道及库区的运输分配、安全监测、信息采集等重要作用。

(5) 视频监控技术:即利用视频探测、监视设防区域,实时显示、记录现场图像,检索和显示历史图像的电子系统或网络系统。通过在药品仓库、运输车辆等相关重要场所设置视频监控系统,可以达到仓库综合管理和安全防范的综合目的。一套理想的视频监控系统,在监控药品安全运输和装卸的过程中,可以避免货物损失,并且可以通过监控录像快速、准确地判断,也为后续处理提供有效证据。

（6）移动计算技术：指节点处于移动状态或非预定状态下的网络计算技术。移动计算技术能够使医药物流管理者、执行者在任何时间地点及运动过程中不间断访问网络服务（数据），利用移动终端在分布计算环境下通过无线和固定网络与远程服务器实现数据交换。地理信息系统（GIS）、全球定位系统（GPS）、无线射频识别（RFID）、无线通信技术与互联网技术正逐渐集成一体，构成移动计算的核心技术基础，广泛应用于医药物流和供应链管理技术领域。

3. 建设现代物流设施　因为涉及医药物流成本投入，医药物流设备的选择要本着"先进适用"的原则，按照医药物流的流量和服务水平选择合适的车辆及仓库等设施。特别是在准备建设医药商品高层自动化立体仓库时，必须考虑到是否有足够的进出数量以实现规模效应。

这些信息技术和设备的应用，使医药物流企业，特别是第三方医药物流企业打破了原有封闭式的物流系统架构，为客户提供实时的信息交换接口以及网上查询、邮件、手机短信等多种形式的服务，客户可以通过物流系统获得从货物起运开始到货物到达的时间、位置等信息；实现与客户系统间的信息集成，通过系统间信息的及时传递，加强企业与客户联系的紧密性，以完善、及时的信息服务提高企业竞争实力。

知识链接

某知名药企的智慧仓储方案

浙江某知名药企是一家集研发、生产、销售于一体的医药上市公司。该企业采用的智慧存储方案，通过自动存取（AS/RS）系统、托盘输送系统、箱式输送系统、机械臂码垛系统，实现成品、原辅料、包材、空托垛的"入-存-拣-出"功能。

在厂区一楼原辅料、包材入库设置8个出/入库口输送系统，采用双主干道循环输送系统，保证高峰期业务的正常运行。二楼与药品生产线打通，7条生产线对应7台料箱提升机，与一楼夹层的成品汇流后，通过车间与仓库之间的连廊，由环形箱式输送线去往机械臂码垛区。

机械臂通过AI视觉与系统进行信息互通，将成品箱码到相应的码垛位置；并在码垛入库区自动供给空托、组子母托，由2台机械臂码垛，4台穿梭车（RGV）完成成品托盘入库。

机械臂码垛完成后，货物输送入库口，由AI堆垛机完成入库。内贸成品直接执行成品整托上架作业；外贸成品经过人工添加护角、缠膜后，再由AI堆垛机执行成品整托上架作业；入库完成后更新库存信息。

在入库环节，利用视觉识别图像感知等技术对货物进行高精度扫描，结合算法对入库数量进行核验，发现异常及时处理。AI堆垛机在工作过程中还通过3D激光和视觉图像融合的方法，实时对监测范围内的异物信息进行识别。入库后的货物可以通过视觉对货物进行盘点，发现异常系统进行提示。AI堆垛机进一步提升了设备性能与自动化立体仓库的管理水平。

在出库环节，货品出库订单经系统下发，通过AI堆垛机将物料搬运至出库口输送机，完成物料下架任务，系统更新库存量。

该智慧仓储方案改善了企业传统作业方式效率低、出错率高的问题，满足了医药行业药监码全程追溯的监管要求，实现了数字化、智能化作业的转型升级，帮助该企业迈出了车间自动化、智能化、信息化的第一步，实现了收货平台、立体仓库、自动收存拣发、自动搬运、自动码盘、药监码追溯、多系统对接的一站式集成。

六、药品供应链管理

（一）药品供应链的概念

早期认为供应链是制造企业的一个内部过程，是指把从企业外部采购的原材料和零部件，通过生产转换和销售活动，再传递到零售商和用户的一个过程。早期的概念仅局限于企业内部操作层面，关注企业自身资源的利用。后来，供应链的概念关注到了与其他企业的联系，注意了供应链的外部环境。此时供应链应是一个"通过链中不同企业的制造、组装、分销、零售等过程，将原材料转换为产品，再到最终用户的转换过程"。

药品供应链是指药品从生产者到消费者整个过程，包括从供应商到药品生产企业再到药品流通领域、最后到消费者的整个价值链，如图9-3所示。

图9-3 药品供应链示意图

（二）药品供应链管理

药品供应链管理是利用计算机网络技术全面规划药品供应链中的商流、物流、信息流、资金流等，并进行计划、组织、协调与控制。药品供应链管理通过前馈的信息流和反馈的医药物流及信息流，将药品生产企业、药品经销商、药品配送商、药品零售商、公立医疗机构，直到最终消费者连成一个整体的管理模式。药品供应链管理是协调医药企业间跨职能的决策，属于战略性的管理。其价值主要来自供应链的各医药企业之间基于药品供应链的"核心业务"，通过协作整合外部资源，在信息流、物流、商流、资金流等方面的协同合作，获得最佳的总体运作效果。物流管理是供应链管理的一个子集或子系统，医药物流在整个药品供应链中是"无处不在"的，而且关系到整个供应链的运作效果，因此医药物流管理是药品供应链管理的核心内容。

学习小结

1. 学习内容

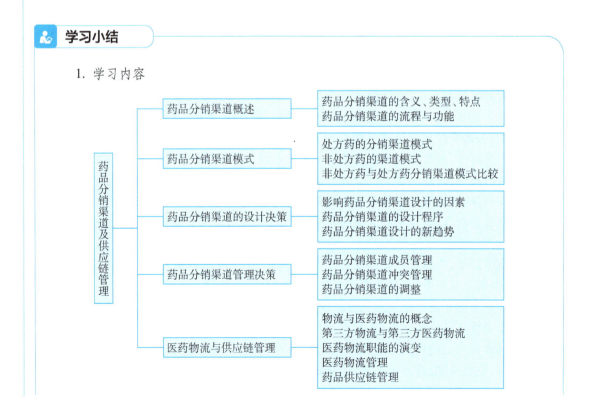

2. 学习方法　重点理解药品分销渠道的含义与类型,根据影响渠道设计的主要因素,把握分销渠道设计的 4 个环节。药品分销渠道管理主要包括对渠道成员的管理、渠道冲突的管理和渠道的调整。理解医药物流的概念与分类,了解医药物流及供应链管理的主要内容,分析新的现代医药物流理念和方式,引入现代物流技术,完善医药供应链建设与管理。

（赵绿明　朱　娴）

复习思考题

1. 选择药品分销渠道应考虑哪些因素?
2. 药品分销渠道设计包括哪些程序?
3. 药品分销渠道管理包括哪些内容?
4. 第三方医药物流的发展对医药供应链有哪些影响?
5. 案例分析题

九州通争做中国最专业的大健康服务平台

在 2020—2022 年公司发展战略期,九州通将发展主题确定为"做专医药配送、做精产品营销、创新互联网服务、稳健高质量发展"。围绕这一战略目标,九州通主要开展了以下业务组合。

1. 数字化医药分销与供应链服务　九州通在实现内部业务系统、财务系统和物流系统互联互通的基础上,链接上游供应商及下游客户信息系统,自主研发并持续优化智药通APP,为上游客户提供全渠道、全场景数字化分销和产品总代推广服务,为下游客户提供全品类、一站式数字化供应链服务。

2. 数字零售　九州通将充分利用现已建立的供应链优势,通过批零一体化模式及线上线下相结合,赋能公司零售业务,拓展公司数字化零售。公司于 2021 年 1 月正式开始推出万店联盟计划,依托供应链与客户资源优势,通过品牌授权的加盟模式,整合集团终端、采购、电商等资源赋能终端药店,目前已吸纳加盟药店 5 907 家,计划未来 3 年内实现 30 000 家以上联盟药店加盟。

3. 智慧物流供应链解决方案与服务　九州通物流立足大健康产业,坚持市场化发展方向,实现由企业物流向科技型、平台型、生态型的物流企业转变。九州通物流联动全国物流资源,依托九州云仓平台,凭借全国垂直统一的标准运营管理体系,为集团内部业务单元提供自营物流的同时,为外部客户提供第三方物流服务的智慧供应链解决方案,服务内容包括物流技术系统集成及智能装备等一体化解决方案,在满足医药行业客户需求的同时,积极向非医药客户物流领域延伸,延伸公司物流业务服务领域,提升公司物流盈利水平。

此外,九州通拓展智慧药房业务,为实体医院互联网平台及互联网医疗平台提供"云药房"服务,开启"仓配模式""网订店取"与"网订店送"的新零售模式,弥补互联网医院和互联网医疗平台供应链的不足。

资料来源:九州通医药集团官网

思考问题:

（1）分析医药企业的发展战略会对渠道管理带来哪些影响?

（2）试讨论九州通分销渠道管理的成功之处。

◇◇◇ **第十章** ◇◇◇

药品促销策略

学习目标

1. 掌握药品促销的概念和常见促销组合策略。
2. 熟悉药品促销的影响因素。
3. 了解药品促销相关法律法规。

引导案例

鲁南制药·启达力独家冠名《中国中医药大会》

2023 年 12 月 8 日,中央广播电视总台与国家中医药管理局战略合作备忘录签约暨大型文化节目《中国中医药大会》启播仪式举行,鲁南制药集团独家冠名该节目。

《中国中医药大会》由中央广播电视总台与国家中医药管理局、中国中医科学院联合推出,是首档向全世界传播中医药文化的大型文化节目。节目集结近百位权威中医药专家、国医大师、文化学者,探寻横跨数千年的华夏医脉,集中展现中医传世技法、创新成果、医理智慧,将中国中医药的内涵进行科技化、时尚化、生活化表达,全景式呈现中医药蕴藏的中华优秀传统文化的智慧结晶和精华。该节目日前已在 CCTV-1 综合频道、CCTV-4 中文国际频道开播,央视频 APP、央视网同步上线。

截至 2024 年 1 月 24 日《中国中医药大会》第二期结束,节目收获全网热搜话题 46 个,相关微博话题阅读量 3.05 亿次,在电视端,《中国中医药大会》首期节目观众规模达 3 757 万人。数千万观众通过这一节目领略中医药文化的魅力的同时,也看到了"鲁南制药集团启达力®荆防颗粒独家冠名"这一企业传播推广信息。

分析:药品是特殊的商品,广告传播等活动需要在法律法规规定的范围内开展。鲁南制药集团以推广传播药品知名度塑造企业形象为目标,与《中国中医药大会》节目合作,从推进文化自觉、厚植文化自信,助力中国中医药文化的传承与发展角度展开传播活动,获得了非常好的传播推广效果。

资料来源:https://finance.sina.com.cn/stock/med/2024-01-24/doc-inaerrny2097815.shtml

第一节　药品促销概述

一、药品促销的含义

1. 药品促销的一般概念　药品促销(drug promotion),是指将医药企业和药品、服务的信息通过一定的方式传递给目标顾客,促进目标顾客对医药企业及药品、服务的了解和信任,引导其在适当的情境下采取购买行为的一系列活动的总称。

2. 药品促销的特殊性　一般产品促销的本质是企业和目标顾客沟通信息、赢得信任、激起需求、促进购买。在医药领域,由于药品的特殊性,促销活动内容更多地体现在促进目标顾客对于医药企业和产品的价值了解与信任,而不是刺激其过度需求;促销目标顾客不仅包括最终消费者,而且包括与其相关的组织,如医疗机构、药品经营企业等。

二、药品促销的作用

医药企业促销的作用体现如下。

1. 传递信息　一方面医药企业通过有意识的促销,使目标顾客了解其药品和服务;另一方面,医药企业通过对目标顾客反馈意见的跟踪,有助于了解和掌握目标顾客的需求。信息传递是争取目标顾客的重要环节,使医药企业与目标顾客之间的关系密切,强化分销渠道各环节的协作,加速药品流通的重要途径。

2. 树立形象　目前国内药品市场同质化现象严重,价格竞争转向非价格竞争,医药企业必须实现服务和品牌的差异化,在目标顾客中树立良好形象,使目标顾客对企业及药品产生信任感,才能够保持销售的稳定与增长。企业良好形象的树立,一方面有赖于医药企业不断开发、生产出符合目标顾客需要的药品,另一方面还必须借助于有效的促销手段提升市场竞争力。

3. 扩大销售　促销的直接目的就是促进药品的销售,追求稳定和不断提升的市场份额。要保持相对稳定的市场份额,必须通过有效的促销活动应对竞争对手的市场挑战;要提升药品的市场占有率,必须通过强有力的促销激发目标顾客对药品的需求。

4. 传播文化　药品促销过程也是医药文化传播的过程。新药上市时,药品营销人员要向目标顾客及时、全面地进行宣传和推介,既有利于药品和医疗知识的普及,也宣传了健康养生文化,传播救死扶伤的医药文化。通过药品知识和医药文化的传播,对于目标顾客增加诊疗保健知识,提高自我治疗、自我保健水平有重要意义。

三、药品促销组合

药品促销组合(drug promotion mix)是指医药企业用来实施促销过程并直接与目标顾客进行沟通方式的组合,是指医药企业综合运用人员促销、药品广告、销售促进和公共关系等促销方式向目标顾客进行信息传递。按照信息传递媒体不同,药品的促销方式主要有人员促销和非人员促销,药品非人员促销方式包括药品广告、医药企业公共关系和销售促进。

不同的方式有着不同的作用和特点,也有着自身的优缺点,如表 10-1 所示。

表 10-1　各种促销方式的优缺点比较

促销方式	优点	缺点
人员促销	促销的针对性强，有利于加强服务，直接沟通信息，反馈及时，促销的成功率高	招用人员多，优秀促销人员培养难度大；促销费用高，接触面窄，促销的范围有限
药品广告	传播面宽，形象生动，节省人力	针对一般消费者，难以立即成交
销售促进	吸引力大，激发购买欲望，促成消费者即时冲动购买	接触面窄，有局限性，有时会降低商品价格
公共关系	影响面广，信任度高，可提高企业知名度和声誉	花费力量较大，效果难以控制

知识链接

药品促销活动不可违法违规

药品促销活动要严格遵守国家的法律法规，如有不法行为，国家相关部门将会依法做出处理。

河南某药企业务员高某某为长期在某医院销售"大输液"产品并增加销量，以交付"大输液"利润的方式向该院相关人员行贿。据调查，高某某先后 43 次给予医院院长化某（已判决）共计 615.9 万元；先后 13 次给予医院药品科科长张某某（已判决）人民币共计 6 万元，累计行贿数额达 621.9 万元。2019 年 12 月 16 日，南召县人民法院以行贿罪判处高某某有期徒刑五年，并处罚金人民币 20 万元。2022 年 4 月 20 日，国家监察委员会、最高人民检察院联合发布了 5 起行贿犯罪典型案例，高某某行贿案位列其中。

医疗药品的生产和销售影响到民生安全，相关活动必须依法合规。

资料来源：https://www.spp.gov.cn/xwfbh/wsfbt/202204/t20220420_554587.shtml#2

第二节　药品人员促销

一、药品人员促销的概念

（一）药品人员促销的概念

药品人员促销（drug personal selling），又称为直接促销，是指医药企业派出经过培训合格上岗的药品营销人员直接与目标顾客进行面对面的人际沟通、洽商，通过信息的双向交流，促进药品和服务的销售，并且通过信息的反馈来发现和满足顾客需求的促销方式。

人员促销在促销领域发挥着重要的作用，其最大的特点是：代表医药企业与目标客户建立双向信息交流，针对性强，营销人员能够及时掌握顾客的需求，随时调整自己的促销方案，在争取顾客偏爱、建立顾客购买信心和促成当面迅速成交等方面效果显著。

（二）药品人员促销的作用

1. 传递药品信息　药品营销人员的核心任务是将医药企业所经营的药品信息有计划、有目的、迅速、及时、安全地传递给目标顾客，针对竞争对手建立认知优势，区隔同类产品或服务。获得目标顾客关注,同时积极获取目标顾客的信息反馈,了解有关药品临床应用信息,医师和药师等药品使用相关方对药品的意见,获取不良反应数据等。

2. 沟通洽谈交易　药品营销人员接触目标顾客,通过洽谈和签订药品交易合同,向其推介药品。药品营销人员与目标顾客洽谈的过程,是面对面的交流过程,是宣传释疑的过程,是说服目标顾客购买药品的重要过程。

3. 拓展目标顾客　药品营销人员在促销过程中能发掘和培养新的目标顾客,通过促销宣传还可争取到竞争对手的客户。

4. 提供延伸服务　药品营销人员能为目标顾客提供各种专业服务,为目标顾客提供方便,如咨询服务、技术指导服务等。

5. 搜集市场情报　药品营销人员既担负着药品的推介工作,同时又要对药品市场进行调研,搜集药品市场经济情报。通过药品营销人员能够及时、准确地掌握药品目标顾客的意见、竞争产品动态、相关市场的动向,为药品市场的预测积累可靠的资料。

6. 积累促销经验　药品营销人员通过密切接触市场、熟悉市场,在药品促销过程中积累丰富的经验,为医药企业培养造就了一批优秀的营销人才。

(三)药品人员促销的形式

目前,药品人员促销主要有面谈促销、会议促销、柜台促销、电话促销等方式。

1. 面谈促销　药品营销人员主动拜访目标顾客,进行面对面沟通,传递信息,消除疑虑,达成交易。其优点是主动性强,可信度高,效果显著,成功率高;不足之处是费用高,用时长,劳动量大。

2. 会议促销　药品营销人员在订货会、交流会、推广会、交易会、学术会等各种会议场所进行药品促销,临床推广、学术推广就是常用的会议促销方式。其优点是会议聚集了众多的目标顾客,有助于集中宣传企业形象,集中进行业务洽谈,省时省钱省力;不足之处在于易受与会者人数、外界环境及范围的限制,而且竞争者也会派出人员参与促销,竞争激烈。

3. 柜台促销　促销人员在固定营业场所设置的柜台进行促销,主要应用在药品终端OTC产品的销售环节,既有面向消费者的直接促销,也有面向营业员的宣传沟通。其优点是场所固定,灵活性大,容易取得顾客信任;不足之处是费时、费力、费用相对较高。

4. 电话促销　利用电话等现代通信工具向目标顾客进行药品促销,以药品电话招商最具代表性。其优点是省时,费用低,促销范围广,长期积累的目标顾客信息资源利用率高;不足之处是成交率较低,不能单独用于复杂药品市场促销。

二、药品人员促销的主要内容

药品人员促销比较灵活,没有固定的模式,一般会包含以下内容。

1. 确定促销对象　促销对象一般是潜在客户或对药品销售有影响力的人员。药品进入医院药房后,要确定与促销药品相关的医师、护士、专家、教授为临床促销对象。

2. 准备方案资料　药品营销人员应尽可能了解目标顾客各方面情况,分析他们特定需求,并制订访问计划,准备好访问资料。药品营销人员拜访医生前,可以了解医生的一般情况,如出生地、出生日、处方习惯、交往密切的同事、家庭成员、爱好等个人资料,有针对性地制订拜访计划,准备好工作证、药品说明书、样品、药品临床报告、药品宣传册等资料,选择适当的拜访时机,有利于实现沟通目标。

3. 主动拜访客户　就是直接与目标顾客沟通,主要有电话访问、上门拜访、网络交流等形式,以上门拜访为主。药品营销人员主动拜访,要能够与目标顾客做到拜访有预约,仪容整洁得体。简短的自我介绍、明确的开场白,以药品的某一特性能为医生带来的利益作为药品介绍的开始,以医生的需求为话题导向,有利于营造良好的沟通气氛。现在网络拜访也是一种与医生接触的新方法,医生工作节奏紧张,工作时间没有足够时间与药品营销人员沟通,药品营销人员把企业和药品信息通过电子邮件发给医生,或通过网上互动交流。

4. 创新讲解展示 药品营销人员要提供专业的药品介绍,是药品营销人员专业销售能力的体现。专业的药品介绍分为3种形式:药品简介,药品的特性和利益介绍,有关药品的临床研究报告和证明文件的使用。其中医生最关心的问题是这些药品特性将为他的临床治疗解决什么问题。在销售拜访的过程中,仅有特性的说明是不够的,还应该导入其相关的功效,自然而然地引入有关的利益。展示的目的是吸引目标顾客,引起购买欲望,以动画、视频等方式演示药物在体内作用全过程是常见的展示方式。

5. 灵活处理异议 药品营销人员在沟通交流过程中,可能会遇到目标顾客的疑惑、质疑甚至反对,有的目标顾客会因用药习惯、品牌忠诚、价格敏感、配送时效等方面不满意而提出异议。目标顾客提出最难以处理的异议时,往往是准备购买的前奏。处理异议最核心的是药品营销人员要换位思考,争取主动,对目标顾客可能的异议及时解释,消除目标顾客疑虑,缓解目标顾客异议提出后药品营销人员辩驳而导致的不愉快。如果目标顾客提出异议,要正面回应,灵活应对。一是缓和气氛,通过理解目标顾客愿望的语言使目标顾客感受到压力减轻,表现出药品营销人员愿意为医生解决问题的诚恳和自信;二是了解需求,了解目标顾客提出异议的缘由,对目标顾客的信息迅速反应,探询其对于药品的真正需求;三是聆听诉求,异议本身就来自信息传递过程中的丢失或者误解,聆听可以消除误会;四是答复释疑,运用特殊利益转化的方法来尽量满足目标顾客的需求,解答目标顾客疑问。处理异议有一个重要原则,目标顾客是没有错的,只是出现信息沟通障碍,最终目的是让目标顾客接受你的异议处理意见。

6. 促进成功交易 销售人员通过观察目标顾客的言语、表情等,判断达成交易的时机是否成熟,提出成交建议,或者通过提供增值服务、优惠价格、用药指导等手段,促使目标顾客做出成交决策。

7. 拓展延伸服务 销售人员在成交后,提供延伸服务。要与目标顾客保持联系,了解药品供货情况,了解客户对使用药品的满意度,了解药品是否有不良反应,同时向客户表示关心和问候,使客户在较长时间内对药品保持信任(表10-2)。

表10-2 药品营销人员拜访步骤

阶段	步骤	主要工作
拜访前	访前计划	熟悉产品、建立档案,拜访流程,模拟拜访
拜访中	开场白	简要说明拜访目的,引发客户注意
	探询聆听	了解客户需求,寻找客户关注焦点
	介绍产品	FAB 法则(feature、advantage、benefit,FAB),特性利益转换
	处理异议	通过缓冲-探询-聆听-答复等方式逐步调整客户对产品的认知,把握机会
	加强印象	强调共鸣
	主动成交	达成共识,取得拜访成果
拜访后	回访	巩固关系,加强交流,完善档案,提升销量

三、学术推广

学术推广是会议促销的重要形式,是医药企业近年来日益重视的促销方式。

（一）学术推广的概念

学术推广（academic promotion），是医药企业以药品学术研究成果推广介绍为手段，向目标顾客宣传药品的功能、适应证、成本-效用结论等，重点介绍药品异质性，实现提高药品和品牌知名度、扩大销售的营销目的。

学术推广主要针对医生和患者的需求，以药品特点与临床价值为核心，以富有竞争力的药品特点介绍促成医药代表、医生和患者之间的互动，从而让医生和患者了解药品的功能、适应证以及成本-效用分析，提高处方质量，优化治疗方案，架起医药企业、医生和患者之间沟通的桥梁。学术推广主要用于处方药营销。

（二）学术推广的作用

学术推广的作用主要体现在以下几方面。

1. 传递专业信息　学术推广以多种方式传播，能够使医生、患者接受信息，同时及时反馈目标顾客的意见和建议，反馈渠道不再单一，手机短信、网络邮件等也成为反馈的重要渠道。有效克服药品的市场推广不畅，患者或临床医生对疗效不了解，学术推广有时相当于介入治疗，通过对临床医生的强化培训，与患者进行直接沟通，减少了信息传播的环节，缩短了信息传播的路径，将医药企业塑造的药品概念准确地传递给临床一线，把最新的医学知识传递给目标顾客。

2. 促进合理用药　药品与人类健康密切相关，其质量的优劣、疗效的高低、治疗疗程与费用如何、药品的正确使用，直接关系到医疗质量和患者的身体健康乃至生命安全。根据世界卫生组织的调查，全球的死亡患者有 1/3 死于不合理用药，而不是疾病本身。当前，我国药物不良反应事件频发，不合理用药情况相当严重，学术推广不仅能够有效改善医护群体的知识结构，而且能够引导医生、指导患者合理用药。

3. 树立品牌形象　学术推广是由医药企业牵头组织，医药专家宣讲支持。医药专家是一定领域内的研究权威，对药品在临床应用最有发言权，最有说服力。学术推广需要聘请一大批有影响力的医药专家，利用医药学专业知识，支持拉动基层医生的响应，从而在公众心目中树立起较高的信任度。

学术推广不仅体现了医药代表具有一定的组织能力和执行能力，也展现了医药企业的雄厚实力和良好形象，更树立了品牌形象和为社会认同的文化理念。学术推广凭借科学的论证突破了时空的限制，造就药品推广的声势，扩大医药企业及药品的知名度。

（三）学术推广的形式

学术推广在明确产品定位和市场定位的基础上，采取多种人员促销手段，有以下几种方式。

1. 学术会议　学术会议根据规模有大、中、小的不同，大型学术会议如中华医学会组织的学术会议，各学科年会等；中型会议如各地区医学会（药学会）组织的学术会议等；小型会议主要是在重点医院相关科室中举办的产品介绍会。医药企业应该学会利用各种学术会议的机会，介绍自己的药品，树立该品牌在医生心目中的地位。

2. 学术俱乐部　医生是一个需要不断学习新知识的职业，为了满足医生日常的学习需要，医药企业可以建立学术俱乐部，以相关的学术权威为核心，以相应的学科医师为主要成员，以相关的患者为外围组织。

3. 权威演讲　在临床上，相关领域权威专家的学术带头作用非常重要，医药企业通过邀请与促销药品相关领域的学术权威开展学术报告，介绍使用该药品的特色和优势，能够起到事半功倍的作用。

4. 学术征文　征文也是一种非常好的通过与医生互动来推广药品的方式。其中对合作杂志层级、征文的题目、时间、评审等环节的把握,是决定这种手段应用效果的关键。

5. 科普宣传 虽然学术推广主要是针对处方药,但患者对于疾病相关知识的了解也非常重要,组织并聘请医学专业人员对于目标患者群进行科普宣传也是非常重要的推广方式。

6. 线上会议 在互联网飞速发展的今天,谁也不能忽视网络的巨大作用,利用网络会议系统、微信平台等线上渠道开展学术会议,也是企业进行学术推广必须具备的技能。

(四)学术推广的步骤

鉴于药品消费的特殊性,一般消费者对于药品知识的了解非常少,其购买主要是通过医生的处方推荐。医生在药品销售中的特殊身份使得医生对医药企业与患者都有很大的权力,因此处方药的学术推广重点是针对临床医生进行全方位的沟通,具体步骤详见表10-3。

表10-3 学术推广的步骤

阶段	目标	主要工作
学术推广前	药品分析	综述该类药品学术研究的历程、现状、发展趋势;掌握该类药品在国内外市场的销售状况和临床使用情况;了解促销药品适应证、差异性、营销环境等
	目标顾客分析	掌握目标医院情况,主要是确定目标科室,落实参会专家、医生、护士。分析目标顾客需求,重点分析医生用药效果、用药的经济性、药品安全性、医生获取新知识的需求等;患者对自身疾病痛苦减轻、治愈的需求;政府对医疗费用控制、为社会提供公益性的医疗服务等方面的需求
	制订计划	明确专业学术推广活动的目的,制订促销药品的专业学术活动预算,确定学术推广活动合作方(如学会、杂志社、政府部门、医院、科室),拟定学术推广活动方案,排定工作日程,准备相关材料和物品等
学术推广中	学术推广流程控制	会前沟通确认,召开预备会,学术报告与会议主持人的沟通等;统筹会议安排,分工落实会场布置、签到、座位安排、照相、音效灯光设备、会议记录、演讲者接送、用餐、礼品发放、会场清理
	目标顾客现场反馈	落实会议议程,对分会场学术报告目标顾客的选择和对会议内容的选择予以落实
	目标顾客信息收集	通过对目标顾客的状况询问、问题性询问、暗示性询问和需求确认询问来收集客户对促销药品的各种疑问、意见、建议,并安排好专家做出合理的解答
学术推广后	设立监控点	学术推广活动需要设定一些必要的监控点,以保证学术推广方案的顺利进行,或者及时纠正方案执行中的偏差。监控点不仅能改进学术推广计划,还能帮助计划制订者积累经验
	后续跟进	总结评估、VIP顾客回访、会议质量反馈、处方跟踪等,总结会议的细节得失,为今后学术推广创造条件

(五)学术推广的应用

1. 遵循FAB法则 学术推广传播内容设计一般遵循FAB法则。所谓FAB法则,即产品的特征(feature)、功效(advantage)和利益(benefit)。开展学术推广活动时,应当以目标顾客的利益为中心,在与顾客的交流沟通过程中,从介绍产品的特征开始,进而介绍基于产品基本特征的产品功效,最终向顾客明确介绍药品能够给目标顾客带来的最佳治疗方案或是最佳治疗效果等,充分考虑目标顾客利益,触及目标顾客最关心的话题,真正打动目标顾客。

2. 考虑产品生命周期 药品在生命周期的不同阶段,医药代表使用的学术推广会有所差异。在新药初步上市时,学术推广的重点在于向目标顾客介绍和塑造新药的概念,使医生和患者对即将出现的改良的治疗方案产生期待,激发尝试使用的欲望。

在成长期,药品市场份额迅速提升,医药代表应集中力量开展大规模的药品学术推广活动,尽可能广地传播药品信息,让促销的药品或相关治疗方案成为医生的首选临床用药或首选治疗方案,并拓展新的目标顾客。医药代表要建立顺畅的药品信息传播渠道,一方面举办高质量的学术活动培训医生,了解需求和收集反馈意见,另一方面进行患者的教育和服务。常用学术推广形式有:组织专家举办全国巡回演讲、召开全国学术会议、在专业媒体发表专题综述、培训当地的学术带头人、开展临床研究调查、开展患者教育和服务、建立产品网站以及免费咨询热线等。要使促销药品或相关治疗方案成为医生的首选治疗方案,就要解决与同类药品均质化倾向的问题,挖掘药品差异化价值,通过学术推广传递药品的独特性,使其在同类药品的竞争中占据明显的优势地位,赢得目标顾客的关注和认可。寻找新的市场机会是成长期学术推广活动的目标之一,医药代表采用课题招标、临床调研、学术研讨会、学术沙龙、有奖征文、免费热线咨询等学术推广形式,在药品适应证的范围内寻找药品在新疾病领域中的用途,或者新的使用时机、新的用法用量、新的包装剂型,满足新的目标顾客需求。

成熟期的药品市场规模相对稳定,受市场竞争环境、企业战略、管理水平等因素的影响,有针对性地开展学术推广有可能促进药品销售小幅度上升,直接影响到产品成熟期的长短。医药代表在成熟期可以采用培训目标医院学术带头人、组织培训班等学术推广活动,注重公益性,增强目标顾客对品牌的信任度。

第三节　药品非人员促销

药品的非人员促销,包括药品广告、销售促进和公共关系。

一、药品广告

药品广告是促销组合中的重要组成部分,也是医药企业进行促销的有效方法和手段,在提高医药企业的形象、促进药品销售等方面具有重要作用。

(一)药品广告的概念

药品广告(drug advertisement)是医药企业按照一定的预算方式,支付一定数额的费用,通过不同的媒体和形式介绍药品品种或功效,以促进药品销售为目的的商业活动。药品广告主要有三个要素,一是药品广告主,即发布药品广告的医药企业;二是药品广告媒体,即能够传播药品广告信息的各种媒体,包括印刷广告媒体(报纸、杂志、广告牌等)、电子广告媒体(广播、电视、互联网等);三是药品广告费,免费宣传不属于广告行为。药品广告的制作和播放要遵照《中华人民共和国广告法》《药品广告审查发布标准》《互联网广告管理办法》等法律法规要求开展。

(二)药品广告的特点

1. 公众性　OTC 药品,特别是乙类非处方药,可以通过药品广告进行大众化的信息传播;处方药,可以通过专业杂志向医生、专家等专业人士宣传,实现营销信息的定向传播。

2. 表现性　药品广告通过对文字、音响以及色彩的艺术化处理,将医药企业及其药品的信息传播给社会大众,形象化、艺术化的信息传播,使公众更易于接受,使药品广告成为最有效的信息传播工具之一。

3. 渗透性　药品广告具有信息传递的重复性,使其具有较强的渗透性。

🔍 **知识链接**

《药品广告审查发布标准》

2007 年 5 月 1 日起,国家正式公布了《药品广告审查发布标准》(以下简称《标准》),取代了 1995 年的版本。《标准》对药品广告的适用范围、投放范围、使用语言、播放时段等做出了明确规定。

发布药品广告"应当遵守《中华人民共和国广告法》《中华人民共和国药品管理法》和《中华人民共和国药品管理法实施条例》《中华人民共和国反不正当竞争法》及国家有关法规。"

麻醉药品、精神药品、医疗用毒性药品、放射性药品;医疗机构配制的制剂;军队特需药品;国家食品药品监督管理局(国家药品监督管理局)依法明令停止或者禁止生产、销售和使用的药品;批准试生产的药品等,不得发布药品广告。

处方药可以在卫生部和国家食品药品监督管理局共同指定的医学、药学专业刊物上发布广告,但不得在大众传播媒介发布广告或者以其他方式进行以公众为对象的广告宣传。不得以赠送医学、药学专业刊物等形式向公众发布处方药广告。

处方药广告的忠告语是:"本广告仅供医学药学专业人士阅读"。非处方药广告的忠告语是:"请按药品说明书或在药师指导下购买和使用"。

《标准》全文可访问国家药品监督管理局相关网站获取。药品是特殊的商品,《标准》的颁布实施对于这一类商品的价值传播具有重要的意义。

资料来源:www.gov.cn/ziliao/flfg/2007-03/16/content_552452.htm

(三)广告的类型

由于药品品种、规格多,目标顾客需求差异大,药品广告复杂,依据不同的标准,可以划分为不同类型,主要如下。

1. 以信息传播方式的不同划分可分为影像广告、听觉广告和图文广告。影像广告通过电影、电视、录像、光盘等传媒发布;听觉广告通过广播电台等传媒发布;图文广告通过报纸、杂志、广告牌、广告栏、路牌、汽车、建筑物、物体等载体发布药品广告。

2. 按诉求方式的不同划分可分为理性诉求广告和感性诉求广告。理性诉求广告是以说服的方式、有理有据地论述商品或服务的优点和长处,让消费者自己做出判断或选择的广告;感性诉求广告是用动之以情的方式感染消费者,促使消费者购买商品或接受服务的广告。

3. 按直接目的不同划分可分商业性广告和公关性广告。商业性广告通过直接刺激目标顾客,使其购买药品或接受服务,希望获得立竿见影的宣传效果,而迅速提高药品或服务的知名度;公关性广告以树立医药企业良好形象、提高医药企业的知名度和美誉度、增进公众对医药企业的信赖和支持为目的,从而促进医药企业整体目标的实现。

(四)药品广告的作用

药品广告的作用归纳起来主要有以下几点。

1. 传递药品信息,促进药品销售 传递信息是药品广告最基本的作用,能够帮助目标顾客了解药品的特点,诱导目标顾客的需求,影响目标顾客心理,刺激目标顾客的购买行为,创造销售的机会。

2. 介绍药品功效,引导合理用药 医药企业通过药品广告展示药品的异质性,宣传药品适应证或功能主治,根据目标顾客需求和习惯加以引导,指导目标顾客合理用药。

3. 树立品牌形象,提高企业知名度 药品广告的渗透性、真实性有利于提高医药企业的知名度,强化药品的品牌形象,提高目标顾客对品牌的忠诚度。

4. 方便业务联系,支持人员促销 药品广告沟通了医药企业与目标顾客的联系,为业务联系提供方便。药品广告借助媒体的光环效应,提高说服力,弥补人员促销活动中的信誉与威信不足;通过电视、报纸、网络等媒体宣传,信息传播的速度和范围远超出药品人员促销,弥补了拜访范围有限的不足。

(五)药品广告媒体比较

广告运用的媒体也是多种多样,传统有四大媒体,即报纸、杂志、电视、广播,当前网络越来越成为重要的药品广告新媒体,它们各有其优缺点,详见表10-4。

表 10-4 药品广告媒体优缺点比较

类型	报纸	杂志	电视	广播	网络
优点	可视性最大、信息量大、迅速、及时、成本较低、传播面广、影响力大、时效性强、制作简单、灵活度高	针对性强、持续时间长、易于保存、表现力较强、印刷精美	表现力强、形象直观生动、娱乐性强、宣传效果好、传播速度快、范围广、易形成轰动效应	信息传播迅速及时、传播面广、费用低、不受时空控制、与消费者沟通交流畅通(热线)	宣传范围广、形式生动活泼、交互性强、信息反馈迅速、成本低廉、创意更新及时
缺点	表现力差、持续时间短、受众应有一定的文化、不易保存、感染力差、广告效应滞后、费用高	定期发行、灵活性差、信息传递不及时、覆盖面小、成本较高	时间短、费用高、选择性差、目标不具体	表现力差、时间短、不易记忆	信息可信度较低

二、药品销售促进

(一)药品销售促进的含义

药品销售促进(drug sales promotion),又称药品营业推广,是医药企业向药品营销人员、药品经营企业和消费者提供额外价值或激励的营销活动,目的是拓展药品销售市场,短期内迅速扩大销售,与竞争对手争夺顾客,在激烈的市场竞争中提高经济效益。

药品销售促进按照目标顾客的不同可分为两大类:针对最终消费者的促销和针对转卖者促销。针对转卖者促销,主要包括对药品经营企业等中间商的促销、对医疗机构的药品促销。

(二)药品销售促进的特点

相对其他药品促销方式而言,药品销售促进具有以下特点。

1. 针对性强,效果明显 药品销售促进通过激励目标顾客(消费者和医药经营企业)的经营积极性,采取提供辅助性、短暂性的优惠措施,刺激和诱导目标顾客购买,成为一种见效快的药品促销方式,对目标顾客有较强的吸引力。

2. 无规则性,非经常性 药品销售促进只是辅助或协调人员促销及广告活动的补充性措施,在营销活动安排上具有无规则性和非经常性的特点。

3. 时效短,限制多 药品销售促进是为获得短期经济效益而采用的措施,促销方式的效果往往是短期的,如果促销不当,容易使目标顾客对药品质量、企业形象产生疑虑。选择药品销售促进形式时应慎重。药品作为特殊商品,在销售促进上有较多限制,如不能采取以药品促销药品等。

(三)药品销售促进的方式

1. 针对最终消费者的药品销售促进 以刺激最终消费者购买欲望为重点,采取的促销方式有:赠送样品,吸引目标消费者率先使用,一般适用于乙类非处方药;发放折价券和消费卡,对购买药品的消费者给予一定的折扣,一般适用于终端促销活动;开展用药咨询,介绍药品的新特点和使用效果,解答患者关心的问题,消除消费者疑惑和不正确的认识;提供药学服务,一般适用于处方药和甲类非处方药;创新药品陈列,对促销的药品陈列在消费者关注度高的区域,配以优惠价格,能有效刺激消费者购买;偶尔采取有奖促销方式,应注意处方药与甲类非处方药禁止有奖销售。

2. 针对中间商的药品销售促进 以调动中间商经销药品的积极性为重点,采取提高折扣率或附赠商品,吸引医药经营企业增加进货量,或购进原先不愿经营的新产品;实施推广津贴,鼓励和酬谢中间商在促销本企业产品方面所做的努力;开展销售竞赛,同一市场中经销本企业药品有多家中间商,可以对销售本企业药品业绩优秀的中间商给予现金、实物、考察等奖励,或是给予较大价格优惠。

3. 针对医疗机构的药品销售促进 医疗机构是药品销售的主渠道,随着医药卫生体制改革的深入,医疗机构通过以省为单位的药品招标平台统一采购药品,由中标的药品经营企业统一配送。医疗机构药品使用取决于医生的处方情况,针对医疗机构的药品销售促进应以医生为重点。

三、医药企业的公共关系

医药企业公共关系作为药品促销组合因素之一,在刺激目标顾客对药品的需求,增加销售量,改善形象,提高知名度等方面,起着十分重要的作用。

(一)医药企业公共关系的概念

医药企业公共关系(public relations of the pharmaceutical enterprise)是指医药企业利用各种传播手段与社会公众进行沟通,树立医药企业的良好形象和信誉,唤起人们对医药企业及其药品的好感,赢得公众的信任和支持,为企业销售提供一个长期良好的外部环境的营销活动。

医药企业公共关系是一种隐性的促销方式,它是以医药企业长期营销目标为主的间接性药品促销手段。对于医药企业而言,塑造良好的形象是公共关系的核心,同时也是企业能够长远发展的根本保证。药品是直接关系到人民健康与生命安全的产品,人们对医药企业的形象与声誉往往更为关注。

(二)医药企业公共关系的特点

医药企业公共关系主要有以下特点。

1. 可信度高 对大多数受众而言,各种媒体上有关医药企业的报道更为客观、真实,而医药企业自己推出的药品广告则属于自吹自播的主观信息,影响效果不如前者。

2. 传播能力强 很多受众对药品广告等信息传递方式本能地反感,并有意识地回避,而公共关系报道是以新闻形式出现的,受众一般不会产生反感,易于接受,传播能力强。

3. 成本较低 医药企业公共关系主要是利用信息沟通的原理和方法进行活动,比药品广告成本少得多。对医药企业而言,从投入和产出之比来看,公共关系是所有促销方式中成本最低的。

（三）医药企业公共关系的作用

1. 树立医药企业形象　医药企业需要通过公共关系等手段在公众心目中树立良好的企业形象,提高企业知名度。

2. 拓宽药品营销通路　通过公共关系活动,有利于沟通医药企业与公众之间的联系,对公众实施影响,为药品的销售创造良好的环境,从而拓宽药品销路。

3. 创造良好营销环境　医药企业公共关系对外有利于加强沟通与联系,对内有利于创造宽松和谐的工作氛围,形成良好的内外营销环境。

（四）医药企业公共关系的主要形式

医药企业公共关系活动主要如下。

1. 新闻报道　新闻报道为医药企业提供了免费宣传,医药企业向报纸、杂志、电台、电视台等新闻媒体提供有新闻价值的信息,在本企业网站或微博上报道各种有利于提升企业形象的活动,利用新闻媒体对公众的亲和力、可信度,新闻报道对医药企业和药品的宣传效果远远胜于药品广告。

2. 宣传材料　医药企业利用各种介绍企业及其药品的宣传资料作为载体向公众传递信息,吸引目标顾客注意该企业及其药品,帮助医药企业在公众面前树立良好的形象。宣传材料可选择公司年度报表、刊物、手册、画片、传单以及音像制品等,如采用年度报表对外宣传医药企业经营现状、规模实力、现有药品种类和特点等。

3. 公益赞助　公益赞助是指医药企业积极参加公益事业,不断地完善舆论氛围,潜移默化,因势利导,引导舆论朝着有利于企业的方向发展,树立企业良好形象,从而达到促进药品销售的一种促销形式。

📖 **知识链接**

小葵花公益片刷屏，倡导儿童要用儿童药

"妈妈不哭,妈妈笑",即使是在信息极度碎片化的移动互联时代,一个5岁女孩的无声诉说还是渗透到每个人的视野。2016年9月6日,由小葵花联合中央电视台共同推出的公益片——《5岁聋儿的无声诉说》在央视一套播出,这支公益片在互联网上线一周时间累计播放量超过1.2亿,警醒亿万父母:孩子不是你的缩小版,儿童要用儿童药!

由原国家卫计委宣教中心主办、葵花药业协办的儿童安全用药传播与发展大会于2016年9月13日在北京举行,联合央视首次播出了关注儿童安全用药的公益片,通过公益行动向社会普及"儿童要用儿童药"的安全用药理念。

据不完全统计,此次儿童用药宣传活动在新浪微博、微信、秒拍等平台上,人民日报、央视新闻、央视财经、新华社等超过百家权威媒体发声,前奥运冠军杜丽、刘璇等数十万妈妈接力转发,共同呼吁"孩子不是你的缩小版,儿童要用儿童药"。葵花药业此次公益赞助尤其是公益短片的播出在企业品牌、产品宣传方面获得良好效果。

资料来源:http://hlj.sina.com.cn/fashion/sy/2016-09-12/detail_fashion-ifxvukhx4948100.shtml;www.digitaling.com/projects/21443.html

---

（五）医药企业公共关系危机处理

对医药企业形象直接或间接构成威胁的各种事件称为医药企业公共关系危机。医药企业公共关系危机通常表现为发生药品质量事故、大范围出现严重的药品不良反应、药品突然

笔记栏

被药监部门强制淘汰、公众产生误解等。由于药品的风险性高,医药企业公共关系危机事件不仅发生频率较高,还具有不可预测性、偶然性、突然性等特点。医药企业公共关系危机对企业形象损害严重,甚至是灾难性的,医药企业需要采取必要的预防措施,制订应对公共关系危机的工作预案和处理程序,开展公共关系危机处理的培训。当公共关系危机发生时,本着对目标顾客高度负责的态度迅速地进行处理,通过公共关系活动,传递处理危机的诚意,果断采取改进行动,把危机损害减少到最小。如发生药品质量事故,出现严重危害用药者身体健康的后果,医药企业应通过媒体发布公告紧急召回问题药品,查明原因,将处理方法和调查结果及时告知公众。

📖 学习小结

1. 学习内容

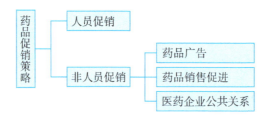

2. 学习方法　结合案例理解药品人员促销、药品广告、药品销售促进和医药企业公共关系等促销方式,熟悉人员促销的过程,学会处方药品学术推广的方法。同时注意药品促销活动要遵守相关法律法规和政策要求。

（陈丹丹　刘玉璇　高伟芳）

复习思考题

1. 如何理解药品促销在医药市场营销活动中的作用?
2. 不同的药品促销方式各有什么优缺点?
3. 药品学术推广有哪些工作要点?
4. 医药企业开展公共关系的形式主要有哪些?
5. 案例分析题

999 感冒灵营销传播

999 感冒灵诞生于 20 世纪 80 年代末,产品诞生初期,宣传推广主要目标集中在产品的安全性、可靠性,提高市场接受度。

2000 年 11 月,国家中医药管理局公布康泰克等 15 种含有苯丙醇胺(PPA)等感冒药副作用极大并且暂停其使用和销售。999 感冒灵立即推出"999 感冒灵不含 PPA"的宣传广告,抓住机会占领了市场空缺。随后的时间,999 感冒灵主要以邀请明星代言拍摄广告片的方式进行营销推广。2005 年,999 感冒灵对产品进行全面规划,加强产品宣传,促进消费者对产品的了解和接纳。

在后期的发展中,999 感冒灵持续推进产品品牌宣传推广。2013 年,999 感冒灵投入 2 800 万独家赞助了综艺节目《爸爸去哪儿》,产品品牌知名度和销量大幅提升,后期继续赞助了《最强大脑》《喜剧总动员》《极限挑战》等数十档综艺节目;在《漂亮的李慧珍》《小别离》《好先生》《何以笙箫默》等电视剧推出植入广告,推出《谢谢你陌生人》等定制新媒体剧。

2019 年 2 月,999 感冒灵推出了不凉少年、穿久保灵、养生朋克等 4 款高腰秋裤。2020 年初,999 感冒灵跨界联名拉面说推出 3 款暖心鸡汤拉面。2022 年与内衣品牌蕉内合作,推出"我不感冒"联名套装。广告视频通过对若干"不感冒"场景引发观众的"不感冒"共情,提升认同感。

999 感冒灵抓住市场机会占领市场,不断推出紧扣产品核心价值理念的传播方案,塑造产品品牌,获得市场认可。

思考问题:医药企业药品广告传播如何开展? 需要注意什么?

第十一章

药品的数字营销

学习目标

1. 掌握药品数字营销的基础理论知识。

2. 熟悉我国药品数字营销的特点、方式、渠道,以及人工智能和大数据在药品数字营销中的应用。

3. 了解药品数字营销的优势和发展前景。

引导案例

"AI+大数据"引领下的药品数字营销 加速推进健康中国建设

5G 时代的来临,使得万物变得有联系,正迅速地压缩时间以及空间的距离,人类正一步一步地迈向地球村的愿景。"AI+大数据"技术的快速发展给人们的生活带来了巨大的改变,已经完全融入了人们的日常生活与工作中,且被社会各行各业所使用,"AI+大数据"亦在不断地推动着数字营销的变革和重构。

习近平总书记在党的二十大报告中提出,"推进健康中国建设……把保障人民健康放在优先发展的战略位置,完善人民健康促进政策"。"健康中国"这一观点,从 2016 年全国卫生与健康大会上确定的"优先发展战略地位",到现在已经成为党中央和各级政府为人民提供全方位、全周期健康服务的理念。

目前,中国网民数量已经超过十亿并仍在不断增长,如此庞大的消费群体无疑将使数字营销成为一个理想的医药营销方式。《"十四五"全民健康信息化规划》中提出,到2025 年,我国将初步建设形成统一权威、互联互通的全民健康信息平台支撑保障体系,基本实现公立医疗卫生机构与全民健康信息平台联通全覆盖。2016 年底,一款针对糖尿病的 APP 推向市场,虽然初期平台很小,但却成功迈出数字医疗走向商业化的关键一步。如今,像京东健康、天猫医药馆,美团买药等第三方询医买药平台已经走入了寻常百姓的生活,各大药企通过"AI+大数据"引领下的药品数字营销策略,能够在最短的时间内实现最精准的市场投放,进而满足不同人群的需求,加速推进健康中国建设的步伐。

分析:随着我国居民对医疗服务质量要求的提升,互联网的广泛普及,以"人工智能和大数据分析"为基础的数字化药品营销发展前景良好,合理应用能够有效提升社会经济发展水平,从而能够有效促进国家经济实力的稳定提升,加快推进健康中国建设。

资料来源:http://www.jjckb.cn/2022-11/16/c_1310676917.htm

第一节　药品数字营销概述

一、药品数字营销的含义

药品数字营销(digital marketing),是指企业以电子信息技术和计算机网络为基础,利用电子渠道来进行各种药品营销活动的总称,是通过所有数字媒介渠道、数字终端与数字平台进行的一种营销方式。数字营销既包括以互联网为基础的网络营销,也包含像电视广告、短信彩信等非网络营销模式。

二、药品数字营销的特点

数字营销与传统营销都是企业的一种经营活动,且都需要通过组合运用来发挥功能,而不是单靠某一种手段就能够达到目的。两者都把满足消费者的需要作为一切活动的出发点,但数字营销同时也具有传统营销所不具备的特点。

1. 市场全球化　由于互联网络具有超越时间约束和空间限制进行信息交换的功能,就使企业脱离时空限制达成交易成为可能,从而使企业面临一个更为广阔、更具选择性的全球市场。

2. 产品个性化　数字营销能对顾客个体化需求做出一对一的反应,制订个体化的使用方案以满足顾客的需求,从而使疾病的精准治疗成为可能。

3. 价格公开化　顾客可以通过网络对所需的药品价格进行全球的比较和选择,极大地提高了价格的透明度。全球网络为企业提供了一个真正平等、自由的市场体系,使实力薄弱的中小企业能与实力雄厚的大企业一样有同样的上网机会,同样的面临消费者的机会和获取世界各地信息的机会。

4. 渠道直接化　厂商可以通过网络直接与顾客进行联系和销售,使药品流通过程大为缩短,使销售渠道更加直接化。数字营销不再是传统的"一对多"的信息、沟通,而是"一对一"的沟通,具有双向交互反馈的功能。消费者可以主动在网上随意选择感兴趣的信息、产品或服务。而企业也可根据其反馈的需求信息,定制、改进或开发新产品,这就使企业与消费者之间的沟通更直接、更方便也更有效。

5. 服务大众化　企业通过网络连续不断地对位于世界任何角落的任意顾客提供全方位的服务,从而避免了企业因无法与每一位顾客面对面沟通而不能满足其需求的可能,降低了顾客的不满意程度。

6. 沟通双向化　互联网络可以展示药品批号和目录,联结资料库提供有关信息的查询,可以和顾客进行互动双向沟通,可以收集市场情报,进行药品测试与消费者满意度调查等。

三、药品数字营销的方式

1. 网络营销　网络营销是指借助互联网络、计算机通信技术和数字交互式媒体来实现营销目标的一种营销方式,具有投入成本低、对象具有独立性、过程具有交互性等特点。

医药公司可以购买自己设定的某种疾病或药品的关键词,通过搜索引擎搜索该关键词时,购买了该关键词的各网站链接就会进行显示。此外,以丁香园、平安健康、京东健康等为代表的互联网医生平台逐步壮大,纷纷为药企提供偏公域化的线上推广服务。如默沙东面向医护人员推出的在线资源网站"医纬达",提供病历参考、基药培训、临床用药进展等多种服务,成为默沙东进行学术营销的重要渠道。诺和诺德建立的"糖医网",是国内首家糖尿病医生学习互动平台,拥有国内糖尿病病例库,积累了数百个糖尿病疑难诊治的精品病例。阿斯利康与微医、春雨医生和丁香园等线上平台合作,大力推进其数字营销。

2. 电子邮件营销　电子邮件营销指通过电子邮件方式进行的一系列营销活动或过程。电子邮件已经成为电子商务中十分重要的一种营销手段,是企业以及其他机构进行营销活动中诸多营销手段组合的重要组成部分,具有传播范围广、实施简单高效、成本低、适用范围广、针对性强、反馈率高等优点。

3. 社交媒体营销　社交媒体营销(social medium marketing,SMM)是指通过社交媒体网站获得流量与关注的过程。最常见的社交媒体营销有博客营销和微信营销等。

所谓博客营销,是一种基于个人知识资源的网络信息传递形式。博客营销具有不惧强迫性、省钱、信息量大、传播范围广、可信度高等特点。

微信营销,是指公司可以通过建立相关网站以及官方微信公众号等,用于知识的普及、疾病的预防治疗等讲座及产品使用指南等介绍,还可以通过连线相关专家进行在线问诊并给出相关药物治疗方案等多种方式开展。如华润三九集团创建的公众号"三九本草悟",为消费者提供一个中医养生服务平台,构设中医药颗粒的平台形象,并对三九中医药颗粒产品进行了推广。

4. 新媒体营销　新媒体营销主要是指基于互联网与电信技术的数字化媒体进行营销的一种方式,如视频营销等。互联网时代的视频营销注重于将视频广告融合于网络移动媒体,运用先进的数码技术制作各种形式的企业短片,主要包含电视广告、网络视频、微电影、企业宣传片等。近几年兴起的一种更为直接的营销方式即直播带货,越来越融入人们的生活,也是企业未来投入的重点。

5. 电子商务　电子商务(e-commerce 或 e-business),是指在互联网环境下开展商业贸易活动,买卖双方通过互联网模式进行各种商贸活动,从而实现包括消费者网上购物、商户相互间网上交易与在线电子支付等各种交易活动、商务活动、金融活动及相关综合服务等的一种新型的商业运营模式。

医药电子商务是在传统医药产业基础上发展而来的一种新兴商务形式,是电子商务的一个组成部分,是信息技术与医药产业完美结合的产物。它的出现大大改变了传统医药行业的运作模式,从企业管理、产品营销、供应链一体化等多方面给医药行业带来了变革。医药电子商务在不同国家开展的程度和方式各不相同,因此和电子商务一样在国际上尚未形成统一的定义。

2000 年 6 月 26 日,国家药品监督管理局发布的《药品电子商务试点监督管理办法》是我国第一个与网上药品交易相关的法律文件,该规定第二条将药品电子商务定义为:"药品电子商务,是指药品生产者、经营者或使用者,通过信息网络系统以电子数据信息交换的方式进行并完成各种商务活动和相关的服务活动。"

医药电子商务可以定义为:是以医疗机构、医药公司、银行、药品生产单位、医药信息服务提供商以及保险公司为网络成员,通过互联网应用平台为用户提供安全、可靠、开放并易于维护的医药贸易电子商务平台。

电子商务尚无统一分类方法,曾经有一种主流的分类方法是根据参与方不同,将医药电子商务分为 B2B(企业对企业)、B2C(企业对消费者)、B2G(企业对政府机构)、C2G(消费者对政府机构)四种。但是此种分类方法与目前运行的主要模式流向不同,政府主导的网上集中招标采购方式更类似于 G2B(政府机构对企业),而网上药店如阿里健康、京东大药房、天猫医药、美团买药等属于 B2C 的方式。

根据《中华人民共和国药品管理法实施条例》(中华人民共和国国务院令第360号)第十九条及《互联网药品交易服务审批暂行规定》(国食药监市〔2005〕480号)内容,国家食品药品监督管理局给从事互联网药品交易服务的企业颁发互联网药品交易服务机构资格证书,分为A、B、C三种(表11-1)。截至2016年12月22日,全国A证共有37张,B证共有195张,C证共有649张。2017年1月22日,国务院印发了《国务院关于第三批取消中央指定地方实施行政许可事项的决定》,目录(共计39项)中明确指出"取消互联网药品交易服务企业(第三方平台除外)审批"。这项规定的取消,是对网售药品的认可。对于企业来说,能够方便零售药店打开网售药品的大门,为更多的患者提供更合理的服务。

表 11-1　中国医药电子商务交易资质分类表

证件种类	审批权限	编号示例	业务范围	特点
A证:第三方交易服务平台	原国家食品药品监督管理总局	国A20110001	第三方交易服务平台(即:为药品生产企业、药品经营企业和医疗机构之间的互联网药品交易提供的服务)	交易服务平台服务范围广、产品线丰富,不得向个人提供药品销售服务
B证:B2B	各省原食品药品监督管理局	豫B20070001	与其他企业进行药品交易(即:药品生产企业、药品批发企业通过自身网站与本企业成员之外的其他企业进行的互联网药品交易)	属于自有生产或经营企业向其他企业的批发交易证书
C证:B2C	各省原食品药品监督管理局	冀C20090001	向个人消费者提供药品	只能销售自营非处方药品

综上所述,医药电子商务将参与主体定位为医疗机构、医药供应商、医药配送商、医药信息服务提供商、相关政府部门、金融机构、终端消费者等。而医药电子商务正是以上各主体之间利用互联网进行信息交换、管理服务、商品交易等商务活动的一种形式,简单来说就是利用信息网络技术进行的所有医药相关的商务活动。

四、药品数字营销的渠道

1. 企业网站

(1)门户网站:通常用于提高企业的知名度,促销其商品和服务,为潜在投资者、企业雇员和社会公众提供信息。这些网站并不直接销售企业产品,而是努力和客户建立良好关系,帮助营销伙伴进行促销。

(2)营销网站:经常提供公司的历史、产品、住所和金融等方面的信息,努力使访问者参加展销、试用等市场活动,以增大访问者的购买概率。

(3)虚拟店面:正如其名字所暗示的那样,是个在线商店。访问者像在真正的商店里一样自由选购商品。不论是作为现实商店的补充还是替代物,它都有其不可比拟的优势:可以在不同地理区域拓展业务而无须提供额外原始资本;能全天24小时营业,消除了时区限制,具有很大的灵活性;商品清单可以集中处理并且进行订货;其表现方式可以适时调节,从而满足消费者的各种需要。

(4)网上购物商场:由很多在全国范围内广受欢迎的零售店组成,和现实世界的购物中心一样,这些零售店都拥有固定的客户。网上购物商场的管理人员对每个橱窗的使用者进行按月或按访问者人数收费。

2. 网站上的广告　数字营销商并不只靠自己的网站吸引客户,还通过在潜在顾客经常访问的网站上刊登广告来扩大营销范围。除了传统的印刷品和广播电视传媒外,企业营销人员往往采用旗帜广告、弹出广告等来锁定他们的目标客户。

3. 在线社区　除了通过网站和线上广告对商品与服务进行直接营销,许多企业也开始转向用在线论坛、新闻组、电子公告牌等方式来进行营销。它吸引具有相同爱好和需求的群体,就共同感兴趣的主题交换观点和信息。在线社区的成员们在做出购买决定之前,所参考的往往不是广告,而是其他成员的意见或经验。社区成员会常常回访社区,因此成员们对于某种产品的印象和态度往往得以反复强化。在线社区的长处并不仅局限于客户之间,它同时也方便了 B2B 市场营销。例如,它可以帮助小企业之间互相发展关系,从而超越原来真实世界里的地理限制。通过在网上建立社区可以帮助公司找到一些其他组织作为衡量标准,包括结成联盟的供应商、分销商和竞争对手。

4. 其他　除了以上的传统营销渠道,一些新兴网络媒介的诞生为信息传播带来了新的可能。如微信作为一款手机软件,与个人信息紧密相关,而新媒体的智能手机、平板电脑等能够随时随地上网,这是传统个人计算机所做不到的,从而诞生了新的营销渠道。

(1) 基于熟人网络,小众传播,便于分享:如微信用户可以通过访问手机通讯录,添加已开通微信业务的朋友和家人。微信建立起来的人际网络是一种熟人网络。其内部传播是一种基于熟人网络的小众传播,其信任度和到达率是传统媒介无法达到的。同时,通过手机等终端可以随时随地浏览资讯传递消息,碎片化的时间得以充分利用。社交不再限于文本传输,而是图片、文字、声音、视频的富媒体传播形式。

(2) 通过公众平台,一对多传播:微信公众平台于 2012 年 8 月 18 日正式上线。通过这一平台,个人和企业都可以打造一个微信公众号,并实现和特定群体的文字、图片、语音的全方位沟通与互动。微信公众平台是企业进行业务推广的一种有力途径。该平台的传播方式是一对多的传播,直接将消息推送到手机,因此达到率和被观看率几乎是 100%。已有许多个人或企业微信公众号因其优质的推送内容而拥有数量庞大的粉丝群体,借助于微信公众号进行植入式的广告推广,由于粉丝和用户对微信公众号的高度认可,不易引起用户的抵触,加上高到达率和观看率,从而能达到十分理想的效果。

(3) 基于特殊的地理位置服务:基于地理位置的服务(location based services,LBS)包括两层步骤:首先是确定移动设备或用户所在的地理位置;其次是提供与位置相关的各类信息服务。微信可轻易通过手机 GPS 服务获取用户的地理位置信息,而地理位置是商家进行精准营销的重要信息。

(4) 基于和企业的互动:微信作为一款社交软件,其便利的互动性是区别于其他网络媒介的优势所在。企业通过微信公众号可以即时向公众推送信息,迅速更新。用户可以直接回复,咨询企业客服人员,而这些在其他网络媒介中都是难以做到的。

第二节　人工智能在药品市场营销中的运用

一、人工智能概述

1956 年,人们首次提出了"人工智能"这一概念,目前尚没有一个绝对公认的定义,其本质就是利用人工的方法在机器上实现智能。综合不同的观点,人工智能可以从"智能"和"学科"两方面来理解。"智能"主要是指一种应用知识对一定环境或问题进行处理或者进行抽象思考的能力。从"学科"来讲,人工智能(artificial intelligence,AI)是研究开发用于模拟、延伸和扩展人的智能的理论、方法、技术及应用系统的一门新的技术科学。人工智能在众多领域有广泛的研究和应用,如专家系统、自然语言理解、机器学习、机器人学、博弈、模式识别、智能决策支持系统等。

人工智能技术在医疗健康领域特别是药学领域同样有着广泛的应用和发展,如在健康管理、辅助诊疗、新药药物及临床合理用药等诸多方面。人工智能技术可用于完善对患者的健康风险监测(如 CaféWell 健康管理优化平台)、智能用药监测及不良反应风险评估(如计算机辅助的贝叶斯不良反应诊断系统)、辅助临床治疗药物检测、临床用药咨询、新药设计(如计算机辅助药物设计)、药物靶点筛选(如飞利浦"蜂群"机器人),乃至综合分析患者各类临床信息及药物经济学数据,形成科学、合理的个体化处方意见等。

二、医药市场营销商业智能分析

人工智能在医药市场营销领域亦得到了广泛应用,将会成为未来营销中强有力的武器,也是未来企业营销的核心竞争力。对于人工智能营销的定义,目前尚未被清晰界定,部分学者认为人工智能营销是指借助数据库和机器学习等技术开展的营销活动;也有学者将人工智能营销定义为人工智能代替人进行数据分析,从而提供营销方案和建议的模式;还有学者将人工智能营销定义为企业借助大数据和人工智能捕捉消费者信息,洞察消费者行为,为消费者提供服务以及对企业营销策略进行实时监控和调整的一种营销模式。

人工智能营销是以大数据和人工智能为基础。人工智能营销的关键因素是大数据的收集,企业和营销人员只有在掌握医药数据后,才能制订合理的营销策略。

人工智能营销的核心因素是人工智能,主要涉及机器学习和算法,包括信息输入、分析和输出三个阶段。信息输入阶段主要依靠人工智能中的语音识别技术、计算机视觉技术等,目的是将外部信息转化为计算机语言。分析阶段主要是指机器学习,即从大数据中提取隐含知识,或者利用经验、新概念、新事物等扩充知识储备,以做出智能合理的决策和预测。输出阶段主要依靠图像生成技术、语言生成技术等,将分析后的内容转化为文字、图像或者音频等人类可以理解的信息形式输出。

智能化是人工智能营销的主要特征,包括数据分析和处理的智能化以及决策的智能化两方面内容。人工智能营销通过多种途径搜集大规模营销数据,数据规模大、范围广,可以有效帮助企业和营销人员对市场变化做出快速的反应,并能够及时地响应消费者的需求,此即为数据分析和处理的智能化。传统营销的决策和判断是根据管理者与营销人员的经验,决策时易出现偏差,而人工智能通过较强的数据处理能力可以较为准确地确定营销最优方案,降低了偏差出现的可能,此即为决策的智能化。人工智能营销的最终目的是为企业创造价值。企业借助人工智能可以捕获消费者实时数据,并能够对数据进行快速分析和处理,提升了企业数据处理的时效性和准确性,节省了企业人力处理信息的成本。另外人工智能可以有效洞察和预测市场变化及消费者需求,还可以对营销效果进行实时检测和评估,提升企业营销活动效率,降低企业监管成本。

三、人工智能助力医药营销

(一)精确洞察消费者需求

传统市场营销数据存在滞后性和不准确性,且较为粗略和单一,无法对消费者信息进行整合进而对消费者行为进行详细描述。人工智能营销借助计算机技术、机器学习、算法等将多种数据进行关联,可以直接获取与消费者购买相关的数据,同时还可以将消费者其他数据与购买数据相关联,发掘隐藏在数据背后的潜在相关性,结合多元化的信息对消费者进行立体刻画。例如将消费者社交媒体信息与产品信息关联以发掘消费者的潜在需求,将消费者社区活跃度与品牌数据相关联以获悉消费者对品牌和产品的态度,借助人脸识别技术捕捉消费者面部表情,从而判断消费者情绪对消费者购买行为的影响等。人工智能对预测消费者行为和意向具有重要的价值。例如企业可以借助人工智能建立行为预测模型对消费者进行评估,从而筛选出潜在消费者。

(二)有效管理市场营销内容

传统市场营销方案的分类和存储依赖于人工,容易产生较高的人力成本。而人工智能依托大数据和计算机算法可以快速地提取市场营销数据,并对数据进行自动化识别和标记,提升了数据处理的效率,避免了数据的遗漏。

(三)精准评估投放广告方案

企业可以借助人工智能对广告投放方案进行有效且实时的评估。人工智能依赖其较强的数据搜寻和处理能力,通过计算机算法可以计算出用户点击量和观看量最高的广告时间,还可以根据消费者观看前后的购买数据判断出最具吸引力的广告投放内容。企业借助人工智能可以获取实时的广告投放数据,帮助企业有效且高效地对广告投放方案和效果进行评估及调整。企业还可以设计智能化的广告媒介购买和投放程序,通过人工智能将消费者标签化,根据不同标签消费者的偏好实现投放时间和投放内容的精准化,从而提升广告的传播效果。

(四)个性化智能推荐

人工智能的应用可以帮助企业全方位、多渠道地获取消费者相关信息,从而帮助企业准确掌握消费者偏好,进而实现精准化的智能推荐。在人工智能的帮助下,不同类型的数据可以自动汇总到企业数据库,企业可以及时获取多维度的消费者数据。进一步在机器学习和语言处理等计算机技术的帮助下,人工智能可以将不同类型的数据相关联并建立多维度数据标签,根据这些数据标签结合计算机算法对消费者所处场景和需求进行精准识别,从而智能地推荐相关产品和产品应用场景。

(五)智能客服

人工智能在市场营销领域最广泛的应用为智能客服。智能客服现阶段主要存在两种形式:一种是有形智能客服,即智能机器人;另一种为无形智能客服,即虚拟机器人助手。虚拟机器人助手最广泛的应用场景为购物网站或者企业网站的机器人客服。智能机器人通过语音识别技术对消费者内容进行分解和理解,实现与消费者的对话和沟通。智能客服的引入可以提升问题处理的效率,亦减轻人工客服的工作负担,并能做到 24 小时响应消费者需求,降低企业的服务成本。

(六)实时监测评估

人工智能能够对企业市场营销效果进行实时监测和评估,帮助企业及时发现并处理营销过程中的异常现象。企业借助人工智能对信息进行编码和筛选,实现对数据的实时监控。人工智能可以基于信息的属性和网络的属性监测到异常数据,从而识别出虚假信息和用户异常行为信息,帮助企业发现隐藏问题。人工智能还可以借助算法对虚假信息和虚假数据源进行追踪,减弱或避免虚假信息给企业带来的负面影响。

第三节　大数据在药品市场营销中的应用

在药品市场营销中,大数据的重要性越来越突显。随着互联网和大数据技术的发展,药品营销模式也将会发生显著的变化,医药企业借助大数据对药品营销信息数据进行采集、统计、分析、挖掘,有利于制订科学、合理的营销战略和方案,有利于客户关系管理和精准营销。

一、基于大数据的客户管理模式

客户关系管理(customer relationship management,CRM)是指企业利用相应的信息技术以及互联网技术来协调企业与顾客在销售、营销和服务方面的交互,从而提升其管理水平,进而向客户提供创新式、个性化的交互和服务的过程。客户关系管理具有增加销售额、减少营销成本、提高营销成功率、增加单笔生意价值和提高客户满意率等作用。

1. 客户细分、收集与整理

(1)客户细分:客户细分是指药企在明确的战略业务模式和特定的市场背景下,根据客户属性、行为、需求、偏好、价值等因素对客户进行分类的行为。通过客户细分,企业才能全面了解自己的顾客群体,开展有针对性的营销,最大化地实现可持续发展。

(2)客户收集:企业在客户管理过程中需要收集客户数据,特别是那些需要针对客户开展一对一个性化营销且预算充足的企业,更应该考虑通过自己建立客户数据库的方式收集客户数据。

(3)客户整理:从不同数据源收集的客户数据由于各种原因,会存在一些质量问题。数据分析人员需要对虚假数据及时鉴别并进行清理,防止错误数据被营销部门使用。

2. 客户分析 客户分析是指企业在拥有基本数据的情况下,在客户关系管理中运用相关数据进行统计、分析,从而发现用户的特征和行为规律,为营销策略的制订提供依据。

客户分析具体可分为客户群体划分、客户行为分析、客户需求分析和客户流失分析。

(1)客户群体划分——聚类:客户特征常用4个常见的基本属性进行维度划分。

1)性别:明确客户群的性别是什么。明确产品目标群的性别非常重要,男性和女性在购药习惯、购药金额、购药种类、使用依据上存在明显差异。

2)年龄:不同年龄阶段的人群在购药习惯、用药方式、药品种类、消费水平与倾向上存在很大差异,一般可分为18~23岁、24~28岁、29~35岁、35岁以上等多个年龄阶段。

3)职业:不同职业的消费群体其消费水平和倾向也不同。

4)收入:不同收入的目标消费群体对于药品的品牌、价格、产地、功效选择上存在差异。

(2)客户行为分析

1)客户基本信息的多维度分析:以用户所处的地域、性别、年龄等人文属性建立分析维度,对所有的信息进行筛选,可以简单地把用户相关属性与其行为进行匹配。例如,50岁以上消费者比其他年龄段消费者更倾向于定期买药。

2)客户带来的价值高低的分析:通过量化顾客过去的购买记录、购买产品价值、购买频率等,对客户产生的价值进行评分,从而分析出客户价值的高低。价值高的客户更容易接受公司产品的推荐。

3)顾客浏览行为的分析:对顾客过去购买或点击过的商品记录进行分析,可以统计归纳出客户的可能兴趣点,并可对其进行针对性推荐。

(3)客户需求分析:企业还需要分析数据背后的含义,了解客户真实的需求。通过数据分析洞悉客户需求,并提供个性化服务。

1)用数据察言观色:是指用数据对客户进行全方位的分析和大致定位,主要通过客户所处的环境信息和行为特点进行判断。例如,客户如果经常搜索儿童药品,那么其家庭成员应该包括儿童。

2）观察数据告诉你的信息：数据的信息量可以说明用户的行为规律，帮助企业深入了解客户。如某药店会员购买记录显示其 5 月 14 日、5 月 28 日、6 月 10 日和 6 月 22 日都购买了维生素 D 滴剂，说明该客户对于钙的吸收较重视，可以在其购买之前进行针对性促销推荐。

3）挖掘数据的核心价值：数据的核心价值需要进行深度挖掘，这是以大规模数据为基础的。以购买某一药品为例，如果超市通过时间线发现某客户逐渐从 A 品牌转向 B 品牌，那么进行针对性营销时，就应该避免对 A 品牌进行推荐。

4）为客人"私人定制"：分析与掌握数据后，可以将客户精准定位到某个坐标上，并围绕这一坐标点对客户进行针对性营销。

（4）客户流失分析——偏差检测：大数据中常会有一些异常记录，从数据库中检测出这些偏差很有意义。为了提高流失客户的判别效率，企业可先根据一般分类客户的正常交易数据进行初步的自动判断，再针对那些被认定为有流失倾向的客户进行深入分析。

二、基于大数据的精准营销模式

营销学家菲利普·科特勒认为企业需要更精准、可衡量和高投资回报的营销沟通，需要制订更注重结果和行动的营销传播计划。精准营销简单来说就是 5 个合适，即在合适的时间、合适的地点、将合适的产品以合适的方式提供给合适的人。

企业基于大数据的精准营销模式较传统营销模式更有针对性，更有的放矢，更能高效捕捉到目标客户。在互联网社交平台上的推广更强调精准，即精准的投放是推广的核心。精准投放建立在获取精确信息的基础上，先对采集到的信息进行系统分析，对市场进行有效细分，再根据市场的细分有效组织资源，最后实现消费者和资源的精准匹配。精准投放就是为了更好地满足消费者的真实需求。

要实现精准投放，需要重视以下 3 点。

1. 准确定位投放目标 投放目标的准确定位必须构建在对客户需求精准洞察的基础之上。举个例子，某网络售药平台在做营销活动时，可以接触到各式各样的客户数据，有销售的数据，有客户在网上浏览的数据，还有其他各种各样的数据，有了这些客户数据以后能做些什么呢？通过大数据分析技术，平台能更加精准地了解每个客户，知道每个客户的消费行为，基于对客户偏好的精准把握，就能选择合适的药品推荐给客户。

2. 实时把握营销时机 在信息化时代，消费者时刻都在产生需求。营销或服务只有在客户最需要的时候立即出现，才能让客户在惊喜中感受到服务和产品的溢价。通过实时捕获用户行为数据并对其进行即时分析，得到客户的需求最高点，恰当触发营销的执行，才是最佳的营销时机。例如，对刚分娩的妈妈主动推荐儿童维生素 D 滴剂，可能获得事半功倍的效果。

3. 智能匹配 在互联网上，内容足够好的广告固然能引发用户点击和分享，但能形成购买转化的广告，更需要触达用户的兴趣，尤其是在当前场景下用户最大的兴趣。换言之，关键问题在于如何把握用户在"当下"最关心的话题。

例如，在新冠疫情期间，人们有提高身体免疫力的需求，这时通过大数据给目标客户精准推送提高免疫力的药物及保健品，更有利于促进消费者购买。

三、大数据对数字营销发展带来的大变革

1. 跨界营销

（1）跨界营销的内涵：跨界营销，通俗地讲就是通过互联网连接一切的思维理念，对不

同产品的广告受众进行连接、分享,从而突破旧有营销手段的局限。它是依据消费者表现出来的具有联系或者共性的消费特征,将不同偏好、产业、环境的消费群体联系起来,将一些之前没有任何联系的要素进行延伸、融合或渗透,从而彰显出独特的价值观念、审美情趣和生活态度,以此赢得目标消费者的好感,最终实现跨界企业的利润最大化和市场扩大化。

(2)跨界营销的形式:从行业发展的角度来看,跨界营销可以分为水平跨界营销、纵向跨界营销和交叉跨界营销3类。

水平跨界营销主要是指两个或者两个以上企业为了获得发展而进行合作,实现资源共享。纵向跨界营销是指在同一个经济实体中整合各部门的资源,以实现自身的发展。交叉跨界营销包含上述两种跨界营销方式的特点,并增加了与消费者互动的环节,从而可以实现增值和粉丝效应。

目前来说,企业需要根据自身的特点,选择合适的跨界营销形式。大体来说,跨界营销主要有4种形式,包括品牌跨界、产品跨界、传播跨界、渠道跨界。

(3)跨界传播的效果——杠杆传播:跨界营销的尝试不是简单的媒体累加。跨界营销的理想效果是杠杆传播,即在不同领域的跨界传播中,传播效果得到杠杆式的放大,这也是互联网传播独有的"秘密武器"。

跨界营销在最初设计时,需要寻找到一个引爆点。要想达到杠杆传播的效果,关键是找到正确的引爆点,然后集中资源去撬动它。

案例分析

云南白药跨界牙膏领域

云南白药以已深入人心的"止血、修复和化瘀"产品功能为核心资本跨界牙膏领域,研发出具有牙龈止血功效的全新产品,将目标消费者定位为乐于接受新生事物、具有预防意识,以及对药品具有一定敏感性的人群。

云南白药不仅保留了其技术和品牌上的优势,而且跨入了全新的营销领域,占据药效牙膏的空白市场,获得了比较高端的价值定位。云南白药在产品跨界研发过程中,主要运用其核心的药效技术,将以往产品的药物定位变成了新产品的牙膏定位,使其价值属性发生了根本性的改变,但因其核心优势已经植入目标消费者的内心,所以更有利于新产品的推广以及云南白药品牌形象的提升。

分析:云南白药的跨界营销通过产品创新、渠道互动实现了品牌的高渗透;丰富了品牌内涵;拓宽了受众的品牌接触渠道;满足了受众的情感需求;推动了整个老字号医药品牌的行业发展。

2. 关联营销

(1)关联营销的概念:关联营销也叫绑缚营销,是指一个产品页同时放了其他同类或者同品牌可搭配的有关联的产品。它是一种建立在双方互利互益基础上的营销。关联营销离不开"购物篮分析"。购物篮分析是通过发现顾客在一次购买行为中放入购物篮的不同商品之间的关联,研究客户的购买行为,从而辅助零售企业制订营销策略的一种数据分析方法。掌握商品的关联特征后,就可以制订合理的营销策略,在提升转化率、提高客单价和提高店内商品曝光率方面获得优势。

(2)关联分析:关联分析是挖掘数据内在结构特征或变量之间的关联性。在日常生活中,事物之间的关联性随处可见,在电子商务平台的购物篮中的商品,其关联性也是显而易见的。例如,感冒清热药和退热贴有关联性,丹参滴丸和银杏叶片有关联性。这些都是事物(商品)间关联性的具体体现。

关联分析的研究目的是分析顾客购买行为的规律,发现连带购买商品,为制订合理的、方便顾客选取的商品组合提供依据,进而辅助药企制订营销策略。

第四节 药品数字营销的优势与发展前景

一、药品数字营销的优势

1. 拓宽药企营销渠道　2017年后,医保控费、两票制、分级诊疗、带量采购、按疾病诊断相关分组(diagnosis related groups,DRGs)付费和基于大数据的按病种分值付费(big data diagnosis-intervention packet,DIP)等多项重磅医改措施依次展开、逐步落地,医药企业经营环境发生了巨变,在促成医药价格恢复合理空间的同时,也给药企提出了新的挑战。2022年,第7批国家组织药品集中带量采购中选品种相继落地,共涉及集采中选药品60种,平均降价48%。如何寻找到新的市场增长空间、如何调整药企成本结构进而保证药企利润,这些都是药企不得不面对的问题。

随着医药分开以及医疗市场下沉,大量医药企业将目光瞄向了医院外市场以及基层医疗市场,尤其是医药企业OTC药物需要拓展更大的市场空间。无论对于创新药、仿制药还是非处方药,数字营销都能极大地触及患者和用户,正在成为医药销售的重要渠道。新冠疫情的常态化更让大量以传统线下营销为主的药企意识到了构建线上线下一体化数字营销解决方案的重要性。药品数字营销极大地拓宽了药企营销渠道,促进市场空间增长,提高药品市场占有率,最后达到提高企业利润的目的。

2. 降低药企营销成本　对于医药企业来说,营销成本是其成本的重要组成部分,降低营销成本意味着增加企业利润。传统以人力为基础的药企营销模式成本高而效率低,数字营销手段的切入让药企能以更低的成本获得更好的推广效果,帮助药企控制营销成本,从而在毛利被压缩的情况下继续保持自己的营销能力。

在我国的药品管理体系中,根据购药时是否需要执业医师或执业助理医师的处方,将药品分为处方药和非处方药两类。对于处方药的营销,传统营销手段是以医药代表线下拜访为主的医生端推广,推广方式包括线下培训、学术讲座、病例征集等。新冠疫情时期,当线下营销方式无法实施时,基于线上平台的医药数字营销使药企与医生之间仍能进行持续的沟通并节约成本。对于非处方药的营销,由于通过在线问诊平台、医药电商、网络健康服务等方式无中间环节成本,由医药企业直达消费者,降低成本的同时也有效降低了药品价格。此外,数字营销能够通过大数据实现精准营销,降低了企业进行目标顾客定位的成本。

3. 充分利用大数据资源　大数据无论是对于药企、医疗服务提供者、医疗支付方以及患者都有巨大的作用。医药企业应及早重视医疗大数据的应用,为未来研发、生产、销售以及提升市场竞争力打下基础。

企业数字化转型是以数据为驱动,借助大数据、物联网、人工智能等新一代信息技术,打通企业经营的各环节,消除数据孤岛,加强业务与技术的融合。同时,以用户为核心,提升数字化运营,优化资源配置,实现管理升级和模式创新,从而达到降本增效的目的。随着两票制、一致性评价、带量采购、医保控费等政策的推行，药品流通环节被压缩，药品价格空间被挤压，药企面临精细化运营的挑战，大数据的价值逐渐被药企所认知。对于药企，来自患者的大量数据可以推动真实世界研究，解决药企刚需。药企在药物上市后必须提交药物安全性检测数据，否则将会面临退市风险。而真实世界研究可以满足药企的合规性要求，扩展药物的可及性和市场容量。例如，一种适用于末期癌症患者的药物，通过真实世界数据研究证明药物的有效性，可以把二线药物变为一线药物，推往更早期、广阔的市场，从而扩大药品市场容量。在新药研发方面，由于精准医疗和个性化医疗的发展，医疗大数据可以为新药研发提供方向。通过对真实世界数据的观察性研究，可了解疾病的发病率、患病率、疾病负担、并发症、诊治情况等，从而获知目前亟待解决的重要临床问题。此外，大数据对于药企生产、采购、销售、仓储、物流、零售等都具有不可估量的作用。

4. 打造公开、透明的交易平台　我国医改已进入深水区，多种流通模式在医药市场共同存在，仍存在药品流通环节回扣、药品进医院"走后门"、采购过程不透明、价格不公开、弃用集采药等问题。政府一直努力通过各种手段解决此类问题，真正营造一个公开、公平、公正的市场流通环境。

医药行业数字化改革将医药商品的交易置于开放、透明的互联网平台上，允许任何人在任何地点登录网络轻松查询自己所需信息。交易双方均可直接通过网上交易平台完成销售活动，无须进行暗箱促销活动，既节省了成本投入又能够保证公平竞争。医疗机构通过公示采购品种与价格，可以买到真正价廉质优的医药产品，从而提高其公信力。医药行业数字化改革的出现不仅可以营造公平竞争的市场格局，净化医药流通环境，更有助于加强政府监管，实现药品生产、购销、使用的全程控制。政府监督管理部门可以利用互联网公开、透明、互联互通的特点，对交易双方进行实时监督，保证药品价格，控制药品质量，从而推动医药行业健康发展。

二、我国药品数字营销的发展前景

1. 我国药品数字营销的发展现状

（1）获得医药网上交易资格证书的企业总数与网上药店总数呈现高速增长趋势：以2005年第一张医药B2C牌照的颁发为开端，10多年来医药电商在经过初期的快速增长后，现阶段增速放缓，目前行业内参与者众多，市场竞争加剧，正逐渐进入相对稳定的发展阶段。近年来，消费者网上买药成为一种常见的消费方式，加上新冠疫情的影响，使人们注重健康的意识越来越强烈，并促进了线上医疗医药的快速发展。2017年，互联网药品交易服务资格证书A、B、C证正式退出了历史舞台，同年11月7日国家食品药品监督管理总局《互联网药品信息服务管理办法》修订版规定，互联网药品信息服务，是指通过互联网向上网用户提供药品（含医疗器械）信息的服务活动，分为经营性和非经营性两类。截至2022年6月30日，中国医药电商行业的主要企业共有12 111家，其中以2019年为主要注册热潮，2019年注册企业数量高达1 391家。

（2）我国医药数字营销规模呈逐年上升趋势：国内的医药数字营销规模呈现逐年上升的迅猛发展趋势。2014年之前我国法律法规规定不得在网上销售处方药品，自2014年颁布的《互联网食品药品经营监督管理办法》（征求意见稿）初步放开处方药网上售卖以来，大大刺激了医药企业开展互联网经营的积极性，医药电商建设进程也在不断加快。2017年初，医药电商领域又迎来利好政策，国务院发文取消B证、C证审批，降低了准入门槛，推动产业前行。2022年12月1日，《药品网络销售监督管理办法》正式施行，进一步规范了药品网络销售和药品网络交易平台服务活动，保障公众用药安全。随着我国国内生产总值（GDP）持续增长,人均国民收入增加,整体国民医疗、保健意识不断增强,中国电商产业加速拓展细分市场,医药品类价值诉求趋高。随着一系列鼓励性政策的出台,互联网+大健康产业乘风发展,势头良好。

(3) 目前医药电商以 B2C 模式发展为主:自 2016 年以来,我国医药电商市场不断发展。尤其进入 2020 年,新冠疫情的出现推动了国内医药电商的迅速发展。观研报告网发布的资料显示,2016—2020 年,我国医药电商市场规模由 950 亿元增至 1 956 亿元,年均增长率为 19.8%,2021 年我国医药电商行业市场规模达 2 260 亿元,同比增长 15.5%。大多数企业获取网售牌照不是难题,难在盈利模式的突破。自营式 B2C 盈利模式是以销售价差为主,可以攫取产业链利润;平台式 B2C 盈利模式以收取流量佣金为主。目前,由于医疗领域市场规模大,涉及消费者购药的应用场景、服务承接者、服务内容、盈利模式等相关问题,短时间内社会企业难以解决,而且这个行业本身需要长期策划、研究、准备,只有满足用户需求的商业模式才能立足市场,获得资本的青睐。自营式 B2C 可以在医药电商的专业化方面推动行业的进步,而平台式 B2C 可以促进医药电商规模发展,两种模式将共同促进医药电商的发展。

2. 我国医药数字营销的发展基础

(1) 互联网和信息技术迅速发展为我国医药数字营销发展提供基础:互联网在我国覆盖率的增大和速度的提高,间接促进了我国电子商务的发展。5G 技术的逐渐普及,则在手机、Pad、掌上电脑等无线设备建立了"掌上医药电子商务"的移动电子商务平台,使得 B2B/B2C 等商务活动方便灵活。

(2) 消费习惯电子化为我国医药数字营销发展提供条件:据中国互联网络信息中心 (China Internet Network Information Center,CNNIC) 发布的《中国互联网络发展状况统计报告》,截至 2022 年 6 月,我国网民规模达 10.51 亿,互联网普及率达 74.4%。2021 年全国电子商务交易额已达 42.3 万亿元,互联网已经确确实实改变了我们的消费生活。消费者对网络购药也有巨大需求,特别是新冠疫情期间网络购药需求增长迅速。数据显示,网上药品价格平均能够降低 10% 左右,有的药品优惠幅度可达到 20%,能够满足消费者购买质优价廉的药品需求。此外,相比较于线下连锁药店,一个店面最多能展示几千种药,而网上药店可以展示上万种药品,满足了不同消费者的不同需求。

(3)《"十四五"电子商务发展规划》为我国医药数字营销发展提供动力:2021 年我国医药电商行业市场规模达 2 260 亿元,同比增长 15.5%。随着我国居民网购习惯的养成以及先进的物流、医药电商管理软件等技术的不断成熟,《"十四五"电子商务发展规划》的出台,使医药电商政策逐步开放,加速了医药电商的发展。医药电商市场将不再只是庞大市场里的冰山一角,而将会成为撼动传统医药行业的一块基石。随着医药电商交易规模持续增温,网售处方药已成现实,对当下传统医药企业来说,把握住"互联网+医药"的机遇,已不再是简单的生存之战,还关乎能否把握住未来的发展趋势和无限商机。通过传统医药产业与互联网产业相互渗透,市场资源要素不断优化重组,发展医药电商已成必然。

3. 我国医药数字营销的发展趋势

(1)"互联网+"医保服务推进,医药数字营销"破冰":医药数字营销的政策壁垒之一就是医保。2020 年 3 月,国家医疗保障局、国家卫生健康委印发《关于推进新冠疫情防控期间开展"互联网+"医保服务的指导意见》,这是积极打通互联网医疗医保支付通道的重要举措,有利于群众享受在线医保结算的便捷服务。2020 年 11 月,国家医疗保障局正式发布《关于积极推进"互联网+"医疗服务医保支付工作的指导意见》,这标志着"互联网+"医疗服务正式纳入医保支付,进入全国范围及实际操作阶段。天津、浙江等省市也对进一步推动"互联网+医保"下发了相关文件。突破医保在线支付的束缚,是加快医药数字营销发展的必行一步。

（2）药品网络销售政策放开,处方药迎来医药数字营销"大爆发":2014年5月,国家食品药品监督管理总局发布了《互联网食品药品经营监督管理办法》(征求意见稿),首次提出放开处方药在电商渠道的销售。2019年12月实施的新版《中华人民共和国药品管理法》提出,除疫苗、血液制品、麻醉药品等药品之外的处方药可以在网络上销售。2022年8月,国家市场监督管理总局发布了《药品网络销售监督管理办法》,正式定调处方药网络销售行为,并对药品网络销售管理、平台责任履行、监督检查措施及法律责任做出了规定,明确了处方药的销售范围、信息展示、销售链路、配送规范。《药品网络销售监督管理办法》和近年来一系列互联网医疗相关政策法规的出台,均体现了监管部门对医药电商健康发展的鼓励态度,在规范行业行为的同时,也保障了行业的有序健康发展。

（3）医药分开助力医药数字营销,电商巨头进军"处方电子化":在"医药分开"政策的推动下,处方药网上销售已是产业发展的趋势。随着2022年12月1日《药品网络销售监督管理办法》的正式实施,各大医药电商都调整了处方药的交易链路,从过去的先买药再开方或者AI开方,逐步转向先开方再买药以及人工开方和审方,在线购药回归"先方后药"。政策也让医药电商从聚焦于全品类的扩张与增长到聚焦于不同患者和不同场景下的专业能力服务,无论是医生的疾病诊断患者教育是药师的随访服务都体现核心药事服务能力,这能够极大地增强顾客黏性,也将成为医药电商销量持续增长的关键。

学习小结

1. 学习内容

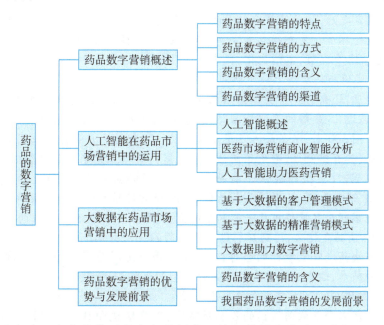

2. 学习方法　本章的学习首先应理解药品数字营销的基础理论知识,了解我国药品数字营销的特点、方式、渠道,通过对人工智能和大数据在药品数字营销中应用的学习,了解药品数字营销的优势和发展前景,掌握药品数字营销未来的发展方向。

（何　畅　于丽凤）

笔记栏

复习思考题

1. 数字营销的特点是什么？
2. 人工智能如何助力医药市场营销？
3. 简述药品数字营销的优势。
4. 案例分析题

药品数字营销 仁和叮当快药

叮当快药是仁和集团推出的医药 O2O 平台，该平台提供中西药品、中药饮片、营养保健、成人用品、医疗器械及个人护理六大类上万种医药用品的展示，基本涵盖了家庭常备和急需用药的各种品类。叮当快药从 2015 年 2 月上线以来，主打"快"战略，目前更是提供给用户核心区域 28 分钟免费送药到家的服务保障。在"快速"服务背后，包含怎样的医药电商战略布局与经营理念呢？

➤ 横向合作，借力+快跑

叮当快药相继与线上问诊平台春雨医生，三大外卖平台饿了么、美团外卖、百度外卖，生活消费平台大众点评，360 生活服务导航页等展开战略合作。从线上服务深耕到移动端流量、PC 流量抢占，完成横向合作的战略布局。无论是与轻问诊平台还是与外卖平台合作，叮当快药借助其他平台的用户量，为用户提供售药的第三方平台。

面对市场上多款医药 O2O 竞争产品，叮当快药首席运营官（Chief operating officer COO）俞雷十分推崇"快"战略，认为"天下武功唯快不破""这既是一个大鱼吃小鱼的时代，也是一个快鱼吃慢鱼的时代"。叮当快药快速配送正是找到了目前用户希望能够更快配送的痛点，原因在于一方面用户时间上等不了，另一方面病情等不了。叮当快药正是基于此，将"快"作为其战略的核心。

战略目标确定之后，就是开展有效率的执行手段。线上的订单流转到线下需要有接单、检货、出户、配送等环节。具有移动互联网、传统医药、物流等不同从业背景的叮当团队，将整个流程拆解成 32 个环节，不断优化，找出最佳服务流程，使得时间再次有效缩短。

➤ 五大措施实现与药店线上线下协同作业

有了快的速度，还要有线下实体药店的通力支持。叮当快药与线下实体医院合作中贯彻五大措施：①通过 28 分钟的互联网配送方式，让药店扩大了商圈范围。原来一家线下的药店平均覆盖商圈 500 米，现在最远可覆盖 5 公里。②在电子围栏的区域范围内，叮当快药只选择一家药店，具有排他性，避免了同区域内几家药店相互竞争。③有些线下单体药店缺乏真正的系统规范，叮当快药提供一套符合 GSP 法规的企业资源计划（enterprise resource planning，ERP）进销存系统，以此规范药店的运营，提升进销存管理。④运用大数据指导药店运营。原来一家药店只清楚自己一家药店的数据，现在可以通过叮当快药的大数据，知道这个城市的 TOP 商品是什么，为药店引进合适的药品提供有效依据。⑤所有合作资源都与药店共享。叮当快药在线上展开的合作，不论是美团外卖还是百度外卖，或者其他平台，都将免费接入合作药店，这表明双方合作不是松散型的合作，而是最紧密的合作。

➤ M2F+B2B+B2C+O2O＝叮当大健康生态圈

在对仁和集团布局互联网医药的各类报道中，不难发现 M2F+B2B+B2C+O2O 的身影。这是仁和集团通过叮当快药、和力物联网、叮当医药、叮当云健康四大互联网产品所构建起来的"叮当大健康生态圈"。其旨在打通产业链上下游，实现从产业链上游降低原材料价格到下游民众便捷购药、健康管理智能化的人类大健康全产业链服务。

仁和集团希望在产品端，通过 M2F（manufacturers to factory）模式整合药企资源，形成采购联盟、工业联盟和信息联盟，降低采购成本，信息共享，从而降低药品供应价格；在流通领域，通过 B2B（business to business）模式，连接上游的产品与下游终端，构建符合现代医药电商发展的配套医药物流供应体系；在终端，通过叮当快药连接药店与用户，成为医药O2O线上线下一体的服务体系；并以智能硬件来优化用户体验，提高重点药品的可及性和用户忠诚度。而在此生态圈中，叮当快药作为服务消费者的最后1公里，不但连接着上游的药品供货商与零售商，更是为后续患者智慧医疗服务提供入口，成为战略布局中的重要一环。最终与产品端、流通渠道相照应，形成仁和的全产业链生态闭环。

➢FSC联盟打造"互联网+医药"新思维

拥有传统医药行业资源的叮当快药要如何面对"互联网+"，要如何利用自身优势，迎接机遇和挑战呢？目前叮当快药依托仁和集团，已与数百家药店和药企共同打造了FSC（factory service customer）联盟，即药企联盟健康服务工程，未来将着力于把叮当快药的线上数据及仁和集团的线下销售数据汇总，深入挖掘城市药品销售大数据。

具体措施是把销售量好的药品清单反馈给实体药店，使药店可以调整商品结构，提升运营效率；同时把数据给到工业产品线，使药品生产更加精准高效；联合医疗机构深入挖掘城市及区域健康大数据，建立健康数据库，为预测疾病发生及预警提供数据支撑。

叮当快药作为传统药企仁和集团的互联网转型之作，一直在协同传统资源与互联网资源。在"互联网+医药"领域，只有互联网思维，会不懂药店的需求；只有传统思维，会不懂用户的需求——唯有将双方资源深入结合，形成优势互补才能盘活市场。

资料来源：http://www.cn-healthcare.com/article/20150929/content-478372.html

思考问题：

（1）叮当快药属于哪种医药电子商务模式？

（2）叮当快药的订单处理流程和传统商务中的订单处理流程有什么不同？

（3）如果叮当快药想要持续发展再创奇迹，在营销方式上请给出合理的建议。

ER-12-1

第十二章
PPT 课件

第十二章

企业社会责任与营销伦理

学习目标

1. 掌握企业社会责任的概念、内涵；可持续药品市场营销概念，影响因素和应遵循的原则。
2. 熟悉企业营销伦理的意义和药品市场营销人员职业道德。
3. 了解企业营销伦理实践。

引导案例

实际行动践行社会责任　拳拳爱心彰显企业担当

天地恒一制药股份有限公司是湖南省内研发实力较强、营销网络覆盖率较广、发展较快的重点制药企业之一。公司成立于 2006 年，位于长沙国家生物产业基地，下辖两家全资子公司，建立了一体双翼全产业链的战略布局，是一家以市场为导向、以技术研发为核心驱动力的现代化医药集团。公司自 2018 年开始连续 4 年进入"中国中药企业百强榜"（湖南省仅六席），2021 年位列第 84 位。

天地恒一秉承"科技兴邦，实业报国"的创业理念，在发展的同时积极承担社会责任，创立企业的同时就成立了"天地恒一教育支持基金会"，从在湖南中医药大学药学院设立助学金开始，连续十几年在全省范围内进行奖学、助学，累计支持数百名贫困学子完成学业；连续五年在湖南中医药大学实施"天地恒一·杰出学子奖励计划"，并举办"榜样的力量"报告会，很好地鼓励和引导在校大学生勇攀学术高峰。

2017—2020 年，公司积极参与扶贫活动，在国家级贫困县邵阳县进行产业扶贫和教育扶贫。向邵阳县教育局捐赠 130 万成立助学金，帮助当地贫困大学生和中学生顺利完成学业；"油茶林下套种中药材九节茶产业扶贫项目"种植面积近千亩，助力 27 户121 人脱贫，亩均增收 2 000 元左右；2019 年公司被邵阳县委县政府授予"最美扶贫企业"荣誉称号。

自新冠疫情暴发以来，公司为邵阳疫区捐赠 10 万元抗疫物资，并组织 16 万袋中药防疫汤剂驰援；为新疆、西藏同胞捐赠防疫方中药配方颗粒。疫情政策调整后，为保障新冠病毒感染医疗救治用药和群众备药需求，公司积极响应政府要求，主动担当站在防疫第一线，全员加班加点，全力保产保供。

"落其实思其树，饮其流怀其源"。企业履行社会责任已不仅仅是一股潮流，更成为企业品牌和核心竞争力的重要组成部分与显著标志。企业承担社会责任，协调企业与社会的关系，以求得企业健康发展。医药企业履行社会责任是实现自我可持续发展的前提与基础，有利于实现自身价值和社会价值。

第一节　社 会 责 任

一、社会责任的定义与内涵

（一）社会责任的定义

一个组织应该是依据一种有利于社会的方式进行经营和管理。这种有利于社会的方式就是指一个组织对社会应负的责任，即社会责任。社会责任通常指的是一个组织承担的高出本身目标的社会义务。

（二）社会责任的内涵

中国社会科学院 2011 年《中国企业社会责任研究报告》提到评价企业社会责任发展水平，是指从责任管理、市场责任、环境责任和社会责任四方面进行的。

责任管理是指一个企业所制订的企业社会责任发展规划、反商业贿赂制度与措施等。市场责任是指企业的成长性、收益性以及产品合格率等指标。环境责任则包含了企业的环境管理和节能减排方面的指标。社会责任包括社保覆盖率、安全健康培训以及评估运营对企业的影响。

（三）企业社会责任

企业社会责任是指企业在为股东创造最大利润的同时主动承担对企业利益相关者的责任。利益相关者是指企业产品的消费者、员工、供应商、社区、民间社团和政府等。企业的持续经营，仅仅考虑在经济层面对股东负责远远不够，必须同时兼顾环境和社会因素，并承担起相应的环境责任和社会责任。因此，企业社会责任包括遵守商业道德、生产安全、职业健康、保护劳动者合法权益以及保护环境、节约资源、支持慈善、捐助社会公益、保护弱势群体等。企业履行社会责任已成为企业品牌和核心竞争力的重要组成部分，是企业自身健康持续发展的根本保证。

> **知识链接**
>
> **体现社会责任感的医药企业**
>
> （一）楚天科技股份有限公司
>
> 楚天科技股份有限公司系中国 A 股上市公司，主营业务为医药装备及其整体技术解决方案。企业始终践行社会责任，积极参与湖南省宁乡市工商业联合会组织实施的"百企联百村"和"千企联千户"精准扶贫行动，成绩显著。2021—2022 年，企业先后向湖南农业大学、宁乡市一中各捐赠 1 000 万元。
>
> （二）华润江中制药集团有限责任公司
>
> 追求绿色低碳发展，做好节能减排是企业的责任和义务。江中制药集团将节约生产、清洁生产责任经过层层分解，落实到了具体工序、装置和班组，占地 3 000 亩的江中药谷，生态环境非常好，自然空气洁净度达到 30 万级。工厂将生产江中健胃消食片剩下的药渣处理后用于禽畜饲养，减少药渣污染，降低养殖成本。投资建设的日处理量 1 000 吨的中水回用系统，可将处理后的中水回用于厂区景观补水和绿化灌溉用水，年节水量约 14 万吨。

（三）江苏先声药业有限公司

先声药业建立了希望小学，并每年固定向希望小学捐献 2 万元用于书籍购买及优秀教师的奖励，还捐助"春蕾圆梦工程"。在高校设立奖学金，累计在教育方面投入 2 000 多万元。2008 年汶川地震，公司向灾区捐赠 200 万元救灾款及总价值 300 万元的药品；2010 年青海玉树地震，公司向灾区捐赠 100 万元救灾款及总价值 200 万元的药品。

二、医药企业的社会责任范围

2017 年 9 月，由中国医药企业管理协会等单位共同发布的《中国医药企业社会责任实施指南》中，对中国医药企业社会责任评价设置了包括企业社会责任治理、可持续发展责任、产品安全责任、劳工关系社会责任、EHS（环境、健康和安全）社会责任、价值链生态圈社会责任、客户社会责任、社会公益责任等九个维度的一级指标体系。这既为中国医药行业提供参考标准，也为医药企业社会责任报告编写提供了指南。据此，医药企业社会责任范围可归纳为以下几点。

1. **对政府的责任** 随着我国行政管理体制改革的不断深入，政府作为为社会服务的机构，扮演着为公民和各类社会组织服务与实施社会公正的角色。在这种制度框架下，要求医药企业自觉按照政府有关法律、法规的规定，守法经营、按章纳税，承担政府规定的其他责任和义务，并主动接受政府的监督和依法管理。

2. **对企业员工的责任** 企业对员工的责任属于内部利益相关者问题。医药企业应树立以人为本的理念，依法依规保障员工的权益。注重改善生产经营环境，提高职工的安全意识，保障职工生产安全。企业有责任通过一定的制度，提供公平的工作环境和工作机会，促进员工的发展。关注员工的需求，满足人的物质和精神上的需求，提高管理者和员工的满意度，是企业发展的关键，也是企业对员工的责任。医药行业是高新技术行业，企业员工的素质高低对企业的发展起着决定性作用。

3. **对消费者的责任** 医药产品用于人们的疾病防治、健康保健、治病救人，关系到人的健康与生命。医药企业对消费者的主要责任有：保证医药产品的质量，提供安全有效的医药产品，满足消费者的用药需求，这是医药企业的基本责任。履行对消费者在药品产品质量与服务质量方面的承诺，不得对消费者进行虚假宣传和其他欺诈行为。医药企业应从实际出发，降低成本，为患者提供质优价廉的药品。对于药品的不良反应，要及时上报和发布，患者有知情权。由于医药产品的特殊性，医药企业有对消费者进行医药产品知识传播和健康教育的义务。敢于向消费者承认错误，承担消费者消费损失的责任。由于药品的耐受性，患者用药后会产生耐药性，企业有责任不断开发新产品，满足人类治疗和健康的要求，发展人类健康事业的责任。

4. **对股东的责任** 现代企业制度的建立与完善，股东队伍越来越庞大，企业与股东的关系逐渐具有企业与社会的关系的性质，企业对股东的责任也有了社会性。首先，企业应严格遵守有关法律规定和企业章程，对股东的资金安全和收益负责，力争给股东以丰厚的投资回报；其次，企业有责任向股东提供真实、可靠的经营和投资方面的信息，不得欺骗投资者。

5. **对债权人和合作商的责任** 对企业的债权人，企业有按合同约定还本付息的责任,企业要讲信用,保证企业经营的偿债能力,注重偿债风险的预防,降低债权人的风险,维护债权人的权益。而对于企业的合作商,企业要本着相互协作、相互信任、对他人负责任的精神,结成稳定的合作伙伴,互相促进,从而形成一种稳定而忠诚的战略合作伙伴关系,共同发展。

6. 遵守社会信用和法律的责任　信用是企业生存之本,是社会发展之源,诚信经营,企业才有市场。遵纪守法,是企业经营最低限度的道德义务,是企业发展的保障。企业负有对社会公示准确信息的责任。2014 年 8 月,国务院公布的《企业信息公示暂行条例》,要求企业真实、及时公示信息,保障社会公众特别是交易相对人准确了解企业经营状况,努力形成企业"一处违法、处处受限"的信用约束机制,促进企业诚信自律,创造良好的市场经营环境。

7. 对资源环境和可持续发展的责任　社会资源和自然环境是有限的,特别是在我国,资源短缺严重、能源危机、水资源危机、环境恶化等已经成为制约经济发展的重要因素。党中央在新时期提出"生态建设"发展理念,就是要合理使用和保护资源环境。这不仅关系到当代人的利益,而且关系到子孙后代的生存和发展,是社会可持续发展的保证。医药产业是"朝阳产业",但往往也是环境污染大户,必须承担起治理和解决环境污染问题的社会责任。

8. 对社区的责任　企业是社会的组成部分,更是所在社区的组成部分,与所在社区建立和谐融洽的相互关系是企业的一项重要社会责任。医药企业作为社区中一员,应当运用自己拥有的资金、人力、产品或服务为社区提供帮助。企业积极主动地参与社区建设活动,利用自身的产品优势及技术优势参与和资助社区文化教育事业与社会公益事业,吸收社区的人员就业,扶贫济困,帮助失学儿童,关注社会弱势群体,治理环境,健康服务,繁荣社区的经济文化生活等,为社区人民创造良好的生活环境,这既是企业对社区的回报,也是企业对社区应尽的责任,医药企业要主动承担起对社区的社会责任。

9. 对社会慈善、福利事业的责任　这是典型的道德责任,是医药企业对社会负责的一种自愿行为,是一种更高境界。作为有经济能力的组织,企业应有回报社会、积极参与社会慈善活动的责任,如对社会治疗需要的医药产品的捐赠、社会福利资金的筹集活动、对社会文化教育事业的扶持、关注社会弱势群体、提供社会帮助等责任。

第二节　药品市场营销伦理与职业道德

一、营销伦理的含义

营销伦理是企业管理伦理的一部分,它服从和服务于整个社会的伦理。营销伦理是营销主体在从事营销活动中所应具有的基本道德准则,即判断企业营销活动是否符合消费者及社会的利益,能否给广大消费者及社会带来最大幸福的一种价值判断标准。企业与消费者和社会的关系,最主要的是经济关系,直接表现为某种利益关系,这种关系的正确处理,除依靠法律外,还需要正确的伦理观念指导。

营销伦理从企业组织和营销人员两个层面表现出来。一方面,从企业这个主体看,企业的一系列经营行为在相当程度上是通过营销活动表现出来的;另一方面,从营销人员的行为看,他们在营销活动中直接代表了企业行为,即营销伦理又由营销活动中的个体表现出来。

反过来,消费者及社会公众则是通过企业营销行为来判断其是否符合法律规定和社会道德要求。

知识链接

注重产品质量的老字号"同仁堂"

北京同仁堂始创于 1669 年,至今已有 354 年的历史,是一个地地道道的北京老字号。同仁堂一直将产品质量放在第一位,为确保产品质量,他们一直努力做到:①将现代化标准与传统工艺技术相结合,努力做到"尊古不泥古,创新不失宗",确保产品诚信;②将软实力与硬约束相结合,努力推进"修合无人见,存心有天知"的自律文化建设,确保行为诚信。从产品的生产到终端销售的服务,北京同仁堂坚持消费者权益和利益至上,他们都努力做到为消费者乃至社会提供一种正确的体现道德感和伦理感的价值标准。2016 年 3 月 29 日,第二届中国质量奖颁奖大会在北京隆重举行,包括同仁堂在内的 9 家组织和 1 名个人获此殊荣。中国质量奖是中国质量领域的崇高荣誉,旨在表彰在质量管理模式、管理方式和管理制度领域取得重大创新成就的组织。

资料来源:http://www.cqn.com.cn/zgzlb/content/2016-04/07/content_2675854.htm

二、企业营销伦理的意义

企业贯彻营销伦理的要求,对企业在市场开拓、关系维护、形象塑造、企业发展以及保证药品质量、改善服务态度、提高服务质量、保护消费者生命安全、促进合理用药等方面具有十分重要的意义。

1. 有利于更好地维护利益相关者的利益　医药企业在营销活动中处理与各类利益相关者的关系时,合乎伦理地考虑这些利益相关者的权利与利益,从他们的立场出发,尊重他们的要求,在保障他们利益的基础上来实现企业的利益。如在药品市场营销活动中坚持"顾客至上"的经营原则,做到以消费者为中心,努力获取企业的最大利润,达到互利共赢的目的。

2. 有利于提高药品产品或服务质量　医药企业市场营销活动中注重遵循较高道德标准,就会做到诚信经营、信守诺言,向消费者提供能更好满足其需求和欲望的医药产品,并通过优质产品和真诚服务,使企业获得社会的良好口碑与信任,获得更大的效益,从而使企业容易取得经营上的成功。

3. 有利于调动员工干事创业的热情　企业的领导者会将道德因素融入管理过程中,通过良好的道德观念和公正、公开、奖罚分明的管理行为来影响员工。这些观念会逐步被员工所内化,使员工凝聚成一个整体,增强干事创业的积极性与主动性,为实现企业目标而共同努力,从而形成巨大的内部力量促进企业的健康发展。

4. 有利于企业节约资源　按照"供给侧"结构性改革的要求,药品生产经营企业以消费者需求为中心进行市场营销,使生产出来的药品产品能够符合医疗市场的需要,避免企业盲目投资和生产及可能造成的浪费。这样可使企业的有限资源得到合理利用,是一种合乎勤俭、节约原则的经济行为,符合社会资源有效利用的市场经济伦理要求。

5. 有利于树立良好的企业形象　医药企业重视营销伦理,积极承担社会责任,容易赢得社会大众对其企业和所提供产品、服务的信任与好感,从而有助于医药企业在社会上树立起良好的企业形象,为医药企业赢得较高的社会声誉。

6. 有利于企业降低成本　在市场交换过程中存在许多不确定性和不安全的因素,这会提高交换双方的交易成本。而良好的企业形象往往能增强本企业的可信度,这有助于企业降低市场交易成本,减少了企业营销费用的支出,降低总成本,使医药企业能赢得长期稳定的经济效益。

三、药品市场营销人员职业道德

(一)职业道德的定义

所谓职业道德,就是同人们的职业活动紧密联系的符合职业特点所要求的道德准则、道德情操与道德品质的总和。它既是对本职人员在职业活动中的行为标准和要求,同时又是职业对社会所负的道德责任与义务。

药品是一类关系人们身体健康和生命安全的特殊商品,药品市场营销行业除了具有一般职业道德的特点之外,还具有其他职业道德所不同的特点。它要求参与人员必须具备扎实的药学知识与技能,还应当具备对社会、对公众、对人类健康的高度责任感和献身精神。

(二)职业道德的内容

1. 忠于职守,乐于奉献　尊职敬业,是从业人员应该具备的一种崇高精神,是做到求真务实、优质服务、勤奋奉献的前提和基础。药品市场营销从业人员,对服务对象要有仁爱之心,对患者、服务对象极端负责,始终把人民的利益放在至高无上的位置。

敬业奉献是从业人员职业道德的内在要求。例如,药品市场营销采购人员要做到克己奉公、尽职尽责;验收养护从业人员做到认真负责、严谨准确、实事求是、条理有序;运输和储存工作人员要做到严谨准确、安全迅速、文明装卸、规范保管、认真负责;销售人员做到主动热情,服务周到,讲究信誉,依法销售等职业道德。随着市场经济的发展,对从业人员的职业观念、态度、技能、纪律和作风都提出了新的更高要求。

2. 诚实守信,依法促销　在销售药品时不夸大药效,不虚高定价,不做虚假广告,实事求是地介绍药品的副作用与不良反应。营销人员公私分明,廉洁奉公,应经得起利益的诱惑,不赚取规定之外的私利,不进行转手倒卖等各种谋私活动。

药品促销应符合国家的政策、法律或一般道德规范。所有药品的促销口号必须真实合法、准确可信。促销宣传资料应有科学依据,经得起检验,没有误导或不实语言,也不会导致药品的不正确使用。应为医师、药师提供科学资料,不能以经济或物质利益促销。药品广告中不得含有不科学的表示功效的断言或者保证用词,不得含有其他不恰当的语言、名义和形象。

3. 专业扎实,勇于创新　药品是一种特殊的商品,关系到人的健康与生命。作为药品市场营销人员,除了具备一般的营销知识与技能之外,还应具有一定的较为扎实的医药专业知识,才能更好地为消费者服务。解除人类疾病之痛苦,不断满足广大人民群众日益增长的对健康的要求,不断在科学发展的道路上探索新理论、新技术、新产品。在服务社会的过程中,坚持科研创新、服务创新和管理创新。

4. 宣传知识,合理用药　药品应用不仅在于治疗疾病,还具有预防疾病发生的作用。为了确保药品能起到治疗、预防作用,要求自觉履行向社会宣传医药知识、倡导合理用药的责任。做好药学服务,耐心向用药者进行用药指导。在有条件的地方,还可以为购药者建立药历。收集并记录药品不良反应,建立不良反应报告制度和台账,并按规定上报,做到时时把消费者的利益放在首位。

(三)职业道德的作用

药品市场营销职业道德一方面具有社会道德的一般作用,另一方面它又具有自身的特殊作用,具体表现如下。

1. 调节职业交往中从业人员内部以及从业人员与服务对象间的关系　职业道德的基本职能是调节职能。它一方面可以调节从业人员内部的关系,即运用职业道德规范约束职业内部人员的行为,促进职业内部人员的团结与合作。如医药营销职业道德规范要求从业人员要团结、互助、爱岗、敬业、齐心协力、具有强烈的团队意识,形成合力,更好地为发展本行业、本职业服务。另一方面,职业道德又可以调节从业人员和服务对象之间的关系。如药品市场营销过程中,具有良好职业道德的营销人员会更容易与各类型的客户沟通交流,满足消费者的不同需求,从而赢得被服务对象的好感和信任,建立稳定的客户关系,调节客户与企业的关系。

2. 有助于维护和提高医药行业的信誉　一个行业、一家企业的信誉,也就是它们的形象、信用和声誉,医药企业的信誉是指医药企业及其产品与服务在社会公众中的信任程度。提高医药企业的信誉主要靠产品的质量和服务质量,而具有较高职业道德水平的从业人员则是医药企业产品质量和服务质量的有效保证。若从业人员职业道德水平不高,很难生产出优质的产品和提供优质的服务。

3. 促进医药行业的发展　职业道德建设是企业文化的一部分,作为企业群体意识的企业精神,是企业内部职工在长期实践中逐步形成的信念,是职业道德基本准则和行为规范的集中表现。医药企业的首要目标是完成医药经营任务,确保人民用药安全有效,提高社会效益和经济效益。而为了这一目标,需要企业提高各类员工知识、能力及责任心等综合素质和职业道德水平,热爱企业,忠于职守,齐心协力,上下一致,形成一股积极进取、奋发向上的合力。使企业成员以自己的企业自豪,要有"企兴我荣,企衰我耻"的企业精神,与企业共存共荣,从而促进医药行业的发展。

4. 有助于提高全社会的道德水平　职业道德是整个社会道德的主要内容。职业道德一方面涉及每个从业者如何对待职业,如何对待工作,是一个从业人员的生活态度、价值观念的表现;同时也是一个人的道德意识、道德行为发展的成熟阶段,具有较强的稳定性和连续性。另一方面,职业道德也是一个职业集体,甚至整个医药行业全体人员的行为表现,若每个职业集体都具备优良的道德,将对整个社会道德水平的提高发挥重要作用。

第三节　可持续药品市场营销

一、可持续市场营销

医药企业是一个具有相对特殊性的企业群体,其特殊性主要表现在其提供的产品——药品上。众所周知,药品是特殊的商品,是与人民群众的生命安危、身体健康息息相关的,好药治病,劣药致命。因此,作为药品生产及服务供应商的医药企业,因其产品在履行社会责任上的特性,和其他企业相比既有共性,也有特性。医药企业除了应和其他企业一样切实履行企业的基本责任、法定责任和道义责任之外,还应更加注重产品的质量,怀着对生命的高度敬畏之心,生产良心药,销售放心药,不仅要把品质卓越、疗效确切、安全可靠的药品提供给患者,同时也要把传播绿色健康的理念、提供满意的服务当作其社会责任的重要部分。

踏实认真地向社会提供良心好药是医药企业自身健康可持续发展、基业长青的根本保证。药品市场营销不能只考虑当下消费者的喜好,更要关注企业自身和消费者未来长远的利益追求。这里就要引入一个概念：可持续市场营销。可持续市场营销（sustainable marketing）要求满足消费者和企业当前需要的同时，保护或加强后代满足他们需求的能力（图 12-1）。例如，很多企业为了迎合女性消费者需求，推出所谓"快速不反弹"的减肥药，但往往导致消费者快速瘦身的同时，却以伤害自身健康为代价。从长远的角度考虑，一旦消费者受到"快速减肥药"的负面影响，他们对企业的信心也会大打折扣。这种产品其实不符合消费者和企业未来的最佳利益。

图 12-1　可持续市场营销

二、药品市场可持续营销的影响因素

（一）药价高

1. 分销成本高　中间商所标的高价格往往超过他们服务的真正价值。消费者认为中间商常常效率不高、经营差劲，提供不必要或重复的服务，管理和规划不善。结果，导致分销成本过高，而消费者必须为这些超额的成本支付较高的价格。医药经销商或医药中介分销渠道设置环节过多，层层加价，从而牟取暴利，坑害消费者。

2. 药品供应垄断　所谓药品垄断，通常是由几家制药企业通过垄断协议控制药品市场，排斥其他企业相同或类似品种的介入，从而控制价格，达到利益最大化。

3. 高广告和促销费用　由于过多的广告和营业促销，市场营销活动易使产品价格升高。促销和包装费用往往占制造商给零售商价格的 40% 以上。大部分的包装和促销效果仅仅增加了产品的心理价值，而非功能价值。零售商又从事其他的促销活动——广告、陈列和抽奖游戏等，因此导致零售价格又增加了。

（二）欺骗与夸大的成分

有时商人被指控有欺诈行为，使消费者相信他们应得到的价值比实际上的要多。欺诈行为主要有 3 种：欺诈性定价、促销和包装。欺诈性定价包括以不实的"出厂价"或"批发价"大做广告或从一个虚假的高零售标价往下大降价。欺诈性促销如夸大产品的特性或性能，引诱顾客到店中购买已经无货的廉价品或者举办欺骗性的比赛。欺诈性包装包括利用巧妙的设计夸大包装的内容，产品包装分量不足，采用令人误解的标签或以令人误解的语言来说明包装容量。

（三）不负责任的推销

因为销售人员的工资水平往往与销售提成有密切联系，所以有时候他们会不负责任地劝说人们购买他们根本不想买的商品。受过专业训练的销售人员会使用婉转动听的话来引诱消费者购买。例如，药店导购人员常常会推销同类药品中更高价格的产品，这样他们可以获得更高的销售提成，而消费者则会买到更贵的药品，而疗效也难以保证。

（四）劣质或不安全的药品

消费者容易对药品的质量问题和安全性产生疑问。改革开放以来，医药产业有了巨大发展，基本解决了药品可及性问题，但部分药品质量和疗效与原研产品存在不小的差距，药品研发基础薄弱。2015 年 7 月，国家食品药品监督管理总局发布《关于开展药物临床试验数据自查核查工作的公告》（2015 年第 117 号），展开新药临床试验数据核查工作，不少药企撤回了自己的新药注册申请。根据国家食品药品监督管理总局官网统计，申请人主动撤回药品注册申请 727 个，监管部门发现数据不真实、不完整而不予批准 24 个。主动撤回和不予批准的药品注册申请,占 1 622 个待审药品注册申请总数的 46.3% 。

三、可持续药品市场营销应遵循的原则

(一) 消费者和生产者自由原则

在理想情况下,市场营销决策应由消费者和生产者在相对自由的情况下制订。假如市场营销体系要带来高水平的生活,则市场营销自由度是重要的,因为人们能以他们自己的方式而非别人的方式获得满足。这也使产品与消费者需求实现较密切的配合。可以说,在一个动态的市场营销体系下,生产者和消费者的自由度是基础。但是为了贯彻这种自由度并防止滥用自由,还需要有更多的原则。

(二) 抑制潜在伤害原则

在理想情况下,生产者和消费者的交易是两者之间的事。可是当交易伤害或威胁到生产者、消费者或者第三者时,政治体系就会抑制生产者或消费者的自由。一般认为,交易的伤害是政府干预的基础。什么程度的伤害才能使这种政府干预合理化?

2013 年 4 月,《中华人民共和国消费者权益保护法修正案(草案)》初次提交全国人民代表大会常务委员会审议。草案初审稿对广告经营者、发布者的责任进行明确,规定广告经营者、发布者设计、制作、发布食品药品等关系消费者生命健康的商品或服务的虚假广告,造成消费者损害的,广告经营者、发布者与提供商品或服务的经营者承担连带责任。

(三) 满足基本需求原则

营销体系不仅要满足富裕消费者的需要,也要满足贫困消费者和社会弱势群体的需要。在自由企业的体系下,生产者为市场生产货物,供给愿意而且有购买力的消费者。但某些人因缺乏购买力而连生活必需的商品和服务都无能力购得,造成他们生理及心理上的伤害。在保留生产者和消费者自由原则的同时,市场营销体系应该支持经济的和政治的行动来解决这类问题。它应该努力去满足所有人的基本需要,而所有人都应在某种程度上享受市场体系所创造的生活水平。

国家基本药物制度是对基本药物目录制定、生产供应、采购配送、合理使用、价格管理、支付报销、质量监管、监测评价等多个环节实施有效管理的制度。国家基本医药制度保证基本药物足量供应和合理使用,有利于保障群众基本用药权益,转变“以药补医”机制,也有利于促进药品生产流通企业资源优化整合,对于实现人人享有基本医疗卫生服务,维护人民健康,体现社会公平,减轻群众用药负担,推动卫生事业发展,具有十分重要的意义。

(四) 经济效率原则

市场营销体系努力以低廉的价格有效率地提供产品与服务。每个社会的欲望和需要得到满足的程度依赖于稀缺资源能否有效地利用。市场经济鼓励积极竞争和使购买者获得充分的信息,以达到市场效率。竞争者必须严格控制他们的成本,同时根据顾客需求来决定产品、价格和营销方案以获取利润。购买者对于不同的产品、价格和质量都很了解,经过仔细选择以获得最大的满足。积极的竞争和购买者有充分的市场信息可确保产品物美价廉。

“两票制”能够减少药品流通的中间环节,提高药企的集中度,降低药品价格,并且有利于加强药品监管。“两票制”的实施能够促进破解药品销售乱象、挤出药价虚高水分,不过“两票制”仍需要多方监管以确保政策成效,并结合医药卫生体制改革共同实施。

(五) 创新原则

市场营销体系鼓励真正的创新以降低生产和分配成本,鼓励开发新产品以应对消费者千变万化的需求。许多所谓的新产品,事实上都是模仿其他品牌,只是略作修改以便于推销。在一个产品种类中,消费者可能会遇到十余种相似的品牌。但是有效的市场营销体系鼓励真正的产品创新和产品差异,以迎合不同细分市场的需求。

2016 年 5 月 26 日,国务院办公厅发布了《药品上市许可持有人制度试点方案》。开展

上市许可持有人制度试点,与现行管理制度最主要的区别在于,允许研发机构及科研人员持有药品批准文号,成为药品上市许可持有人,并对该药品的安全性、有效性和质量可控性负全面责任。药品注册与生产许可"捆绑"的模式,不利于鼓励创新、不利于保障药品供应以及抑制低水平重复建设。因此,开展药品上市许可持有人制度试点工作,对于鼓励药品创新、提升药品质量具有重要意义。2019年8月26日,《中华人民共和国药品管理法》(2019年修订)由第十三届全国人民代表大会常务委员会第十二次会议通过,并于2019年12月1日正式施行。其确立了药品上市许可持有人制度,对原《中华人民共和国药品管理法》中药品注册证书与药品生产条件的捆绑模式进行了"松绑",明确规定药品研究机构和企业可以作为药品注册申请人。药品上市许可持有人制度,放宽了持有人资格要求与生产条件限制,同时强化了药品上市许可持有人对药品全生命周期的责任。

（六）消费者教育和充分信息原则

有效的市场营销体系在消费者教育和提供信息方面大量投资,以提升消费者满足感与福利。经济效益原则需要这样的投资,尤其是当产品的数量众多而销售者所说又互相矛盾、令人无所适从时就更重要了。理想地讲,公司对它们的产品应提供充分的信息,消费者群体和政府也能传播各种有关产品的信息和评价。

（七）消费者保护原则

教育和信息不能完全保护消费者免于受害。市场营销体系也必须为消费者提供保护。现代的产品如此复杂,即使受过训练的消费者也不能信心十足地评估这些产品,如一种新药是否会有危险的副作用。政府机构必须检查和判断各种产品的安全水平。消费者购买产品但不会了解其行为对于环境的影响,所以消费者保护也包括可能伤害环境的生产和市场营销活动。消费者保护亦应致力于防止欺骗以及强迫推销等伎俩,以免使毫无防卫力量的消费者受害。

2017年4月10日,最高人民法院、最高人民检察院联合发布《最高人民法院、最高人民检察院关于办理药品、医疗器械注册申请材料造假刑事案件适用法律若干问题的解释》,这意味着首次将临床数据造假骗取药品批文纳入刑事处罚。此举有望重建我国药物临床试验秩序,为国人用药安全保驾护航,保护消费者权益。

学习小结

1. 学习内容

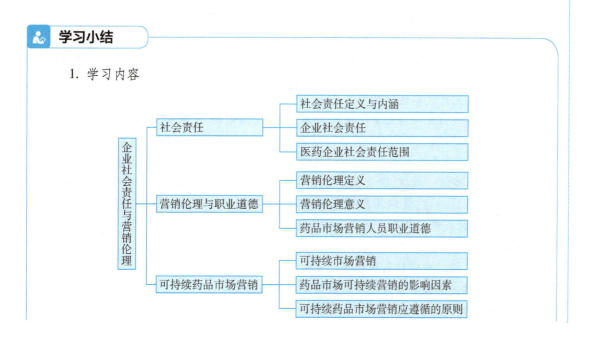

2. 学习方法　在本章的学习中,以企业社会责任和药品市场营销伦理的相关理论为基础,结合案例,明确药品市场中企业应承担的社会责任内容范围,发挥医药企业营销职业道德的作用,分析企业营销伦理失范的表现,认识到营销伦理对企业的重要意义,进一步探讨完善企业营销伦理的措施。

（宋艺君　夏新斌）

复习思考题

1. 医药企业的社会责任主要体现在哪些方面?
2. 药品市场营销职业道德的内容是什么?
3. 企业营销伦理问题主要表现在哪些方面?
4. 影响医药企业完善药品市场营销伦理的措施有哪些?
5. 案例分析题

在疫情防控中突显民营企业的社会担当

　　健缘控股集团有限公司位于湖南省娄底经济技术开发区,是一家以研发、生产和销售自有品牌中医诊疗及康复设备为核心,在医疗投资、管理、进出口贸易、养老养生等领域内多元化发展的企业。2020 年初,一场突如其来的新冠疫情开始肆虐,作为重要防疫物资的口罩一罩难求,价格飞涨。1 月 28 日(农历正月初四)早上,娄底市新冠肺炎疫情防控指挥部一通电话打给了金之剑董事长,问公司能不能组织口罩生产? 金之剑陷入两难,一方面是党和政府的希望与广大民众的急需,一方面是面对无设备、无原材料、无生产技术和经验的困难。没有太多的犹豫和考虑,企业保证生产出口罩。

　　事不宜迟,公司立即启动了紧急生产预案,要求居住省内的党团员、管理人员 6 小时内返回工厂。闻令而动,有告别妻儿老人从家里赶来的,有从探亲访友途中直接来厂的,有租车的,有开车的,有骑车的,有走路的,没有一个有怨言。人员到齐后,董事长进行了简短动员。兵分两路,一路赴广东采购生产设备、原材料;一路腾空洁净车间,调整生产布局,做好生产准备。

　　南下采购人员 29 日凌晨 3 点到达广州。设备、原材料的紧张程度比预想的严重得多,市场根本没有现货,如订货则生产排期在 20 天以后。经多方打听,得知佛山一供应商有一套尚在安装调试的全自动平面口罩生产线。经过近 20 小时的软磨硬泡,供应商答应将生产线转让。于是,他们连夜组织拆装起运。30 日晚 11 点,设备运抵工厂,卸货、安装、调试……一刻也不能耽误。疫情期间,设备厂家不能上门安装指导,全凭自己摸索。功夫不负有心人,不到 24 小时生产设备运行起来了。

　　就在大家都认为健缘会大赚一笔的时候,令人没想到的是,健缘果断决定:口罩只能由政府统购,而且必须低于市场价。金之剑董事长语重心长地对员工们说:“国难当头,人人有责,作为党领导下的民营企业,必须承担起社会责任。”整个疫情期间,共计生产近 400 万只口罩,全部由省、市统一调拨,没有私自卖过一只。2020 年 5 月,湖南省新冠肺炎疫情防控指挥部向健缘发来感谢信,肯定其在疫情期间的突出贡献;11 月,健缘公司被湖南省委、省政府授予“湖南省抗击新冠肺炎疫情先进集体”。

　　思考问题:

　　(1) 该企业的社会责任表现在哪些方面?

　　(2) 承担社会责任对企业会带来哪些方面影响?

　　(3) 你认为企业应如何履行社会责任?

主要参考文献

［1］汤少梁.药品市场营销学［M］.2版.北京:人民卫生出版社,2018.

［2］杨勇.市场调查与预测［M］.北京:机械工业出版社,2018.

［3］石晟怡,温再兴.中国药品流通行业发展报告(2022)［M］.北京:社会科学文献出版社,2022.

［4］张津维,胡书琛,徐政泽,等.我国网上药店发展现状的文献研究及建议［J］.中国药房,2021,32(14):1678-1684.

［5］代涛.健康医疗大数据发展应用的思考［J］.医学信息学杂志,2016,37(2):2-8.

［6］沈志平.医药市场营销［M］.4版.北京:科学出版社,2021.

复习思考题
答案要点

模拟试卷